[THE HAUNTED PLACES]

世界不思議鬼屋檔案

布萊德・史泰格（Brad Steiger）◎著

蘇韻筑、楊瑞賓◎譯

好讀出版

目錄

第一章
幽冥鬼屋和公寓
Haunted Houses and Apartments

1. 威靈頓磨坊鬧鬼記

在一八三四年的十一月和十二月裡，約瑟·普羅克特家雇用的褓母，竭力假裝沒聽見育嬰室上方空房傳來的古怪聲響。每天晚上，當她單獨留在房間裡照顧孩子們時，就會聽見有人邁著沉重的步伐來回踱步的聲音。最後，她受夠了這些干擾睡眠的奇怪聲響，心懷恐懼的她深信樓上的房間定是有鬼魂盤旋不去，於是要求辭去普羅克特家的工作。

普羅克特也認為沒有必要說服褓母留下。他認為這位褓母顯然想像力太過豐富，以為遇上了什麼超自然現象，把自己嚇得半死。過了不久，他和妻子還有其他僕人，也聽到了樓上房間傳來的沉重腳步聲。儘管莫名發出的腳步聲很讓人傷腦筋，但普羅克特夫婦確信那些怪聲其來有自，拒絕相信噪音背後有什麼超自然因素。隔年一月，當他們在雇用新褓母時，普羅克特夫婦故意不去提及那個擾人的聲響。

新褓母在育嬰室裡的頭一晚，就下樓到起居室，詢問是誰在樓上的房間裡。普羅克特夫婦迴避著她的問題，把整件事歸究於是老房子常有的夜間噪音。

第二天，普羅克特太太聽到了男人穿著厚重靴子在房間裡行走的腳步聲。晚上用餐時，褓母懷疑地眯著眼睛看著普羅克特先生。她說她聽見有人在樓上的房間裡走動了五分鐘，想弄清楚是不是男

主人在走動。她問道：「如果不是先生您的話，那會是誰呢？」

　　當天夜晚，普羅克特檢查了樓上的房間，通往房間的門板已被牢牢釘住，封閉了好一陣子；房間裡唯一的窗戶，也早在多年前用木板條和灰泥封起來了。房間地板覆蓋著一層薄薄的煤煙，上面連一隻老鼠走過的痕跡都沒有。普羅克特下樓之後，揮之不去的迷惑逐漸加深。

　　一月三十一日，普羅克特夫婦準備就寢時，聽到床旁邊發出好幾聲轟然巨響。隔天夜裡，約瑟・普羅克特聽到嬰兒床上有金屬敲擊聲，天花板上傳出短暫的來回踱步聲，然後歸於沉寂，從此不再出現。但此後幾年接踵而來的靈異現象，包括了不尋常的影像和聲響，相較下，最初緩慢而沉重的腳步聲就像幼兒學步一樣。然而，

→出現在英國格林威治郡
國立海洋博物館中的
「旋轉樓梯鬼」。©The
Steiger Archives

跟威靈頓磨坊的幽靈事件同樣不尋常的是，直到對侵擾他們家的超自然現象豎白旗之前，普羅克特夫婦持續在那棟房子裡住了十一年。

湯瑪斯·曼恩工作的磨坊，與普羅克特的房子隔著馬路和花園。湯瑪斯告訴普羅克特，他聽見有人在黑暗中穿越草坪的奇特聲響。一開始，湯瑪斯以為聲音是從磨坊院子裡的木製蓄水槽所發出的；他猜測有些調皮搗蛋的人在玩潑水遊戲。可是，當他拿起提燈追蹤那聲音時，卻發現蓄水槽裡的水分毫未減。湯瑪斯信誓旦旦地告訴普羅克特，在這次古怪的騷動之前，他就聽見過好幾次彷彿有人在砂礫小徑上步行的聲音，但當他過去查看時，卻連個影子也沒看見。

在普羅克特與湯瑪斯談話後不久，湯瑪斯和另外一位鄰居注意到有個女人的身影，出現在普羅克特家的窗口；他們各自在不同情況下看見那位女人。湯瑪斯把全家人聚集起來一同目擊那個幽靈，清晰可見的幽靈影像出現至少超過十分鐘。

威靈頓磨坊的神祕現象，演變到後來愈發令人恐懼。大約一年後，普羅克特太太的姐妹珍·卡爾前來小住。某晚，她在午夜時分被奇怪的噪音吵醒，那噪音聽起來像是有人在為大時鐘上發條。在這奇異的響聲之後，她的床開始振動起來，同時還清楚地聽到像是一個沉重的大袋子掉落在樓上地板的聲音。她的床架附近發出若干強烈的敲擊聲，還有拖行腳步聲在她的床周圍繞行。

除了沉重的腳步聲外，幽靈很快就上演了超自然現象的固定戲碼：先往牆上連續猛擊，再把床高高舉起。一股隱形力道出現在普羅克特家最大的孩子床底下，它將床墊越舉越高，直到孩子放聲驚叫。緊接在後，連普羅克特太太和新褓母的床墊也被舉了起來。普羅克特太太形容那感覺就像有個高大男子躲在床底下，用他的背部

把床墊舉起來。之後，幽靈還吹起了口哨，說起話來，表現顯出各種幻影的能耐。

　　普羅克特的兩個兒子，約瑟和亨利，有天晚上被他們床下發出的響亮尖叫聲給吵醒。在調查時，老約瑟聽到這房間的某處傳出奇怪的呻吟。其中一張床開始移動，發出的聲音聽起來像是：「咕咕，咕咕。」類似嬰兒吸吮奶瓶的響聲緊接而來。最小的孩子珍被搬到另一個房間，但是換地方並沒有讓她少受小床飄浮在空中的折磨。後來，神祕現象開始走出樓上的勢力範圍，趁著夜幕到底下的樓層進行冒險。廚房似乎是它夜間侵略時最喜歡流連的地點，有好幾個早晨，廚子發現廚房裡頭的椅子雜亂無章地堆積成山，百葉窗被推開，屋裡到處散落著鍋碗瓢盆。

　　普羅克特太太的兄弟強納森‧卡爾經歷過一夜騷動之後，宣稱無論給他多少錢，他都不會待在這房子裡。普羅克特太太的姐妹珍顯然比她的兄弟勇敢得多；根據約瑟‧普羅克特的日記判斷，這位年輕女士在這棟磨人的房子裡度過許多個夜晚。一晚，她與廚娘瑪麗共用一個房間，兩個女人驚恐地聽見門上的門閂滑了回去，把手自動旋轉，然後門就打開了。一個看不見的形體橫越兩個女人共用的床，床簾開始簌簌抖動，床罩突然被提起來扔出床外，露出兩個抖個不停的身體。她們倆都看到床架上懸掛的簾子後面有一個清楚的黑影。

　　某個晚上，小女兒珍‧普羅克特跟她的阿姨一起睡，她看見一顆奇怪的頭從床簾伸出，向她窺視。四歲小女孩稍後描述那是一位老婦人的頭，但是她實在太害怕了，無法繼續觀察卜去，把頭緊緊縮在床單下。

　　小約瑟幾乎每天晚上都受到幽靈現象的打擾。他說他一直聽見「沒關係」、「來拿啊」等話語，看不出其中有何明確意義。他努力

想讓自己入睡，卻不斷地聽到繞著他的床沿行走的腳步聲，也感覺到枕頭和其他寢具上傳來強力重擊。一位名叫德瑞禮的醫生徵求普羅克特的許可，想針對樓上鬧鬼的房間進行調查研究。普羅克特同意了，允許醫生和他的化學家同伴進行準備，好在鬧鬼的房間度過一個晚上。

大約凌晨一點鐘，普羅克特被樓上傳來的驚恐尖叫聲喚醒。德瑞禮一樣跟那個乾瘦的老女鬼，大眼瞪小眼的對看著。之後這兩個好奇的臨時研究員，在廚房裡喝著咖啡度過下半夜，在黎明時分離開房子。普羅克特在他的日記中道出，醫生和化學家恐怕很難遺忘他們所受到的驚嚇。

在威靈頓磨坊裡，最難以置信的顯形之一，是個類似猴子的形體。有一天，八歲的小約瑟坐在五斗櫃頂上，假裝在對他的兄弟姐妹演講。他的表演被粗魯地打斷了，每個孩子都看見一隻猴子似的生物突然出現，開始用力拉扯約瑟的鞋帶。老約瑟聽到他們激動的叫喊而跑來時，孩子們在地板上到處亂轉，彷彿跟這淘氣的猴子玩得不亦樂乎。

多年後，艾德蒙・普羅克特將那段鮮明逼真的記憶投稿到《心靈研究協會雜誌》（一八九二年十二月出刊），他寫道：「就我所能想起的靈異事件來說，我猜想牠很有可能是我見過的第一隻猴子，這大概可以解釋為何我的印象如此深刻，我從未忘記過牠……我父母告訴過我，附近鄰居沒有人飼養猴子。然而我清楚記得那隻猴子，牠從這個房間跳到隔壁房間，我們看到牠跑進房裡的床底下，但之後就看不到牠的身影。我們搜尋房子裡的每個角落，但就是找不到任何猴子留下的蹤跡。」珍阿姨沒看到猴子，但她說曾聽見像是動物跳下安樂椅的聲音。

他們看到那位老婦人白色臉孔的頻率與日俱增，不過，小約瑟

很快就在幽靈顯形的清單上加了一個老頭子。更令人驚奇的是，幽靈竟能複製約瑟的影像。男孩發現自己的鏡像從床邊的陰影裡窺視他，小約瑟說他的幽靈分身甚至穿得跟他本尊一模一樣，在窗戶和衣櫃之間來回走動，然後逐漸消失。

這個戲劇性的插曲過後不久，住在這棟「受詛咒的住宅」十一年的普羅克特一家人，受夠了持續不斷的超自然騷動。儘管他們是堅忍不拔的貴格會教徒①，但他們仍舊擔心這些靈異現象會對小孩的心智造成永久性的傷害。

一八六六年，普羅克特獲得一間位在北席爾茲坎培別墅區的住宅，在完成艱鉅的打包任務之後，他和妻子先把僕人跟小孩送往新住處。普羅克特先生和太太單獨留在後頭，打算徹底封閉這所住宅。

他們在威靈頓磨坊的最後一夜可能是最恐怖的一夜，儘管房子空蕩蕩的，只有他們兩個，但持續的重擊聲讓他們完全不得喘息。屋內迴響著箱子拖下樓梯的聲音，然而，他們的箱子早在那天稍早就全都運出去了。他們持續聽見腳步聲穿越地板，拖著隱形的家具。事實上，普羅克特夫婦聽到的這些噪音，彷彿重現了早先家人和僕人忙於搬家時所發出的各種聲響。普羅克特夫婦不禁有些恐慌，擔心起幽靈是否也正在打包，要跟他們一起搬到新家去呢？！當普羅克特夫婦抵達新住處，發現騷擾了他們十一年的恐怖現象全都沒了時，一股難以形容解脫的快感油然而生。他們幸福地住在新家裡，再也不受敲擊、口哨、腳步聲和幽靈的騷擾。

在普羅克特一家搬出威靈頓磨坊之後，那棟房子被隔成兩間公寓。根據下任屋主的證詞，鬧鬼的現象僅偶爾出現。然而，當大約一八六八年，兩個新住戶搬進公寓時，幽靈顯形卻使他們備受困擾，其中一家人搬走了，再也不肯回來。

多年過去，磨坊關門之後改建成倉庫，普羅克特的老房子分隔成許多小套房。當艾德蒙·普羅克特在一八九〇年左右回到此地看看時，察知沒有任何住戶表示曾受幽靈煩擾。無論當初長期騷擾威靈頓磨坊住戶的是何許靈界訪客，此時看來這位貴客已經離開了。

2. 歐恩斯堡的跳舞幽靈

一八七〇年十一月十六日，大地主沙加波夫回到他坐落於俄國烏拉爾斯克省境內，靠近歐恩斯堡的鄉村大莊園時，他發現有個跳舞幽靈讓全家人都快抓狂了。

根據他二十歲的妻子海蓮娜的說法，十四日夜裡，他們襁褓中的女兒非常磨人，一點也不想睡覺。沙加波夫夫人吩咐廚娘瑪麗亞好好地哄小女兒入睡。

於是瑪麗亞吹起口琴，逗小女孩開心，而她的女主人則和本地磨坊主人的太太在客廳閒聊。當沙加波夫夫人聽到有人跳著輕快的三步舞舞步，發出用腳輕叩地板的聲響時，便向來賓解釋，應是瑪麗亞方法用盡仍不見其效後，才為這孩子跳支舞，她的舞蹈總是能哄得小寶寶入睡。磨坊主人的妻子表示同意地點了點頭，但過後不久突然又驚又怕地張大嘴巴，驚呼有個人從窗口往裡看。

沙加波夫夫人轉過頭，看不出是什麼東西讓磨坊主人的妻子如此驚慌。然而磨坊主人的妻子顯然受到震驚，露出一臉困擾的表情，對沙加波夫夫人說她好像看到了一張恐怖的臉，從窗戶外頭往屋內看著他們。沙加波夫夫人要她放心，說那大概只是一般常見的光影投射而已。

這時瑪麗亞進入房間，化解了她們之間的尷尬氣氛。她告訴女主人，小孩現在睡得正香。沙加波夫夫人謝過廚娘，並把她打發回去休息。

幾分鐘後，這兩個女人又坐下聊天，磨坊主人的妻子再次聲稱她看見窗口有個東西。沙加波夫夫人起身查看，但她才朝著窗戶走了幾步，半途就被閣樓裡傳來的吵鬧聲打斷了。起初是一陣猛烈的敲擊聲，兩個女人困惑地瞪大眼睛彼此對望。之後，響聲的節奏漸緩，越來越像瑪麗亞為小寶寶跳的三步舞。

　　沙加波夫夫人頓時不知如何是好，心裡思忖著：那傻女人在閣樓上做什麼？難道她還跳得不過癮？磨坊主人的妻子想不通廚娘怎麼避過她們的兩雙眼睛，上去閣樓。她們不發一語地離開客廳，靜悄悄地走到廚娘的住處，把門打開一個小縫，卻看見瑪麗亞正在床上熟睡著。

　　沙加波夫夫人決心查出是誰在閣樓吵鬧，她從廚房架子上抓起一盞燈籠，兩個女人便走上樓梯到閣樓去。儘管舞蹈的聲音繼續響著，但在燈光映照之下，她們發現閣樓裡一個人也沒有。隨後，兩個女人匆匆下樓，那敲擊聲彷彿跑在她們前頭似的，咯啦咯啦地搖動窗戶並猛力敲打牆壁。

　　磨坊主人的妻子逃出莊園，去找她的丈夫和園丁，沙加波夫夫人則去育嬰室查看她的女兒是否平安。磨坊主人的妻子跟她的丈夫以及園丁一起回來時，敲擊聲和舞蹈的音量比之前更大，沙加波夫夫人的母親、婆婆以及瑪麗亞，都被喧鬧聲吵醒了。兩個男人搜索房子和庭院，找不到任何能解釋這場奇異騷動的原因，而這場騷動就這麼一直持續到黎明。

　　第二天晚上十點鐘，跳舞幽靈再一次開始展現它活力十足的三步舞表演。沙加波夫的僕人在房子和庭院裡巡邏，仍無法找到這位隱形舞者的蹤跡，它巧妙地避開搜索，一直表演到黎明。

　　沙加波夫先生次日下午結束商務旅行回來後，年輕妻子把事情經過一五一十地告訴他，卻惹來一番譏笑。沙加波夫先生還開玩笑

地指責太太，竟然趁他不在時偷喝了白蘭地酒。沙加波夫是個無法容忍民間迷信傳說的地主，更遑論幽靈跳舞這種無稽之談。當他的母親和岳母，接連警告他有個神祕的東西趁他不在時來過這房子，只是讓他愈發不耐煩而已。沙加波夫惱羞成怒，顧不得禮儀，粗魯地斥責這些女士整晚無所事事地閒坐，盡會虛構鬼故事來嚇唬僕人，害他們不能專心工作。他派瑪麗亞請磨坊主人來把事情搞定，他認為男人絕對比較理性而可靠。

　　磨坊主人沒有讓他失望。雖然他承認曾聽過奇怪的噪音打擾全家人，但他也聲稱，那天他正好從房簷下拿掉一個鴿子巢。他覺得可能是那隻鴿子以某種方法弄出奇怪的噪音，惹得女士們和僕人心煩意亂。沙加波夫相信他能靠磨坊主人把這個舞蹈幽靈的荒誕故事畫上休止符。

　　那天晚上，全家人很早就回到自己的房間休息，前一夜追趕神祕敲擊聲的折磨讓他們筋疲力竭。在上床睡覺前，沙加波夫坐在書房裡讀了一會兒書。約十點左右，他頭頂上傳來搔抓的聲音，讓他分了心。他最初以為是那討厭的鴿子回到房簷下棲息，仔細一聽卻心生不解。他很快就發現那不是動物的聲音，而像是有人在他樓上的房間裡跳三步舞。

　　沙加波夫堅信海蓮娜想尋他開心，便放下書悄悄上樓走向妻子的房間。他在門外站了一會兒，仔細聆聽以分辨出舞踏聲發出的正確方向。確信那聲音來自海蓮娜的房間之後，他推開房門站定，準備好好教訓他年輕的妻子。

　　門一打開，舞蹈的聲音立刻停止，而海蓮娜在床上睡得正沉。這可真是怪極了。沙加波夫困惑不已，伸手要將門關上，此時一連串重擊聲突然從他妻子的床鋪上方響起。他悄悄走向牆壁，以為可以當場抓住那個躲起來敲床架的頑皮鬼。正當他更仔細地彎身聆聽

那些噪音時，耳邊傳來一聲強而有力的巨響，差點把他震聾了。

海蓮娜從床上坐起來，驚恐地失聲尖叫，直到看見丈夫就站在她的床邊，才平靜下來，她問道：「那是什麼聲音？你聽見了嗎？」

爲了不讓妻子擔心，沙加波夫堅稱他什麼也沒聽到。彷彿要揭穿他的謊言似的，兩次爆炸性的巨大敲門聲突然迸出，簡直要把房子給震垮了。憤怒的地主披上外套，從抽屜裡拿出手槍，聲稱要制止這場鬧劇。他帶了狗，喚醒僕人，告訴他們要查出是誰該爲這一家人受到的危害負責。

不過，那天晚上沙加波夫沒有找到能讓他出一口怨氣的頑皮鬼。房子外頭的人以爲敲擊聲是從房子裡傳來的，但留在屋子裡的人卻喊叫道有人想從外頭敲毀房子。最後，沙加波夫不得不承認失敗，打發僕人們回去休息。

第四天，鄰居和自家僕人們都來幫忙了。這群人仔細搜查了整棟房子和庭院的每一個角落。那晚，在沙加波夫的要求下，鄰居們留下來見證這場騷動。不請自來的隱形客表現極佳，它在搜查者的頭頂上跳了一整夜的舞，並扯開沉重木門板上的鉸鏈，猛力打掉這扇門作結。

到了第五天夜裡，連固執的地主都不得不相信眞的有舞蹈幽靈，他很害怕那靈異現象會開始新一波的攻擊。但在這天晚上，並沒有出現任何敲擊或輕快的三步舞。隔天

→這張相片拍攝於某間鬼屋，看得見右上角有個光亮的靈體正往吊燈上攀爬。©The Steiger Archives

晚上，閣樓也沒有傳出任何聲音。看來沙加波夫家裡的神祕靈異現象似乎是平靜下來了——又或者說，要是沙加波夫一家人早不當一回事，讓他們安靜過日子的話，這現象總是會平靜下來吧！

一個月後，沙加波夫夫婦在十二月二十日款待賓客，這些客人公開表示對他們描述的靈異事件的質疑。客人們的聲聲質疑，惹惱了沙加波夫，他把瑪麗亞召來會客室，命令她表演一段三步舞，並大聲宣布那些幽靈只需稍加哄騙一下，就會馬上回來。

在主人的堅持下，瑪麗亞跳了一段不太靈活的三步舞。當廚娘把舞跳完，敲擊聲接著從窗戶傳來，她害怕地環視房間。群聚的賓客們帶著懷疑的目光，聆聽從閣樓裡傳來的聲音，那響聲精確重現了瑪麗亞的舞步。不信邪的賓客們指控沙加波夫在閣樓裡安排了另一個僕人，但這一群人爬上閣樓去調查時，卻什麼也沒找到。

在一八七一年的除夕夜，沙加波夫再次命令瑪麗亞跳三步舞，好引誘跳舞幽靈出現。鄉下大屋裡擠滿了賓客，大家都親耳聽到幽靈在他們頭頂的天花板上重複了一遍瑪麗亞的舞蹈。這個看不見的表演者十分活潑熱情，還首度嘗試發聲，選唱了幾節俄羅斯民謠。

在兩次節日宴會中發生這麼驚人的靈異事件之後，神祕事件的故事從沙加波夫的村莊傳遍整個俄羅斯。很快的，科學家和靈異學家徵求跳舞幽靈的目擊者，想要用各種方法和這奇異的靈力溝通。

一位名叫舒多夫博士的研究者，說明這整件靈異現象其實是靠電力完成的幻術。他主張，是鄉下地方的污穢環境製造出這般超自然的異常現象。他藉著理論說明這些電力造成的震動，可能是以某種方式從沙加波夫夫人身上發出的。當靈異現象開始證實它越來越聰明，能夠回應研究者的對話和提問時，舒多夫博士的惡作劇電流理論也不攻自破。

另一位名叫艾雷瑟夫的超自然研究者，則設計了一套敲擊法，

宣稱可與鄉下莊園裡所有的幽靈溝通。根據艾雷瑟夫收集的資料，沙加波夫先生被附近某個磨坊主人的僕人給詛咒了。由於某種緣故，這個憤怒的僕人非常厭惡沙加波夫，於是故意在這富有的地主身上施放了一個惡魔。

該省省長維費契將軍指派一群正式的研究員，調查這場突然進駐沙加波夫莊園的騷動。這個小組包括工程師阿古汀先生、電學理論學者舒多夫博士和雜誌編輯沙維契夫先生。這個研究小組最後的判定，竟是沙加波夫夫人為了騙人而製造出所謂的超自然效果，而後省長發了一封措辭尖酸刻薄的信給沙加波夫先生，警告他不得容許妻子再度製造靈異現象。

沙加波夫莊園的暴力騷動無視於省長的命令，仍然持續增強。這個幽靈掌握了縱火的能力，海蓮娜承受了多次猛烈的攻擊。火球繞著房子轉，拚命撞擊她房間的窗戶，彷彿設法要衝進屋子裡點火燃燒。掛在衣櫥裡的衣服在無人看管的情形下，也突然著火了。甚至有一次，某位客人正準備上床時，床墊就在他身下燒了起來。

最令人毛骨悚然的靈異事件發生在沙加波夫夫人身上，有一朵帶藍色焰火的火花跳到沙加波夫夫人身上，她薄薄的衣裳馬上就被火苗圍住，整個人就像一根火柱。地板下傳來爆裂聲，緊跟著是一道又長又尖的哀號，她驚恐地喊叫，接著便陷入昏迷。

這個景象嚇壞了磨坊主人和另一位來家裡過夜的客人。那位客人跳起來，勇敢地空手撲打火苗。最奇妙的是，這位勇敢的客人受到嚴重的燒傷，而儘管沙加波夫夫人的衣服幾乎全燒光了，她身上卻連一個小水泡也沒有。

沙加波夫一家受夠了與跳舞幽靈的衝突。當這個東西在夜裡進行三步舞表演時，似乎還僅僅是一個吵鬧的小討厭鬼而已，但現在它變得邪惡又恐怖，有能力縱火破壞一切。於是沙加波夫先生關閉

了他的鄉下莊園，準備遷居到伊勒斯基城長住。

沙加波夫一家在城裡定居後，靈異現象立刻就停止了。儘管海蓮娜被幽靈猛擊而急速衰弱下去的身體恢復了健康，但她在搬家八年後死於難產。

歐恩斯堡的幽靈事件，從許多方面來說都不太尋常。也許就像某些人的理論所說的一樣，沙加波夫先生真的受到附近某個磨坊主人的僕人所詛咒。據推斷，這種個人的憎恨可能以某種方式，強化了一開始尚屬尋常的靈異現象（例如窗戶上的臉、模仿廚娘的舞步、牆上的敲擊聲等等），將之轉化成惡毒的邪魔力量。

3. 拖車屋裡的幽靈敲擊聲──艾爾的親身體驗

以下報告來自一位化名「艾爾」的男人。這些發生在他童年時期家庭拖車屋裡的事件，長久以來一直影響著他的生活。

艾爾說在他父母離婚之前，活動房屋裡的淋浴器就不時會自動打開。「我父親總是責怪我們三兄弟，」他說道：「但是我們都知道自己是清白的。離婚之後，父親不願意睡在以前和母親共用的主臥房裡，所以開始睡在沙發上。有天晚上他熟睡時，被一陣用力敲著前門的敲門聲給吵醒了。他怒氣沖沖地去開門，但門口卻看不到任何人。」

艾爾在他的靈異報告裡寫道，大約就在那時，這三個男孩跟他們的父親都會在半夜滿身大汗地醒來。「父親發現暖爐的溫度不知何時被調到最高。但是那時不是冬天，不會有人走近暖爐的。」

艾爾說，他多次在夜裡看見他大哥的房門自動打開。

「我聽見走廊裡傳來腳步聲，走進廁所、沖馬桶，然後走進我跟弟弟共用的房間裡，」他說：「我從床上坐起，久久無法入睡，

因為我能感覺到無形的黑暗幽靈穿過我們的房間。身為小孩，這個經驗使我更加害怕黑夜的來臨。」

　　一天晚上，他們四人坐在客廳看電視，走廊的燈開始忽明忽滅，關了又開，開了又關。「父親叫我哥哥去關燈，」艾爾說：「他才關了燈，燈又自己亮了。我哥哥又關了一次，燈又自己亮起來，並且劇烈地閃個不停，好像在洩恨似的。」

　　然而這家人卻不願搬走，艾爾說他的父親帶了一位牧師來到拖車，要把幽靈從家裡請走。「他是本地的牧師，手上拿著《聖經》走進中間的臥房，那是我們最常感應到幽靈的房間，」艾爾說：「兄弟們跟我留在廚房守著晚餐要吃的那鍋麵條，我們看見廚房和走廊之間有一個小孩子形狀的黑影。父親說當那個牧師帶著《聖經》走進臥房開始祈禱時，整個房間裡充滿了濃霧。霧飄出房間後，牧師就認定幽靈已經離開了。」

　　當天稍晚，這家人才發現沒那麼容易就能把幽靈趕走。「有東西用力敲打拖車外牆，我們跑出去看到底是誰在吵鬧，」艾爾說：「不管那是什麼，都是肉眼看不見的，那敲擊聲持續不斷，繞著拖車敲了一遍又一遍，好不容易才安靜下來。」跟這個靜不下來的幽靈共處了一年多之後，這家人終於放棄，搬了出去。

　　「不久之後，我們從朋友那兒聽說，拖車在我們離開後燒毀了，」艾爾說道，總結了他的報告。「大約十二年之後，我們開車穿越那個拖車坪，發現我們以前的停車空地還是空的。我們家鬧鬼的故事流傳得很廣，沒有人願意將他們的拖車停在那個位置上。」

4. 照相錫板上的人臉——理查‧阿列羅的親身體驗

　　「我們農場的老穀倉建於一八六三年六月，一直都完好無缺，跟戰艦一樣牢固。我們在穀倉裡安放了幾根大型支柱，作為騾舍隔

欄建造之用。因為騾子很高大也很有力氣，所以我們為柱子所挖的洞必須要夠深。挖到大約三呎深時，我在其中一個洞裡找到一樣閃亮的東西。在穀倉裡工作的一共有三個人，我們都看著那個又髒又濕的東西從洞裡挖出。我把它撿起來，驚訝地發現那是一張照相錫板，圖中是一個蓄著鬍子的男人。」

「我把這張照相錫板的照片送到柯達公司做分析，他們說根據照片顏色和人物的服飾風格判斷，人像約是在一八四五年到一八六〇年之間拍攝的。令人驚奇的是，這張照相錫板已經在土裡埋了一百四十年以上，錫板的邊緣還沒有生鏽，影像也沒有模糊分解。」

「我們剛搬進這棟房子時，常看到一個男人的影像從大窗戶往裡看。當我們在房間裡點上了燈，照得屋裡一片通明之後，還是看得見那個影像。那個影像非常清楚，有時我以為那是自己反射在窗戶上的映像。」

「出乎意料之外的是，照相錫板上的人像，跟從窗戶往裡看我們的，竟是同一張臉。還有一件值得仔細思考的怪事：我們剛挖出這塊舊錫板時，上面的感光乳劑塗層仍很乾淨；但現在它卻開始變得模糊了，有另外一個影像重疊在照片裡那男人的左肩上。你可以看到它眼中閃現的光芒，還有鬍髭。」

→理查‧阿列羅發現的錫板，經化驗後判定這幅肖像拍攝的時間介於 1845 到 1860 年間。©Rick Aiello

5. 新英格蘭的鬼屋——雷蒙·巴克蘭的親身體驗

雷蒙·巴克蘭著有三十八本關於神祕事物和魔術的書，最新的一本是《算命之書：占卜與預言的百科全書》。

「我在一九七〇年代初期離開紐約，移居新罕布夏，在溫尼佩蘇基湖邊買了一棟老農舍。這棟兩層樓房建於一八二五年左右，連著一個 L 字形的穀倉。我從一開始就知道這房子鬧鬼。我太太跟我，幾乎每天晚上都會聽到樓上臥房裡有人踱來踱去的腳步聲。讓我們吃驚的是，有一次我們還聽到那腳步聲走下樓梯。」

「這棟房子的一、二樓都被樓梯分隔成兩個區域，一邊是我的書房，另一邊則是客廳。房子的大門就在正中央，正對著樓梯。我太太跟我聽到腳步聲下樓時，兩人正坐在客廳裡。我們都心懷期待地轉身望向門口，想知道是誰或是什麼東西會出現。結果什麼也沒有！我起身走向門口，探頭張望樓梯口，只見一片空蕩蕩。

「又有一次，看到幽靈的時候，我人正坐在書房裡。我們房子前面的門廊紗窗已經裝了很久，最靠近車道那一端的紗門當時是關著的。我在書房裡工作時，聽見紗門嘎吱嘎吱地打開，隨後砰地一聲關上。我瞄了一眼，隱約看到一個男人的身影穿過門廊往前門走去。門鈴並沒有響，我起身把前門打開，外面一個人也沒有。如果有人出去又進來，我應該會聽到紗門軋軋作響，而且車道很長，要是有人匆忙逃走，我一定會看見。但就是連人影也沒有，門廊也是空蕩蕩的。」

「另一次是我太太的祖母在我們家小住。她睡在樓上前面那間臥房（就是我們聽見傳來腳步聲的房間）。有天早上，她下樓吃早飯時，跟我們說起一位突如其來的訪客。」

「『在約午夜時分，我毫無緣故地醒來，』她說：『看到一個女

人站在床腳，盯著我瞧。她穿著一身藍，端詳了我好一會兒之後，就轉身消失了……就這麼消失在空氣裡！』臥房裡總是有一盞小夜燈，因此她真的能看見那些人影，而不是憑空想像出來的。我們只能相信它是我們家的另一個幽靈。」

「我們總是相信幽靈是友善的，當我們六年後賣掉房子搬走時，也難免覺得不捨。」

6. 幽靈獵人山納德的靈異檔案

6-1 山納德的幽靈研究

理查·李奧納德·山納德調查過兩百棟以上的鬼屋，這些鬼屋大多位於美國西部各州。山納德擁有加州州立大學長堤分校的歷史學學位，從一九七〇年代中期開始便在凡圖拉市擔任歷史學家。

一九七二年的夏天，山納德參與古老的西班牙教堂「聖安東尼奧」的考古挖掘時，偶然間取得一個修士的靈異照片。他開始研究時，沒有受過什麼靈異方面的訓練，因此山納德用他進行考古挖掘的方法著手調查這個幽靈修士。根據他的說法，這種方法多年來頗有成效，因為這套用來解開古代文明奧祕的系統，似乎也可用來尋找為何幽靈會在特定地點出沒的理由。

山納德相信所有超自然調查者主要的焦點，應該是收集並保存超自然事件的資料，然後努力

→超自然現象研究者理查·山納德。©Richard Senate

把資訊整理歸納出此地鬧鬼的理由，並且把幽靈的特性列舉出來。

他大方承認自己並不知道幽靈的確切本質。「這麼多年下來，我還是不知道它們到底算什麼，」他說：「但是我知道在我們現有的知識以外，還有別的東西存在。多年下來，有許多人都曾有過目睹幽靈的經歷，他們不可能全都喝醉或者發瘋了吧！我想『眼見為憑』這個古老的諺語，仍有它的道理。我也知道沒有兩間鬼屋是一樣的。」

山納德有八本超自然方面的著作，包括《加州幽靈追蹤指南》（*The Ghost Stalker's Guide to Haunted California*）、《歐加谷的幽靈》（*The Ghosts of the Ojai Valley*）、《南方靈異事件簿》（*The Haunted Southland*）和《鬧鬼海岸的幽靈》（*Ghosts of the Haunted Coast*）。一九九五年他成為網路上首批幽靈獵人之一（www.ghost-stalker.com）。

「我相信目前幽靈研究還在初期階段，」山納德說：「我們的程度就跟富蘭克林時代對電的研究差不多。我有時覺得自己就像在暴風雨中握著風箏和鑰匙。當然啦，我會敲自己的頭，但我一定會找出答案！我有時會感到害怕嗎？當然，你要是不怕的話，一定是個白癡。我們在跟未知的事物打交道，這可是在新國度裡冒險啊！超自然研究是極其重要的探索！」

6-2 嚴重鬧鬼之家

「我們開車抵達那棟房子時，正值日落黃昏。『真奇怪，』我想：『這地方看起來不像有鬧鬼跡象啊！』不過，鬧鬼最嚴重的地方通常看起來總是不太像會鬧鬼。」

「黛比·克利斯汀遜·山納德跟我一起進行調查，當我們把車停上寬闊的車道時，她的超自然天賦可能正接收到這房子的感知。

我注視著她，她保持沉默但臉上表情十分專注，雙眼緊盯著二樓的窗戶。我確信她已開始從這地方接收到一些感覺，因為這棟鬼屋可能是我過去五年調查過的鬼屋中活動力最強的。」

「我在兩個星期前接到電話。這家人被夜裡猛烈的腳步聲、移動的陰影和種種怪事給嚇壞了，例如：窗簾在奇怪的時間朝外面鼓起，而窗戶卻是關著的。」

「有天晚上，屋內的重擊聲和穿著靴子的腳步聲變得極具威脅性，那家的太太相信房子被入侵，還叫了警察。警察很快就趕到，徹底搜索了屋子，但連警犬也嗅不出任何侵入者，什麼都沒發現。警察告知住戶，這棟房子鬧鬼了。這家人也是這麼猜測，就在警察確認了他們的懷疑之後，屋主開始收集這棟建築的歷史資料。」

他們聽說十年前有個年輕人在這棟房子裡自殺，而這棟房子又正好蓋在一棟大農舍的原址上，農舍燒毀時奪走了六條人命。

「這個靈異現象的詭譎程度，足以讓我安排調查。一如往常，黛比事先知道得越少越好。我們不希望事前的資料影響她的超自然感應。直到我們差不多要出發前往這棟位於加州歐克拿地區的房子之前，她甚至拒絕知道地址或任何有關這個案子的事。我們另外挑了兩名研究者，他們在之前的調查中把奇怪而無法解釋的聲音錄下來。我希望在我們走進房子時，他們能找到一些有用的超自然電子聲音（EVP）。而我也帶了照相機來獵捕幽靈。」

「當我們的車開近房子時，這家人出來迎接我們，引導我們走進陳設雅緻的大房子裡。我警告他們，在黛比把整個地方看過一遍之前，不可在房子裡談論超自然事件。」

「黛比走進門廳，突然感到一陣陰風吹過。『這裡有東西，』她說道，看著大廳下方的門和廁所。我感覺到腿上起了一陣雞皮疙瘩。是否只是想像力過盛，還是房子裡的異靈把手伸向了我們？」

「其他小組成員也感覺到了，那陣寒冷不知從何而來，也可說是無處不在。黛比現在搖搖晃晃地走向廁所。『他們就在這裡，』她說：『這裡有一個年輕男子、一個男孩和一個女人。』」

「黛比並不知道門廳就是這棟房子的騷動中心。那位太太說她在那個房間洗澡時，經常感到有人在窺看她。我們上樓走進主臥室，一直感覺到有個看不見的東西在觀察我們。主臥室裡有個顯形的影子手臂，逐漸變淡消失。」

「我們仔細搜查過整個房子之後，回到客廳討論我們的發現，以及在屋內發生過的事件。屋主告訴我們，幾乎每天晚上，房子裡的門都會猛烈地砰砰作響，他們也常聽見彷彿小孩子跟在一個穿著厚重工作靴的高大男人身邊跑的腳步聲。」

「黛比感覺到靈異事件或多或少與之前燒掉的老房子有關。砰砰響的門聲和腳步聲，再現了那棟房子著火後恐怖的最終時刻，困住了那些不幸的居民。黛比相信，恐懼和痛苦在這個位置上留下了超自然的傷痕，帶著小孩子的這家新住戶以某種方式使這傷痕甦醒。」

「我們都同意這房子真的鬧鬼了，並囑咐他們做幾件事。其一是記錄靈異事件發生的次數。根據測定，許多事件似乎只在早晨出現一會兒，而黛比感到這時刻可能是多年前房子著火的時間。」

「就短期而言，我們的到訪似乎讓這家人遇到的事情變得更糟了，但是超自然現象發生的頻率開始慢慢減少，幽靈似乎發覺他們搬家的時候到了。我們聽錄音帶的時候，發現了一些奇怪的現象。錄音帶裡有一些空白處、奇怪的吸氣聲，還有一個女人的聲音，且語似地說：『我要拿我的東西』。至今我們仍無法解釋這些詞句背後的意義。這棟房子是個神祕的地方，靈異事件照樣發生，但最糟糕的部分看來已經結束了。」

7. 溫格納的靈異檔案

史蒂芬・溫格納從一九九八年起就是「About.com 超自然靈異現象手冊」（paranormal.about.com）的網站編輯。溫格納每週為網站撰寫宣傳文章，也編輯超自然新聞，並評論讀者的真實故事與靈異相片。「具體而言，我對幽靈和靈異現象的看法是，真實靈異事件的證據多如潮水，」溫格納說：「他們究竟是什麼，以及他們如何與為什麼在我們的現實生活中顯現，確實是不可思議。」

本書從溫格納的網站讀者投書的許多故事中，選出三個有趣的幽靈故事。

7-1 偷窺小鬼

瑪姬十六歲左右時，和兩個姐妹共用家中二樓的小房間。瑪姬睡在與起居室相連的臥房裡，兩個房間中間的出入口並沒有門。她的姐姐伊芙妮睡在雙層床的上鋪，八歲妹妹則在下鋪。就在那天晚上，瑪姬朝右側躺在床上跟伊芙妮說話，她面向門口，可從床上看見伊芙妮。底下是瑪姬的親身體驗：

「我們並不是在說恐怖故事或任何類似的事，只是在談男孩們、學校啦，還有以後的事。我們說話的時候，我看見一團雲霧穿過雙層床的床腳，像白色的霧靄一樣聚集起來。伊芙妮的雙層床有個大約十八吋高的床腳板，擋住了她的視線，但我可以看見那團雲的形狀變得像個小人。它把手放在床腳板頂端，用手把自己撐起來，偷窺了我姐姐好一會兒，然後放低身子，又再次從床腳板那端窺視伊芙妮，接著就不見了。我停止說話，只是看著那東西，看了好幾分鐘。」

「伊芙妮問道：『瑪姬，妳是不是看到什麼了？』我回答說看

到了，然後問她看到什麼。她回應道，她以爲自己看見有個小東西在看著她。」

「我問伊芙妮是不是被那東西嚇到了。她否認了，因爲那像是年輕人，說不定是個孩子。我同意她的說法。那個房間似乎總傳說鬧鬼，發生過很多奇怪的事，但這一樁我記得格外清楚。」

7-2 與擁抱幽靈邂逅

妲妮爾和她丈夫經營小型建築生意，在附近小鎮較舊的地區接到了一份新的案子。那棟房子建在一九○○年代初期，他們要把內部完全拆除，裝潢牆壁、鋪上新地板並重新粉刷等等。底下這個故事是妲妮爾的親身體驗：

「有一天，我在廚房裡鋪地板，正要把三夾板釘住。我的孩子們忙著在後門外的院子和一樓屋內玩。他們全都在附近，所以我知道他們在幹嘛。我工作的節奏很穩定，用手和膝蓋倒退著，邊工作邊朝廚房後面通往二樓的樓梯靠近。後來累到不行，就停下來喘口氣。」

「我當時正在樓梯的正下方，還是保持跪姿。忽然，我被一個小孩子從背後抱住了。那是個很可愛的擁抱，我轉身想回抱讓我感覺如此美好的兒子或女兒。但回頭一看，背後一個人也沒有，一股寒慄馬上從體內升起，我趕緊跳了起來。我呼喚孩子們，他們在我的貨車上塗著色本，車子就停在離後門幾呎遠的地方。」

「我把東西打包好就離開了。我告訴丈夫這件事，說明我無法完成工作的原因。他也被嚇到了，接著就告訴我，在一九三○年代他的兄弟有個小玩伴，意外地惹惱了他的兄弟，不幸被推下樓梯死掉了。」

「第二天，當我們回到那裡時，屋主指控我們跑到樓上的臥室裡，展開原本捲好的壁紙、拉下窗戶遮棚，弄得到處一團糟。在接下來的工作日裡，我們總能聽見樓上有人跑前跑後。工具也常無故失蹤，屋主持續指控我們上樓弄亂他們的私人物品。但既然他們說過不可以上樓，我們就從來不曾到過樓上啊！」

「因為發生了這些怪事，最後我們沒把工作完成。我總是沒辦法留在廚房裡，因為會不斷地起雞皮疙瘩，並莫名感覺到幸福、寂寞和愛等等奇怪的情緒。」

7-3 伐木工人宿舍的幽靈鐘聲和靴子聲

丹尼斯‧M 說他的父親在一九〇七年出生於新斯科細亞省，曾經在森林裡當過伐木工人和廚師。一九三五年的某個冬夜裡，工人們剛躺下休息，就被來到門口的雪橇驚醒了。底下是丹尼斯的親身體驗：

「他們聽到馬身上的鈴聲，雪橇軋軋作聲地滑行在雪上，還有駕雪橇的人大聲呼喊『哇！』，當然每個人都起床趕到門邊去見那位訪客。然而，沒有訪客，沒有雪橇的痕跡，沒有馬蹄印子，什麼都沒有。」

「最後幽靈下了雪橇，打開門走進來時，每個人都跑出了伐木工人宿舍。我父親說可以聽見靴子走過地板喀噠喀噠聲音，這把大家都嚇壞了。伐木工人們開始朝那幽靈扔靴子和別的東西。我父親說他最後點起一盞提燈照過去，然而就像之前一樣，沒有任何證據能證明有人或東西出現過。」

8. 跟我一起到管線維修空隙來！

摘錄自「Ghost to Ghost」網站（www.ghosttoghost.com），來自一名無名氏的親身體驗：

「有一天，我跟一個朋友在猶他州奧格登的某棟新房子裡一起工作。我們安裝暖氣及空調。我朋友檢查暖爐時，發現有個變壓器壞了，於是他出去拿個新的。」

「他走了以後，我繼續安裝管線。突然我有種奇怪的感覺，轉頭便看到一個老太太站在樓梯底端。我以為她是屋主，朝她打了個招呼，並問她是否需要什麼東西。她只是搖搖頭說『不用』，然後回以微笑。我則繼續工作。」

「隨後我又有同樣的奇怪感覺。我轉過頭，見她大約距離我五呎遠。我從梯子上下來問她：『需要我幫忙嗎？』她又微笑了，然後再次搖頭說：『不用』。」

「就在那時，我聽見我的伙伴在屋外吸菸。我轉頭去看那老太太，她已經站在樓梯底端，大約五十呎遠了。我說：『妳真的什麼都不需要嗎？』她只是看著我，舉起手指示意我跟她一起去。但是我回說：『想都別想！』」

「然後我聽見我朋友走進來並站在一樓。那老太太再次示意我跟她去。她背對著樓梯下的管線維修空間。」

「我把目光從她身上移開幾秒鐘，試著找出我朋友的位置。等我回頭時，就看到那極其恐怖的老女人朝我舉著骨瘦如柴的手指，開口道：『到這裡來！』接著我就看著她憑空消失在管線維修空間裡。我飛快地狂奔而出找我朋友，並把這個故事告訴他。他只是笑說，要是我覺得留在外面比較舒服，就待在外頭好了。」

「後來我研讀了關於那個地區的歷史，知道那裡大部分的土地

以前都是北美洲原住民的墳場。直到今天，我沒再回去過那個詭異的地方！」

9. 我們如何擺脫家裡的幽靈

　　法蘭克・約瑟夫是《埃德加・凱斯②的亞特蘭提斯和勒穆里亞③》（*Edgar Cayce's Atlantis and Lemuria*）和《亞特蘭提斯的滅亡》（*The Destruction of Atlantis*）二書的作者，底下是他的一段靈異親身體驗：

　　「西元兩千年春天，我和妻子蘿拉帶著小貓莎莉租了威斯康辛的一棟房子，可俯瞰密西西比河。房子雖然很小，但對我們三個來說剛剛好，而且遠在鄉間，離雙子城大約要開車兩小時。」

　　「連我們房東都無法確定建築物是多久以前興建的。一位當地人告訴我們，約莫一九五〇年代初期，當他還是個小男孩，在划獨木舟經過這條河時就看過它了。一九九〇年代中期，一對來自亞利桑那州的退休夫婦買下這棟房子，把它改造成可愛的夏季小屋，在附近種植多青樹和多種開花植物。戶外場地架起引人注目的紅木外牆，還蓋了一個從地板到天花板都採用玻璃板的新房間，提供一百八十度的觀景角度來欣賞密西西比河。」

　　「但是這裡的冬天非常嚴酷。二十世紀結束之前，這對夫婦就搬回氣候較溫和的亞利桑那州。他們的夢幻渡假小屋則轉賣給房地產經紀人。我們婚後七個月就搬過來，簡直不敢相信我們竟然如此幸運，能找到這麼棒的小屋。」

　　「那年夏天，當一輛小型客貨兩用車停上車道時，我正在後院跟莎莉散步。一個六、七十歲左右，身高六尺有餘的壯漢從駕駛座出來。而另一旁的車門打開，出現一位身材嬌小的金髮女士，年紀

看上去與壯漢相仿。那位壯漢態度惡劣的質問我在這裡做什麼。」

「我解釋自己是新房客之後，他勉強擠出一絲生硬的笑容，介紹自己在過去十年間曾是這裡的屋主。他太太顯然是個真誠的好人，始終笑瞇瞇地看著她許多年前種的那些多年生植物，而今仍茂密繁盛。」

「我以前遇過她丈夫那一類型的人。他引導我在他所改建的房子裡巡了一趟，改進或增加的部分讓他非常自傲，特別是工人和所有開銷都徵詢了他的同意。他的介紹中除了自吹自擂，並無摻雜什麼情感在內，我也盡責地禮貌而生疏的表達謝意。顯然他很驕傲能修復這棟老房子，但我也感覺到他的聲音和用詞裡有某種略帶後悔的意思。當他知道我們付多少房租時，顯得很吃驚，向我保證要跟我們的房東說，住在『他的』房子是一種恩典，這點租金實在太低了。我很高興這個超級麻煩製造者在我掐住他的脖子之前，就爬回客貨兩用車，消失在前往美國西南方的路上。我希望再也別見到他。」

「我的願望成真了。兩年之後，鎮上某個認識他的人告訴我，這位前屋主最近在亞利桑那州過世了。無論如何，我從那時起就不再想起他。然而，大約與此同時，家中發生的許多古怪事件，使得蘿拉和我相信有個無形的東西降臨在我們家。之前並沒有任何鬧鬼的跡象，但現在我們不時瞥眼就看見一個快速移動的影子出現。一開始我們沒有說出自己的遭遇，只當成某種普通的光學幻象，完全不放在心上。」

「直到出現氣味後，我們才直率地談起那個影子。那味道一開始只是偶爾出現，接著越來越頻繁。當我們被那怡人的香味吸引時，蘿拉和我可能正分處屋子的兩端。對我而言，那味道聞起來像精緻的香水，蘿拉則認為比較接近男用古龍水。」

「有時我們一起聞到香味，但每次味道都只持續幾分鐘就散掉了。『如果我們家鬧鬼了，』蘿拉說：『也許來的是個和藹可親的幽靈吧！』儘管感覺上這香水或任何東西總是跟另一個東西一起出現，我們兩個卻都不害怕。」

「然而，這事件發生大約一個月之後，這些天賜芳香的品質開始惡化了。當那無法言喻的惡臭環繞我時，我正在『河流房間』用電腦工作，與坐在床上閱讀的蘿拉間隔三個房間。這臭味足以與世界上最令人噁心的動物糞便相比。這使我大吃一驚，但我想不出它是從哪兒散發出來的。然後，這臭味幾乎就像它出現時的速度一樣，很快地消失了。」

「蘿拉還不曾在我們家裡聞到什麼臭味，但在接下來的幾天到幾週內，討厭的糞便氣味有時也會突然襲擊她，彷彿隨著一陣不存在的微風來了又走。有趣的是，這臭味從來不曾在整棟房子或整個房間裡傳開來，總是圍繞在最接近它的人附近。」

「有一次，蘿拉在屋外照料生長在房子前方窗戶下的花朵時，突然被一團看不見的濃烈雪茄煙霧包圍。經由人們證實，最近過世的前屋主有抽雪茄的習慣，而這個事件進一步合理了他在我們家作祟的懷疑。看來他還是不高興我們住在這房子裡，這是他在世時投注許多心血的地方，他想用臭氣把我們趕走。」

「為了除去房子裡不必要的麻煩，我們嘗試了好幾種他人建議的驅鬼方式，全都是非常軟弱地懇求他的道德本性『覺醒』，同時對他的失落感表示理解等等。除此之外，我們試著在每一個角落都準備了為死者點燃的鼠尾草和蠟燭。邪惡的氣味仍然毫不減退，事實上，規模反而開始擴大了。」

「有一晚我正要入睡，就意識到房裡有個巨大黑色人影。它悄悄滑向我頭上徘徊著，我感應到它命令：『我要知道你的想法！』」

「在我們與幽靈的關係中，我的厭惡總多過害怕，於是我跟這位有強烈氣味的客人說道：『你想做什麼都可以，我要睡覺了！』聽到我這麼說，那失望的人影便消失了。不過只是暫時而已。」

「蘿拉和我都經歷了恐怖的惡夢，它以某種方式侵擾我們毫無防備的潛意識。儘管如此，我們還是繼續渾噩自得的新時代療法，卻通通都沒用。相反的，我們開始聽見東西砸碎的可怕巨響，彷彿某個巨大的東西掉落在房子某處，造成嚴重的損害。有一次我還以為熱水器爆炸了。然而每一次去檢查，卻什麼毛病也沒有。」

「過了大半年，我們失去了耐心。有天晚上，我們坐下吃晚飯，那臭氣像一朵腐爛的雲，唐突的蓋住我們。我們驚跳起來，幾乎異口同聲地往臭氣的方向破口大罵：『滾出這裡！我們不歡迎你！你不住在這裡，也不住在任何地方！這是我們的房子！我們現在住在這裡，你不可以留下來！死人不許進入！出去！出去！出去！我們不管你要去哪裡，你就是不可以留在這裡！白吃白喝的傢伙，出去！老實說，你死了！你已經死了！滾出去，再也不許回來！』」

「從那以後，我們家的氣味就是你所能聞到最香甜的了。」

10. 活力充沛的威斯康辛大宅幽靈
——布萊德‧史泰格的鬼屋調查

我在一九七〇年跟許多研究者一起陪同芝加哥那位具有超自然通靈能力的著名靈媒艾琳‧休斯去威斯康辛一間大宅，那裡有各種靈異現象大舉作祟。從早期的報告看來，幽靈會把從洋娃娃到盤子等每樣東西都拿起來亂丟一通。通常這些東西會連續地向房子裡的住戶投擲，但從不曾造成身體的嚴重傷害。

當我們在十月裡的某個星期六抵達這棟房子時，立刻就對這巨大而雜亂無章的寓所印象深刻。根據我們拿到的一些粗略資料，這棟大宅邸曾屬於一位年老的木材業鉅子，他的名聲並不怎麼好。

　　我們才進了屋內幾分鐘，剛要訪問女屋主時，我告退去上個廁所。有趣的是，在前往廁所的半路上，我竟闖進所謂的冷區（靈魂能量中心的溫度總是比當地室溫低上許多度）。

　　我待在廁所裡的時候，清楚地聽見一些聲音，我確信是這家最小的女兒在跟洋娃娃玩。她哼著一首荒腔走板的小曲子，聽來好像是小女孩在玩耍時反覆唱的單調旋律。她不時停下哼唱，快樂地跟洋娃娃說話，然後大聲地呼喚媽媽。媽媽沒回答，於是她繼續玩耍和唱歌。

　　身為兩個五歲和兩歲女孩的父親，我的心中浮現出一個小女孩給洋娃娃換衣服、梳頭髮，創造屬於她自己幻想世界的畫面。我可以清楚地測定那聲音來自樓上，似乎就在我的正上方。

　　我重新加入人群，為打斷談話而致歉，並帶著幾許興奮宣布我發現了一個冷區。接著，或許已問過同樣問題，我又再詢問那女士當時家中有幾個孩子。

　　她答道，她有三個孩子。一個即將成年的兒子，經常因害怕而不敢回家，有時住在朋友家；一個十幾歲的女兒，正在念中學，住在家裡；還有一個六歲的女兒，只有她是與現任丈夫生的。

　　當我要求見見這位週末下午還待在家裡的孩子時，那女士說她早把兩個女兒都送去朋友家了。「我想還是不要讓孩子在這裡打擾你們工作。」艾琳‧休斯說她做得很對，沒有孩子在場，我們的調查的確會進行得順利許多。

　　但現在我真的搞糊塗了。如果我們的女主人體貼地把孩子送去朋友家，那個在樓上玩耍的小女孩是誰呢？我問了這個問題之後，

這位女士臉色有點發白，不太自在地在椅子上動了動。「我的小女兒在朋友家。」她堅定地說。

「那麼妳最好上樓跟她聊聊，」我說：「看起來她已經回家了。我清楚聽見她在樓上的房間裡。」

「樓……樓上？」那女士複述道。她的手緊抓住她請來協助的朋友的手臂。「你聽見樓上有個小女孩？」我開始意識到這家人在樓上遭遇了很多困難，以及這女士發自內心相信她女兒在朋友家。但那個小女孩唱歌的聲音我聽得太清楚了，不願輕易相信我聽見的是什麼不正常的東西。「樓上有個小女孩，我以為是妳女兒，」我說：「我聽見她在玩耍跟唱歌。」

「我的小女兒不……不會在樓上，」那女士輕聲地回答。她試圖控制自己的恐懼，不讓未知事物影響她說話的聲音。「她不敢自己上樓。她絕不會上樓的。樓上是……」

她似乎無法說完那句話，顫抖著雙手把咖啡捧到唇邊：「這棟房子裡大部分的怪事都是發生在樓上，」她的朋友接替她把話說完：「關於那個小女孩，你有沒有聽見她在呼喚媽媽？」

我承認有聽到她不時停下遊戲呼喚母親。她繼續解釋：「我們經常在半夜或早晨醒來，聽見那小女孩在叫媽媽。但每當他們去查看小孩時，孩子們都在熟睡。」

儘管這個故事很古怪也很有說服力，我還是要求親自到二樓、閣樓、地下室和後院探查，好讓我相信這屋子裡沒有任何活生生的小女孩。我徹底搜查了這棟房子之後，只得盡可能得體地承認我們的女主人說了實話，她的小女兒並不在宅邸裡。如果在威斯康辛大宅裡，我確信自己聽見的東西是真實的，它要不是某個幽靈小孩不停地歌唱並偶爾呼喚母親，就是來自靈界的某種靈異錄音，不斷的重現曾住在這棟房子裡的小女孩的聲音。

儘管我們可以試著把靈異現象理論化，事實顯然就是屋子裡有幽靈出現，持續為住戶製造擾人惡夢。看起來這位女士每天忍受著天人交戰，與房子裡的超自然事件不屈不撓地對峙，她已經累壞了。除了廚房和客廳以外，她不肯在無人陪伴的情況下走進屋裡其他區域。

　　我們探查了地下室，她經常在那裡聽見沉重的腳步聲、重物落地的悶響和刺耳的刮擦聲。我們也拜訪樓上每一個房間，發現另外兩個「冷區」。我們冒險上了閣樓，這家人常常聽見這裡傳出重物在積滿塵埃的地板上拖拉而過。我們一打開門，就瞥見一個模糊的影子退避到這片雜亂儲藏空間的陰暗角落去。然而，我們的調查小組中，沒人敢發誓我們真的看見鬼魂或靈體，說不定只是蜘蛛網反射出的一縷陽光。

　　在我們走過的每一個房間，艾琳都接收到很多超自然訊息。當靈媒一有意見，女屋主就立即回應，且認為她說的幾乎全都「正中紅心」。

　　我們在屋裡走動時，偶爾有東西突然飛起來，卻看不出有任何造成它升空的物理原因。那都是些小東西，大部分是小孩子的玩具，諸如字母積木、塑膠盤子和用襪子做的小洋娃娃等等。然而，這次的靈異事件變得超乎我們預期的複雜，那位母親的靈魂中似乎有某種能夠滿足這個超自然現象的因子。

　　十幾歲的女兒放學回家時，經常發現她的房間凌亂不堪，她並注意到，這惡作劇最常發生在她早晨仔細而努力地整理了房間才出門的日子裡。就另一方面來說，如果她出門時房間亂七八糟，回來就會發現隱形幫手為她把房間整理好，把一切都料理得妥妥貼貼。

　　靈異現象似乎以二樓和閣樓為中心，儘管房子相當大，全家人（包括雙親和三個孩子）都睡在樓下兩個房間裡，沒人睡在樓上。

這母親告訴我們，十幾歲的女兒偶爾會固執地說她不要被趕出自己的房間，通常會獨自睡在樓上兩、三個星期。然後她耳邊會出現含含糊糊的說話聲，還有無形的手指撫摸她的臉頰，再次把她趕回去安靜許多的一樓臥房。

幽靈出現的另一個中心地點在地下室。屋子底下這個古怪區域裡的靈異現象，主要包括敲門聲、重擊聲，和跑下樓梯、拖著腳在地板上走的腳步聲。

當然最戲劇性的靈異事件，是在樓上某間臥房裡顯形的四具骸骨。在令人吃驚的的血紅色中，骸骨般的人影慢慢地顯現出來，變成堅實的立體肖像，一共是一個男人、兩個女人和一個小女孩。每一個影像似乎都穿著大約一八九〇年代的流行服飾。

一旦這些東西完全顯形，一場奇異的靈界戲劇便呈現在現場觀察的目擊者眼前。有著金色長髮的可愛小女孩安閒地坐著玩洋娃娃，同時朦朧地再現出那男人掐死了一個女人，另一個女人則露出極為滿足的愉快表情站在一旁。多年來，先前許多住在這棟房子裡的人和其他目擊者，都認為這裡的靈異事件是正在進行中的永恆三角關係悲劇。他們所目睹的恐怖表演，可能是這棟房子以前的某個男主人掐死妻子來取悅他的情婦。

有些歷史研究學者和當地民間傳說的調查揭露了一件醜聞，傳說有位女屋主音訊全無地失蹤了，她丈夫悲痛了極短時間後，很快就再婚了。當地傳說那位妻子是被丈夫謀殺的，她的屍體被扔在附近的密西西比河裡，如此他才能跟情婦結婚。

雖然我們拜訪那棟房子期間靈界戲劇並未上演，但目前的居住者宣稱在他們剛搬進這棟大宅邸時，目擊了主臥房裡的恐怖悲劇。從那恐怖的一夜之後，他們便搬到樓下的住處，再也不曾回到樓上。

我們首次拜訪那棟大宅當天的下午及傍晚,並未立即進行驅魔儀式,但後來我們跟休斯太太安排了深入的諮商課程,並多次回到這個地方,席捲這個家庭的超自然風暴終於逐漸變小。然而,我們得知這家人最後還是決定搬走,把這個地方留給那些活躍的幽靈。我最後一次查看那棟大宅是在一九七六年,它至今仍然空無人居。

11. 阿米蒂維勒的陰宅

我的朋友和同事保羅‧包羅茂多年來研究神祕和奇特的事物,他從幽靈到外太空生物都有研究。保羅還合著了《北方林怪》(*Monsters of the Northwoods*),這本書記述了主要出現在紐約和佛蒙特地區的「大腳」。在保羅所著《阿米蒂維勒的陰宅》(*the House in the Amityville*)的修訂版中,有如下的敘述:

二〇〇二年十二月二十七日,喬治‧魯茲出現在艾特‧貝爾的收音機談話節目《全國聯播晨間節目》中,揭露了後來以「陰宅」之名著稱的真實故事。根據魯茲的說法,搬到阿米蒂維勒二十八天後,他、妻子凱瑟琳和全家人都拋下一切,逃離位於紐約長島的殖民地時代風格的大房子。據報導,這是從好萊塢傳說的訴訟糾紛以來,最嚴重的超自然攻擊。

恐怖事件始自一九七四年十一月十三日,羅納德‧迪菲歐在位於歐森大道一一二號的家中殺害了六名家人。被發現時,所有的屍體都面部朝下,趴在床上。一九七五年十二月十八日,喬治和凱瑟琳以美金八萬元買下那棟房子,它在一九七四年的市價大約是美金十二萬五千元,因此他們付出的價格算是相當划算。

房子出現異象後,羅夫‧佩科拉勒神父來為房子淨化祈福。魯茲形容他是一個「非比尋常的人,會說九種語言,還有牛津大學的

法律學位。他在各個房間走動，用聖水爲每一個房間祈福……他在二樓後方的房間有點不太舒服……他好像想要離開。」

艾倫·藍斯寶的舊版《大探索》系列電視節目中，有一集特別命名爲「陰宅大探索」，製片工作人員爲這位神父安排了一組僅有側影輪廓的連續鏡頭，他直率地在這段難得的訪問中談道：

「我當時正在進行縫紉室的淨化工作。那裡很冷……然而那天的天氣很好，雖然是冬天，但不至於那麼寒冷。我一邊灑聖水，一邊聽到一個相當低沉的聲音在我背後說：滾出去！它似乎直指向我，我眞的嚇了一大跳。轉瞬之間，我感到臉上吃了一巴掌。我感覺到有人掌摑我，但那裡什麼人也沒有。」

神父聲稱，淨化儀式後他手上起了水泡。他說自己去看了醫生，但醫師無法解釋他受的是什麼傷。「他認爲那可能是焦慮引起的，聽起來也滿合理，但我不認爲那是心理疾病的緣故。這個淨化儀式似乎觸發或揭開了這間大宅的惡靈本質。」

喬治·魯茲回想他們住在那裡的最後一個星期，夜夜忍受噪音和污穢惡臭的氣味，還有個看不見的人從背後碰觸凱瑟琳。他說：「燈光閃爍不定，卻不會熄滅。」他經常被奇怪的樂聲吵醒，「就像音樂家在樓上調音。」

「有很多人把阿米蒂維勒的事件視爲騙局，其他的人則爭論說，與好萊塢傳說版本相比，事件本身是眞實可信的。在一九七九年六月，美國國際製片爲喬治和凱瑟琳·魯茲安排了測謊。他們兩人都通過了。」

回到一九七七年，心理壓力評估的權威專家查爾斯·R·麥克達頓提供一卷凱瑟琳·魯茲的訪問錄音帶做機械測定，結論是她誠實無欺。「我深信這個女人說了實話，或者說，她所相信的是事實，」麥克達頓說：「當她談到自己變成一個老巫婆時，她的聲音

毫不虛僞。她真的活在那些恐怖的事情裡，她也相信自己所描述的東西。」（一九七七年十二月十三日，凱瑟琳·魯茲的〈陰宅：我們在幽靈之屋裡受邪靈脅迫的二十八天〉，《國家詢問報》）

　　好萊塢在許多方面都把這個事件改編得過分誇張（一九七九年的《*The Amityville Horror*》，中譯《鬼屋》，又譯《陰宅》）。在許多段落中，牆並不會真的滲出奇怪的物質。事實上，根據魯茲的說法，應是那些老式大門的鑰匙孔中會流出奇怪的物質。

　　「滴滴答答的時間越來越長，」魯茲說，「這些神祕的液體是黑色的，很像樹脂接著劑，我們留在屋子裡越久，二樓和三樓的某些鑰匙孔裡流出液體的時間就越長。」

　　魯茲還提到：「縫紉室的窗戶邊有非常多蒼蠅。『蒼蠅總是不離開』，連狗都不敢進那個房間。」直到他們離開的前一天夜裡，靈異事件的規模似乎仍在逐漸擴大。就在那時，靈異現象達到最高點，逼走了魯茲一家人。

　　「那天晚上凱瑟琳從床上飄到半空中，」魯茲說：「凱瑟琳升空時正在睡覺，她朝著牆壁飄去，離我越來越遠。這是在她變成一個醜老太婆之後的事。她真的變得又醜又老，後來花了非常多的時間才慢慢變回來。我們搬出那棟房子去跟她母親一起住後，她又變了一次。」

　　很多研究者都調查了那間大宅。著名的幽靈研究者及魔鬼學學者艾德和羅維娜·瓦倫帶了通靈能力很強的瑪麗·帕司卡拉到阿米蒂維勒大宅去。回想起她到魯茲家的拜訪，瑪麗說這對夫婦「無可挑剔的乾淨，房子也極為豪華」。這位靈媒繼續回憶往事，並表示魯茲一家人所損失的東西是「永遠無法取代的，事實就是有某個東西把他們趕了出去」。

　　瑪麗·帕司卡拉說當她上到二樓時，感到疲倦又噁心，想要躺

→超自然現象研究者艾德
和羅維娜・瓦倫。©Ed
and Lorraine Warren

下來休息一會兒。她開始默念禱詞，當她正在唸「我們在天上的父」時，望向臥房窗外，那裡有「一群人影站在門外，倒著唸『我們在天上的父』……我拿起聖水灑向外面那群人影，並拿出十字架，高高舉起，邊說『上帝與我同在』，邊扔向他們，這時我聽見了彷彿水澆在火上的嘶嘶聲。」

　　這個經驗深深影響了瑪麗。許多評論家攻訐這個案件，大多是由於電影中的矛盾和毫無節制的戲劇化情節而起，她參加一九七九年九月十五日布萊恩・鐸的廣播節目錄音（康乃迪克州哈特佛的WTIC 電台）來為這個案件辯護：「你跟無形無相的東西打交道，在這個案件中，你打交道的對象非常惡毒，我從來不曾真正跟那種程度的東西打過交道。」

　　在艾特・貝爾的節目中，瑪麗・帕司卡拉補充道：「那棟房子

裡有一種力量或能量，它會帶走無辜的人（並且控制他們），房子的能量還在。那棟房子是絕對邪惡的。」

艾特‧貝爾在一九九七年十二月三日訪問了馬拉奇‧馬丁神父，他是兩個大師級人物的顧問，也是暢銷書作者及驅魔專家。他談到阿米蒂維勒的陰宅：「我去過那裡。阿米蒂維勒的確很恐怖，大體上是陰森而真實的，且令人感到非常不快。」當他被問到那股力量是否還在房子裡，馬丁神父回答道：「我傾向認為它還在，因為那根本是無法徹底淨化的。」

羅珊‧沙奇‧卡普蘭和她丈夫挑戰這個案件的真實性，並出版了一本戳穿謊言的書：《陰宅的詭謀》(*The Amityville Horror Conspiracy*)。他們詳細記錄了從精裝本到平裝本的內容有哪些改變。卡普蘭氣勢高昂地跟艾德和羅維娜‧瓦倫爭論，在許多談話節目及媒體上互唱反調。瓦倫夫婦主張這個案件是真實可信的大批惡魔顯靈，他們調查時拍下了靈異照片，其中有個雙眼閃亮的男孩站在樓梯附近。

在律師們的爭鬥和竭盡全力的辯論之中，這個案件沸沸揚揚鬧了將近三十年。魯茲夫婦離婚了，喬治住在拉斯維加斯。凱瑟琳目前健康狀況很差，經常需要氧氣協助呼吸。寫了暢銷書《陰宅》的傑‧安森有心臟病史，這本書出版一、兩年後便因心臟病發作而死。

喬治‧魯茲仍然充滿柔情地談起凱瑟琳：

「我們每一個人都受到不同的影響，凱瑟琳受到傷害的方式就和我不同，我在許多方面都想到她，這些年來，她比較難恢復正常，也很難跟過去保持些許距離。」

凱瑟琳和喬治都很同情羅納德‧迪菲歐，他的刑期長達一百二十五年，仍在紐約州達卻斯郡的格林哈芬監獄服刑。在那棟房子住

過以後，再也不會懷疑一個神智正常的人也有可能對家人做出這種事。我們深信他受到那棟房子的影響，至少他在某一個時間點上受到控制。瞭解到他無法與這份理解共存或親自理解這件事是很恐怖的。沒有長時間的心理治療，就沒有希望在他活著時，能以任何方式贖罪。

芭芭拉和吉姆・寇瑪蒂在一九七七年買下這棟著名的房子，他們住在那裡許多年，什麼事也沒發生。一九九七年時，他們以美金三十一萬元將房子賣掉，約為市價的一半。在一九九九年《國家環球報》的報導中，寇瑪蒂夫婦堅稱那棟房子裡沒有發生任何不尋常的事情，唯一令人討厭的是有太多煩人的好奇搜索者。

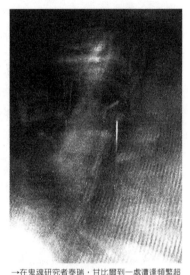

→在鬼魂研究者泰瑞．甘比爾到一處遭逢頻繁超自然活動侵擾的屋裡所拍攝的幾張相片中，大多數都完全正常，他唯一無法解釋的，是出現在這張相片中那個清晰可見的不明實體。
©Terry Gambill/Ghosts and Haunts in Missouri

「一九七七年的整個感恩節週末，我們都沒落單。感恩節我們請了三十個人來吃晚飯，外頭至少有三百人。我並沒有言過其實，不是全部同時出現的，但至少聚集了四十個人。我們在萬聖節雇用私人警衛，那裡至少來了好幾百人。」（一九七八年九月十七日，丹尼斯・賀維斯的〈恐怖故事造成的騷擾〉，《長島新聞日報雜誌》）

阿米蒂維勒的幽靈案件在超自然史上達到傳奇的地位，幾乎每個人都捲入它狂怒、害怕、失敗而敵對的情緒裡。而這番論戰仍然激烈地進行著。

【註解】

① 或稱「公誼會」，為十七世紀中期興起於英國的新教派別，信徒的生活守則著重內在生命之豐盛。

② Edgar Cayce，為二十世紀初的美國預言家。

③ Lemuria，為一假想的古大陸，後沉入印度洋底。

第二章

幽冥喪床和喪禮上出現的靈魂
Spirits Seen at Deathbeds and Funerals

　　我們無法確定最早從什麼時候，最接近現代人種的智人（三萬多年前）開始進行自然埋葬儀式——這種被視爲相信來世的行爲。但我們可以確定的是，他們帶著謹慎與敬意埋葬死者，將食物、武器和各種個人用品一起陪葬。連更早之前的尼安德塔人（十萬年前），都會把裝飾性的貝殼和骨頭、食物以及石器等用品，和身上塗了層紅顏料的死者，一起放在墓穴裡。根據墳墓裡的這些陪葬品，我們似乎可以推論，從史前時代起，人類就相信死亡不是一種結束，死者的某部分仍舊需要營養、衣物和保護，以便安全地通往死後另一種存在的世界。

　　在歐洲的舊石器時代洞穴裡（五萬多年前起）發現的壁畫清楚地指出，早期人類就已經有對被宰殺做食物的動物亡靈給予撫慰、對在爭執中被殺人們焦躁不安的靈魂加以驅散，以及帶給他們已逝親人靈魂安寧的行爲。因此我們可以斷定，很有可能在這五萬多年來，人類始終相信能目睹死者靈魂最普遍的地方，就是臨終者的病榻旁和喪禮上。

1. 卡菈·布蘭登的研究

　　卡菈·威爾斯·布蘭登博士投身於研究臨終者及其病榻旁親友們遭遇的神祕體驗，已有二十多年了。在收集了近兩千件現代臨終幻覺案例紀錄之後，卡菈博士表示：「臨終幻覺沒有一定的形式和類型。當肉體逼近死亡時，有些人看見的是已逝親友出現，其他人

則會看到天使或其他宗教人物。」

在卡菈博士記錄的許多案例中，都提到了在死者過世時那一刻從肉體離開的一縷「白霧」。卡菈博士表示：「那些即將辭世的臨終者，經常講到他們看見另一邊的美麗景色，接著振振有詞地表示，那邊就是他們死後要去的地方。」

卡菈博士同時也是執業的婚姻與家庭治療師，在她與丈夫麥克‧布蘭登博士二十五年的結縭中，兩人攜手投入這項研究長達二十年。她在臨終幻覺方面的著作有：《離開前的最後擁抱：臨終幻覺的神祕與意義》（*One Last Hug Before I Go: The Mystery and Meaning of Deathbed Visions*），以及《一窺天堂：市井小民的不可思議靈魂轉換體驗》（*A Glimpse of Heaven: Spiritually Transformative Mystical Experiences of Everyday People*）。卡菈博士廣泛而深入的研究讓她相信，臨終幻覺不只安慰了臨終者，連愛他們的人也能感受到同樣的慰藉。

「在大部分的案例中，一旦人出現了這種幻覺，死亡就不再可怕了，」卡菈博士說：「這現象不是現代才有的。從有時間記憶開始，在各種文化和宗教之間，一直都存在著與之相關的紀錄及研究。」

卡菈博士提醒了我們，靈魂離體時的臨終幻覺是沒有文化和宗教之別的，它是任何人都可能遭遇到的經驗；事實上，靈魂的存在是少數幾項主要宗教都同意的論點之一。猶太教、基督教、印度教、佛教和伊斯蘭教都認為，靈魂或精神體是個人的本質所在，對他（她）本身而言比肉體來得重要許多，因為肉體只是一副暫時擁有的軀體，終究會化為塵土：

一、「肉體只是靈魂的軀殼而已。」

（《塔木德經》——猶太教）

二、「耶和華神用地上的塵土造人，將生氣吹在他鼻孔裡，他就成了有靈的活人。」

（《舊約·創世紀》第二章第七節──猶太教／基督教）

三、他最初用泥土創造人。然後用賤水的精華創造他的子孫。然後使他健全，並將其精神吹入他的身體中。」

（《古蘭經》第三十二章第八到九節──伊斯蘭教）

四、在印度教中，靈魂被視為「神聖自性」，也就是「真我」（Atman）的一部分：「現在我的氣息與靈魂進入不朽之中，肉體化為灰燼；喔，我的心靈！要記得一切功績，記得一切行為。」

（《奧義書》第十七章）

五、在偉大的印度著作《薄伽梵歌》裡，許多常被引用的詩行告訴我們，身體裡的靈魂是不生不滅、永恆不變的古老存在：「斯身如敝袍，棄舊而換新……神攝之身，水焉能溺，風焉能乾……無生無動，恆居不易，其不顯，恆不異。」

（《薄伽梵歌》，第二章第十九到二十五節）

六、佛教對靈魂的理解，是由疾病與動機構成的生命之最終結果：「看這被裝飾的身體，它是一堆的瘡痍、骨頭所支持，多病……此身的確不堅固、不能常存。這身體隨著年紀衰老……生命真的結束於死亡……此城（身）以骨建成，再以血肉包裝；內裡藏著老、死、我慢與貶抑。裝飾再華麗的馬車，亦終須損壞；人體也是一樣，總有一日會變得衰老……」

（《法句經》第一百四十七到一百五十一節）

七、新興於日本、蔚為風潮的真理教派，其教義認為人類的

本質主要為精神生命：「用精神的絲線，編織出血肉之軀的繭，將靈魂封入繭中，第一次靈魂都將化作血肉。要明白『此繭非桑蠶』；如同人的肉體只是繭，而非人自身。就像桑蠶會破繭而出、自由飛翔，當大限已到，人也會突破肉體的繭，提升到靈界去。」

（神聖教義的甘泉珍饈）

2. 天使還是靈魂？

我們很容易就會陷入這種無止盡的爭論，滔滔不倦地辯論著——究竟人在自己所愛的人臨終病榻前，是否真的會看見天使；或者會有靈魂以天堂使者的身分出現，安撫臨終者及其家人面對死亡的恐懼。有人主張天使會化作已逝的家人影像，目的在幫助臨終者順利跨過生與死的交關。

根據猶太教、基督教和伊斯蘭教的一神論傳統，人死後不會變成天使。這些信仰的經典都指出，天使來自人被創造之前就已出現的一種靈魂界，因此祂們始終是與人有所區隔的靈體。天使是上帝

→天使是個人在經歷離體投射和瀕死體驗、死亡出現後，以及在遭遇激烈的情緒波動時最常看見的其中一種影像。

的使者，人與神的居間媒介，也是男男女女在俗世生命中的守護神與靈魂導師。

　　但是讓歐美等地的傳統神學家氣餒的是，當代人的靈修越來越集中在天使現象這方面。一九九〇年代中期，與天使有關的書開始熱賣，助長了無數商店專研於天使商品的研發和銷售——從雕像到據稱能吸引天使駕臨的各種香水，一應俱全。從二〇〇一年的九一一恐怖攻擊後，有越來越多人相信天使的存在。各個有組織的宗教團體紛紛大肆撻伐近來興盛起來的天使信仰，因為這造成許多青少年在成長過程中，未能接受到有組織的信仰和教義的薰陶。這些對宗教產生偏差概念的年輕人，認為父母親的信仰會讓他們蒙羞、是一種被邊緣化了的老派教義，已無法提供自身面對生命和諸多神祕現象時的準則。

　　多倫多《環球郵報》的宗教與倫理專欄記者麥克・瓦皮專訪湯瑪斯・鮑杜因的文章，刊登於二〇〇二年十二月二十四日。鮑杜因是耶穌會波士頓學院的神學教授，也是《虛擬建構的信仰：X 世代不敬的精神探索》（*Virtual Faith: The Irreverent Spiritual Quest of Generation X*）的作者。從與來自世界各地的基督徒、猶太人和回教徒的相處中，他驗證出天使現象不是近代才出現的新產物。鮑杜因表示，年輕人以個人化的語言談論天使現象，反映出的是在這個缺乏英雄人物的時代，他們需要足以作為行為典範的良師益友。此外鮑杜因還提到，相信天使存在的信仰，亦可視為人們相信人類生命的廣大深邃，即肉體死亡不是一切的終點；這類信仰同時驗證了人們內心想要與已逝前人接觸的渴望。

　　其他神學家，如多倫多聖公會威克立夫學院的大衛・瑞德表示，天使存在是高度可信的事實，祂們多半以守護者的姿態出現。賓夕法尼亞州卡瑞尼學院的宗教與民俗學教師——李歐納德・普林

米安諾說，北美一帶年輕人對任何超自然現象如幽浮、鬼魂和天使等，都相當感興趣。正如大多數年輕人相信天使是亡者靈魂轉變而成的，因而他們被視為死後還有生命的證據；相信天使存在，也代表著相信人死後的靈魂仍以某種形式續存著。

近來有越來越多所謂的「通遞人」（channelers）出現，他們自稱能與天使接觸，並向世人說明天使和死者的靈魂在天堂裡共處的情形。就像靈媒宣稱能與死者的亡靈接觸，並從它們獲得指引和智慧給在世者一樣，這些通遞人自稱有能力與天使溝通，並轉達天使的訊息予其客戶，幫他們解決各種俗世的問題。

一九九九年十二月，靈學研究者兼英國伯明罕大學的博士候選人艾瑪‧希斯寇特，出現在英國國家廣播電視台（BBC）某個廣受好評的節目中，向觀眾廣徵與天使接觸的個人經驗。到了二〇〇〇年十二月，艾瑪一共獲得了八百位觀眾——包括基督徒、猶太人、回教徒和無神論者所提供與天使互動的紀錄。根據這些志願者提供的親身經歷，天使現身除了向他們傳遞訊息或提供慰藉之外，在某些時候，祂們甚至會介入阻止嚴重意外的發生。

在二〇〇一年一月，德國的亞倫斯巴哈民意研究機構發布了一項民調結果。此項民意調查指出，有百分之三十的德國人相信天使的存在，其中有五分之一宣稱看過天使或類似的生物。

二〇〇一年十二月二十日，史克瑞普新聞社和俄亥俄州立大學共同發表了一份報告。報告內容指出，根據他們的研究，不分教育程度、收入水準和生活型態，各階層都有相信天使存在的人；其中女性和年輕人，相信的確有天使這回事的比例偏高。而在美國的人口統計群組中，有絕大多數人相信這些超自然生物的存在。根據這項調查，百分之七十七的成年人會對——你相信「天使」這種據稱會造訪地球的天國居民真的存在嗎？——這問題給予正面回答。

大多數人認為天使和來自天國的靈魂乃是同義詞一事，對真正投入鬼魂研究、探索死後生命存在與否此道謎題的專家而言，並無多大影響。不論這些靈體是結合起來帶給臨終者與其家人慰藉的不同生命體，或是以最能讓臨終者接受的方式顯現的善意和關愛之力量；自人類有歷史以來的數千年間，始終有人宣稱這些天使是確實存在的。

3. 醫護人員的臨終幻覺調查

　　關於臨終幻覺經驗的各項報導，長久以來一直是讓醫生和護士困惑難解的謎團。藉由臨終幻覺研究者，如伊麗莎白・庫柏勒—羅絲博士、雷蒙・穆迪博士、肯尼斯・林恩博士、艾特華特博士和卡菈・布蘭登博士等人的作品，我們對這唯有親身體驗方知其中奧妙的現象，有了更深入的理解。

　　有趣的是，一直到一九六○年代初期由卡里斯・歐西斯博士開始，才出現了有計畫的臨終幻覺研究調查。歐西斯博士進行的先驅研究，試圖在臨終者遭遇到的各種臨終幻覺間，加以分析並建立模式（參閱一九六一年紐約超心理學基金會出版的《醫生與護士的臨終病榻觀察紀錄》）。

　　歐西斯博士集合了六百四十位醫護人員，參與這次的調查研究；這些醫生、護士的入選，乃是根據他們的專業訓練、準確判斷病情的能力，及其與臨終病患的親近程度。每位回答歐西斯博士問卷的醫生和護士，平均觀察五十到六十位臨終病患，總計共有三萬五千個病例。在最初的調查結束後，歐西斯博士繼續以電話、問卷和信件往來進行後續追蹤紀錄。

　　在這次的調查中，總共有三百八十五位參與者通報一千三百八十一起的臨終幻覺案例，這些患者指出他們看見已逝至愛或親友，

以幽靈或鬼魂的方式出現。另外有二百四十八位參與者通報患者看見不可思議的美景或天堂景象，共計八百八十四個案例。

　　參與研究的醫生和護士表示，體驗過這些幻覺後，患者幾乎都陷入一種安寧或欣喜的狀態中。在約半數的通報案例中，已逝至愛或宗教人物靈魂出現的目的，似乎是要帶領臨終患者跨過由死亡轉換為來世的那一關。至於那些見到另一個世界美景的患者，則看起來較為安詳，情緒也較為振奮。在歐西斯博士的研究中有一項值得注意的觀察資料，就是僅有少數臨終患者似乎是在恐懼狀態下辭世。

　　值得玩味的是，受過正式教育、學位越高的患者群，似乎比教育程度較低者占有更多臨終幻覺經驗的案例，這與一般人認定的迷信未開化的人才會有這種靈異經歷的主張相互矛盾。有強烈宗教信仰的患者，最常看見的是聖人的影像或天堂；而神聖景象或天使，則是較常出現在不信教患者的臨終幻覺內。

　　另一項值得注意的發現是，最常通報出現臨終幻覺的案例是在患者意識清醒，且能控制自己各種感官知覺的情形下。昏睡、高燒和鎮靜劑非但沒有增加，反而削弱了他們體驗臨終幻覺的能力。腦部受損或腦功能疾病，經過歐西斯博士的研究後發現對臨終幻覺沒有任何影響。

　　歐西斯博士的研究也發現聚集在病榻旁的親友都共同目睹幽靈出現。為數眾多的案例都指出患者與照顧他們的醫生和護士間有精神感應或千里眼的互動出現；許多參與研究的醫護人員都表示在目睹了臨終病患的經歷後，他們的個人看法或人生觀上有了明顯的改變。

4. 帕莫神父的臨終病榻研究——跨越最終界限

在廣泛地研究臨終幻覺現象多年之後，班尼特·帕莫神父發表他的評論。他說病榻旁的目擊者看見的，通常是一層薄霧或像雲一樣的蒸氣，從臨終者的嘴或頭部出現。這團霧氣會立刻變成人的形狀，和死者生前的模樣完全相同。此外，大部分肢體殘障或受傷的往生者，當他們的靈體出現時，身上的殘疾或缺陷會部分或全部消失。目擊者也經常看見天使或已逝愛人的靈魂出現，陪伴重獲自由的靈魂往頭上那道光、更高層級的空間飛去。

大多數的案例都缺乏目擊臨終者肉體死亡那一刻的紀錄，看見的多半是往生者離開俗世，在天使的陪伴下前往更高層級的世界。儘管經常有人看見已逝者的靈魂或天使，伴隨剛往生者的靈魂一起升天，但這似乎只是一種消失的方式，而非暗示在任何特定的空間區域中還有其他空間或生物界存在。

「在提到臨終幻覺時必須注意到一項事實，即這些幻覺和精神患者的胡言亂語存有極大的差異；各個案例之間的敘述也都相當合理一致，而且在仔細推敲之後，它們的真實性相當高。」帕莫神父說：「據觀察，臨終者所看到的景象，和那些純以為自己將不久人世、遭遇瀕死體驗的人看到的不同；然臨終者看到的幻覺，卻和那些宣稱自己在意識轉換時靈魂離開過身體的人看過的相當類似。」

「所有教會似乎都對在臨終幻覺中會向臨終者揭示關於來生的祕密這件事抱持正面的看法，臨終幻覺也沒有被污名化為異端之論。」帕莫神父繼續說道：「有過臨終幻覺遭遇的人多半宣稱看見——或我們認為他們看見了——其他往生者，且被告知以一般理性無法得知的未來事件和知識。另一個頻繁出現的共同現象是，這些人宣稱看到他們不知已過世的人以靈魂方式出現，而事後的調查往往都證實這靈魂的本體在其出現的當時就過世了。」

「另一項關於臨終幻覺的看法，」帕莫神父做出結論：「是在臨終者周遭的其他人也會看到天使或聖人出現。」

　　經過多年的研究下來，帕莫神父表示即將超脫肉體存在的臨終者經常提到最終界限這件事：當臨終者跨過生與死的界限後，將無法再回到他們的肉體裡去。事實上，他們經常被阻止跨回生的這一邊，而不能返回人世復活。

　　出現在臨終幻覺裡的風景，據說和我們在俗世間經歷的景象極相似，只是會隨著靈魂逐漸形成而變得美不勝收。最終它那難以形容的美，將無法用人類語言和世俗能理解的方式向他人說明。

　　至於那些看到天堂一景或更高存在界的人，通常也會一起看到已過世的親友、他們尊敬的人或聖人的形象。天使則經常與臨終者已逝的摯愛一起出現。這些天使可能會開口唱聖歌或演奏聖樂、從臨終者身上召喚出靈魂，或陪伴剛從肉體束縛中解脫的靈體，到另一個世界去。大部分在病榻旁看到天使或靈體出現的人，都能鉅細靡遺地描述這些生物體的外貌，包括眼睛、頭髮以及衣著等特徵。

5. 帕莫神父的臨終幻覺案例

5-1 霧般的蒸氣和發光的雲

　　比爾告訴班尼特‧帕莫神父，他親眼目睹哥哥的靈魂從其病體中脫離而出。比爾說那股霧一般的蒸氣形狀近似於人，它歡欣鼓舞地拍著手，在一個天使的陪伴下向上飛升，穿過天花板而去。

　　科羅拉多州丹佛市的傑瑞表示當他十歲大的兒子離開人世時，他看見了兒子的靈魂離開他的身體，像一朵發光的雲往上飛，穿越天花板離去。

5-2 一前一後被天使帶離人世的夫妻

S 夫婦是帕莫神父在佛羅里達新港市里奇區的教友。當時兩人都病得很重，被隔離安置在家中不同的房間裡靜養。有天下午，躺在床上休息的 S 先生看見他妻子的靈體穿牆而來。她向他揮手道別後，就在一個天使的陪伴下飛走了。

幾分鐘後，一位護士走進 S 先生的房間，告訴他 S 太太在剛剛不幸過世了。「我知道，」S 先生強忍住淚水回答，「她已經受盡太多折磨了，夠了。她剛剛過來跟我說再見，還要我跟她一起到天使那裡去。」S 先生在兩天後過世。

5-3 美麗天使帶著橢圓光球離去

當艾妮斯汀・塔馬約帶著報紙進到先生病房給他時，她看見一個巨大的橢圓狀光體從他的床上升起。這團橢圓光球緩緩飄向窗邊，盤旋一會之後與隨後出現的美麗天使會合。不到幾秒鐘，橢圓光球和天使雙雙消失。

「我知道邁爾斯在我走到他床邊之前就已經離開了，」塔馬約太太告訴帕莫神父，「我看到了他的守護天使來帶他回家。」

6. 其他關於臨終幻覺的紀錄

6-1 美麗女子的靈魂來接走瑪莉

來自密西根州的退休家庭醫師漢納醫生表示，他絕對不會忘記一九三九年那位被他治療的病童，後來死於傷寒的故事。

「當時我治療的女孩是瑞汀家最小的孩子。」漢納醫生說，「瑞汀家是一個勤奮的德國天主教家庭，而我則是虔誠的浸信會信徒。在那個年代的密西根州某些偏遠的鄉下地方，天主教徒和新教

徒彼此之間仍存在著相當強烈的偏見。但如果任何一個天主教家庭裡的孩子生病了，就算我崇拜的是乳牛或是樹，對他們而言都不重要了。我是鎮上唯一的醫生，他們急著想請我到家裡去照料他們的孩子。」

那個八月的某天傍晚，當漢納醫生檢查完七歲的瑪莉後，聽見他的右側傳來一陣窸窸窣窣的聲音。「我認為那個聲音是瑪莉母親的洋裝，所以就沒轉過身去。我一邊收拾東西，一邊向瑞汀太太說，很抱歉我已盡我所能來幫助小瑪莉了，但她的狀況依舊沒有好轉，且有加速惡化的跡象。我建議他們要做好請神父來送瑪莉最後一程的準備，我開的藥對瑪莉已經沒有任何幫助了。」

因為瑞汀太太沒有回答，漢納醫生便轉過身去。他看見的是一位美麗的年輕女子，據他猜測大約只有十八、九歲，和他距離僅有幾吋遠。「她留了一頭暗棕色的及肩長髮，穿著一身雪白。」他回憶當時的景象：「我確定她不是瑞汀家的人，因為他們的老大不過才十三歲而已。她似乎沒有注意到我的存在，掠過我身旁直接走到瑪莉床邊。」

漢納醫生簡直不敢相信他看見的事：少女彎下身靠近瑪莉，然後將她的靈魂一把抱在懷裡。「我被她的舉動嚇到腿軟，整個人幾乎站不住。我正親眼目睹著只有極少數人有幸能看到的景象。」漢納醫生繼續說著這段故事，「小瑪莉的靈魂和她的肉體完全一樣，只不過它是透明的，且幾乎見不到這一個多月以來受重病折磨後的痛苦與憔悴的面容。」漢納醫接下來看到的更讓他驚訝不已。白衣女子把小瑪莉抱在懷裡，直接穿過牆壁離去。

她們走了之後，漢納醫生一個人安靜地獨坐了好幾分鐘，努力恢復鎮定。當他覺得自己回神過來，可以檢查瑪莉的時候，他再確認一次自己已然知道的事情。果然，小瑪莉在那位美麗的白衣女子

把她的靈魂從身體裡抬起來的那一刻，就離開人世了。

　　幾分鐘後漢納醫生走下樓梯，難過地告訴已經泣不成聲的瑞汀夫婦他們的小女兒離世的不幸消息。他很想安慰這對悲痛的雙親，但卻結巴著找不到適當的話語。漢納醫生向瑞汀夫婦表示，他相信自己看到了天使將瑪莉的靈魂帶到天堂。

　　「我留下來陪伴著瑞汀家人，盡我所能地安撫他們。」漢納醫生說：「後來當我們在客廳啜飲咖啡，談著要怎麼辦葬禮時，我瞧見了鋼琴旁邊架子上一張美麗年輕女子的照片。我不由自主地倒抽了一口氣，告訴他們家人，在我眼前這張相片裡的人，就是那位將瑪莉的靈魂從身體裡抱出來的天使。瑞汀太太告訴我，那是她妹妹蘿絲・安。」

　　「瑞汀太太說那是蘿絲・安的高中畢業照，相片拍完不久之後她就在一場車禍中喪生了。」漢納醫生表示，「那時蘿絲・安才剛滿十八歲，她過世那年是一九三○年，已經九年了。」

　　當漢納醫生發誓，他看見的那位抱著瑪莉的靈魂一起升天的美麗年輕女子，真的和蘿絲・安看起來一模一樣，當下瑞汀家人似乎從他的話裡得到了極大的慰藉。「他們都知道我是一個再務實不過的人，誇張和幻想絕非我會做的事。」漢納醫生為這段故事做出結論，「那天下午我在密西根的那間農舍看見的一切，給了我任何人都在追求的證據，證明死後仍有生命的存在。」

6-2 預告死亡的陌生人之吻

　　住在內布拉斯加州歐馬哈市的貝絲・唐奇要說的，是她十五歲女兒史黛西的故事。一切都要從史黛西帶著鄰居托她照顧的小嬰兒到附近公園去時說起，當時她們坐在長椅上，一個陌生人突然走近過來。

史黛西剛開始非常緊張，害怕這個陌生男子可能對她懷裡的嬰兒不懷好意。母親時常勸戒她要注意戀童癖和可疑誘拐犯，但後來史黛西告訴她的母親，那個人散發出十分安詳的感覺，讓她整個人放鬆了下來，並對他微笑示意。陌生人不只看起來仁慈友善，史黛西甚至覺得他有種莫名的熟悉感。

　　陌生男子不發一語，突然往前傾在小嬰兒的額頭上吻了一下後就迅速轉身離開，這突如其來的舉動讓史黛西感到一陣錯愕。她說男子走開的速度之快，簡直跟當場消失沒兩樣。

　　抱著困惑慌亂的心和隱約的罪惡感，史黛西在交還女嬰之前，先走回自家公寓，告訴母親剛剛發生的事。「史黛西說那個男子看起來約莫五十歲左右，身形高大，一頭銀髮。」貝絲・唐奇以她對這整件事的了解向我們說明，「史黛西一直不斷地說那位中年男子看起來有多和善、多慈愛。」貝絲要她的女兒放心，說她沒有做錯任何事。沒有人因此受到傷害，但是她以後碰到陌生人時，應該要更小心一點才是。

　　根據小嬰兒的雙親表示，當天晚上有人來敲他們家的大門。當他們應門時，卻發現門口沒有半個人在。幾分鐘後，他們又聽見了敲門聲，小嬰兒的母親這時不加思索便衝進她睡覺的房間。這位母親悲痛不已地發現，她的女兒已經過世了。後來的解剖報告指出小女嬰死於嬰兒猝死症。

　　隔天當唐奇一家人到鄰居家悼問時，史黛西突然一副快要崩潰的樣子。貝絲以為是她脆弱的女兒對小女嬰的死反應過於激烈，於是趁機將她拉出鄰居家。「在回家的路上，」貝絲說：「史黛西告訴我她被嚇壞的原因，原來是她看到那位在公園親吻女嬰的男子像鬼一樣，站在傷心欲絕的母親背後，一隻手放在她的肩膀上，彷彿在安慰她似的。」

一開始史黛西以為他是死亡天使，但後來她看見了壁爐架上一對男女的相片。「這時史黛西才了解為什麼那個陌生男子會給她一種熟悉的感覺。她想起當她第一次到鄰居家當褓母時，女嬰的母親給史黛西看過一張她雙親的照片。她說她母親仍健在，但她非常敬愛的父親已在幾年前不幸過世。史黛西堅信公園裡的那個陌生男子就是這位太太的父親。」

在敘說女兒的奇遇時，唐奇太太說她自己也相信是鄰居父親的靈魂，前來護送小孫女到靈界去。她推論當天晚上那一家人聽見的第一聲敲門聲，是祖父的靈魂通知他們要來帶走小孫女的靈魂，第二聲則是要向他們道別。

6-3 夢見姐姐死亡

查爾斯‧道尼做了一場夢，夢中有人告訴他，他的姐姐珍恩快要死了。因為以前在其他家人過世前，他也做過類似的夢，查爾斯決定認真看待這夢裡的啟示。「不管這是邪惡的愛爾蘭詛咒，還是上帝賜給我的能力都好，」查爾斯說，「在我的母親、表弟保羅和學校死黨過世前，我都做過類似的夢。就是因為有這些悲傷的前例在，我知道我最好把這場陰鬱的夢當一回事。」

所以當他接到姐夫大衛來電向他確認珍恩的確已經陷入彌留狀態時，查爾斯和妻子瑪西立刻趕到姐姐的病榻旁。珍恩的眼睛雖然沒有睜開，但她就是知道有哪些人在她的房間，以及他們站在哪裡。查爾斯俯身親吻姐姐的臉頰時，珍恩用微弱到幾乎聽不見的聲音對他說：「不要擔心，查理，他們來接我了。媽媽、爸爸、保羅和西恩舅舅，他們都來了。他們在等著我，就在窗戶外面。還有一位美麗的天使和他們在一起。她會護送我們到天堂的家去。」

那時大衛佇在窗邊，珍恩要他往旁站一點，讓天使和其他人能

夠進來接她回家。雖然不懂爲什麼珍恩做出這樣的要求，大衛還是離開了窗邊。就在珍恩嚥下她最後一口氣的同時，突然有一陣強風吹亂了窗簾，嚇壞了房間裡的所有人。

查爾斯後來寫道，當他姐姐的靈魂隨其他家人與她的守護天使一起離開時，臉上帶著安詳的笑容。

第三章
幽冥教堂和墓地
Haunted Churches, Cemeteries, and Burial Grounds

1. 擾亂艾佩渥斯牧師宅邸的不速之客

　　一七一六年十二月一日在位於南約克夏多加斯特郡的艾佩渥斯牧師宅邸裡，孩子們和傭僕都向山繆爾・衛斯理牧師訴苦——他們連續好幾晚聽見神祕的聲音和呻吟。除了嚇人的怪聲以外，他們還整夜聽見上下樓梯的腳步聲。

　　衛斯理牧師不相信家裡發生靈異事件。在小心地對宅邸夜間監視了整整一星期之後，衛斯理連隻吵鬧的老鼠都沒發現，他嚴厲地教訓了孩子跟僕人，不讓他們繼續訴說這些徘徊於樓梯和臥房的幽靈故事。衛斯理判定，如果他的宅邸裡有任何噪音，必定是每晚來向他女兒們獻殷勤的那群無聊小伙子造成的。衛斯理家有四個亭亭玉立的女兒，她們開始款待男友和追求者，而少女們的行為總惹來父親含蓄的譏諷。年長的女兒暗暗祈禱幽靈去敲她們父親書房或臥房的門，好嚇一嚇他。她們並沒有等太久，第二天夜裡，衛斯理的臥房牆壁被狠狠敲了九下。

　　衛斯理的睡眠雖受到刺耳干擾，但他摒除噪音是幽靈造成的念頭，將之歸結是某個流浪漢在僕人不注意的情況下侵入牧師宅邸，還想試著驚嚇屋裡面的人。一大清早，衛斯理悄悄對妻子說他要買「大得足以吞下所有入侵者」的大狗。那天早上，牧師做的第一件事，就是去買一隻巨大的獒犬養在宅邸裡。他肯定這樣的猛獸應能對抗任何幽靈。

然而，那天晚上再次響起了敲擊聲，衛斯理驚訝地看到他的獒犬發出嗚咽聲，畏縮地蹲在嚇壞了的孩子們身後，其中一個大女孩開玩笑說狗比她們還害怕呢。兩天晚上之後，屋子裡的聲音似乎變得更加猛烈，衛斯理和妻子被逼到不得不下床去調查情況。他們在宅邸裡走動時，發出嘈雜聲的隱形人就像跟在他們身邊似的；神祕的轟隆巨響迴盪在黑暗中，他們身邊圍繞著金屬叮噹聲。衛斯理夫婦勉強鼓起勇氣搜查宅邸裡的每一個房間，尋找混亂的來源，但他們什麼也沒發現。

　　衛斯理召集家庭會議，彙集大家對這個隱形侵入者的認識。他這才從較年長的女兒口中得知，這擾人的靈異現象通常從晚間十點開始，在即將發生騷動時總是會先有一個「信號」，聽起來像是巨型大鐘上發條的聲音。那些怪聲遵循著某種固定的模式，先從廚房開始，然後突然爬上某一個孩子的房間，敲打床頭和床腳。這個固定模式似乎是幽靈的伸展練習，等它準備熱身夠了，就會興之所至地製造各種幻覺。

　　有一天晚上，育嬰室的敲擊變得格外暴躁，衛斯理質問道：「你為何騷擾無辜的孩童？如果你有話要說，就到我書房來吧！」幽靈無視於牧師的邀請，繼續把孩子們的床架弄得乒乓作響。

　　「你這又聾又啞的惡魔，為何驚嚇這些無法保護自己的孩子？」衛斯里義憤填膺地咆哮：「好漢做事好漢當，到我書房來！」彷彿在回應衛斯理的挑戰似的，幽靈在他的書房門上用力地狠狠敲了一記，牧師還以為門板會裂成碎片。雖然那天晚上不再發生其他騷動，衛斯理很快就發現幽靈並不把他的邀請當一回事。有天晚上，在書房裡有個「看不見的力量」重重地把他推倒在書桌上。還有一次，他剛要踏進書房，就被砰地一聲甩到門框上。

　　衛斯理決定請求增援，以對抗入侵他宅邸的惡魔。他派人去找

胡克斯列的教區牧師胡勒先生，胡勒牧師很有耐心地聆聽衛斯理的故事，並告訴衛斯理那天晚上他會帶領他們祈禱。那幽靈一點也不敬畏胡勒牧師，當晚展示了極其強大的靈異力量，牧師被嚇跑了，只留下衛斯理盡其所能地徹底搜查這看不見的惡靈。

　　孩子們以最不可思議的方式，克服了對這無形事物的恐懼。他們接受超自然力量的古怪行徑，歡迎它來抒解枯燥無聊的鄉居生活。他們開始稱呼這位隱形客人為「老傑佛瑞」，而這幽靈幾乎成了他們的寵物。他們觀察到老傑佛瑞有一點暴躁易怒，如果訪客看輕他，主張敲擊聲是老鼠、小鳥或風等自然因素所造成的，靈異現象就會迅速地增強，好讓懷疑者立刻更正其說法。

　　不可思議的騷動，每天晚間十點持續按照時間表出現，直到衛斯理夫人採用一個除去家中惡靈的古老辦法為止。以前的民間傳說建議那些受幽靈所苦的人，應該取得一個大法螺，「猛烈地在屋內每個房間裡吹奏」，她告訴全家人：「對惡靈而言，響亮的角笛聲

→這是據說在位於英國格羅斯特郡附近的佩斯貝瑞鎮上某間墓園裡出沒的「黑衣男修道院長」，相片拍攝時間為 1990 年。
©Fortean Picture Library

很不悅耳。」遠古除魔儀式的高分貝實驗是個百分之百的錯誤，幽靈不再按照以前只在夜間出現的時間表，連白天也開始在屋裡出沒。老傑佛瑞若不是對被稱為惡靈表示憤慨，就是單純地要表達它對那可怕法螺的意見。不管原因是什麼，它都以逐漸增多的靈異活動作為報復。

孩子們似乎很歡迎老傑佛瑞在他們的遊戲時間出現。好幾位目擊者發誓，他們看到有張床飄浮到相當可觀的高度，衛斯理家的孩子還在半空中的床墊上歡呼。唯一困擾孩子們的是老傑佛瑞製造的噪音，不管他們去哪裡，都會聽到後頭發出拖著一條繩子的聲音。有個女孩宣稱她看見一個幽靈男子，穿著一件拖到地上的白色長袍。衛斯理家其他的孩子則聲稱看到一隻外表像美洲獾的動物，從他們床底下竄出。有一個僕人作證說他們看到類似囓齒動物的頭，從廚房火爐附近的裂縫裡盯著他們看。

就在衛斯理一家越來越習慣老傑佛瑞的古怪行徑時，這奇特的靈異現象就像它意外出現一樣，突然地消失了。兩個多世紀以來，這東西再也不曾回頭騷擾艾佩渥斯牧師宅邸，這段被幽靈侵占的混亂記憶，仍然是基督教歷史學家和超自然研究者的一大挑戰。

2. 英格蘭最可怕的鬼屋

著名的心靈研究專家哈利·普萊斯博士，封給伯爾列牧師宅邸「英格蘭最可怕的鬼屋」這個頭銜，該宅邸位於倫敦東北方六十英里處的埃色克斯與索夫克郡交界地區。這些年來，「鬧鬼最嚴重」的資格受到了挑戰。

根據伯爾列的某個傳說，蓋·史密斯牧師在一九二八年抵達此地。接任教區神職工作後不久，他打開書房裡的櫃子收進幾本書，卻看到一顆骷髏頭在書架上朝他齜牙咧嘴。史密斯夫人屏住呼吸，

看著她丈夫從櫃子裡取出骷髏頭開始檢視起來。

「你不……你不會以為，」她神經質地笑著問：「這棟宅邸真的鬧鬼吧？你不會以為這是在門廳裡走來走去的那個修女的頭骨，或者是某個埋在亂葬岡上的可憐惡魔的頭吧？」

史密斯勸告妻子冷靜下來，不要把所有他們聽過的伯爾列牧師宅邸奇譚都當真。儘管如此，還是很難否認在他受令之前，已有一打以上的牧師都拒絕入住此屋的事實。他也忘不了前任教區牧師的故事，那位牧師用磚頭打破餐廳的窗戶，因為他無法忍受有個修女的幽靈一直在那裡窺視他。

史密斯牧師無視於妻子暗示有某個邪惡的東西滯留在宅邸裡，便與教堂司事按照宗教儀式，把骷髏頭埋在教堂附屬墓地。他和妻子為了避開包圍著他們的不適感而吵架，然而沒過幾個晚上，不尋常的事件便證明了看不見的力量正在運作。

鬧鬼的靈異現象通常在晚間就寢後沒多久出現，他們躺在床上，聽見沉重的腳步聲經過門口。有好幾個夜晚，史密斯在黑暗中蹲伏於房門外，手中緊緊握著一根曲棍球棍，試圖攻擊那個經過他們房門口的無形異物，卻從來無法擊中任何有實體的東西。還聽到有個女性的聲音，從拱門中央一路呻吟到禮拜堂；門鎖上的鑰匙被推出來，落在離門好幾吋遠的地上。他們頭上傳來別人聽不見的沙啞耳語；無緣無故出現許多小小的圓石子，不停地打在他們身上。

史密斯夫婦向倫敦《每日鏡報》通報他們的超自然遭遇後，報社通知了哈利·普萊斯博士。一九二九年夏天，普萊斯和他的祕書與一位《鏡報》記者華特茲前來拜訪牧師宅邸，想親自看看史密斯牧師和他的家人是否真的深受靈異現象所擾。

這三人離開倫敦之前，他們的研究揭露這棟牧師宅邸雖然建於近代，卻奠基在中世紀的修道院遺址上。旁邊還有一座女修道院，

至今仍可看到殘留廢墟。這座女修道院留下許多傳說，最有名的是一位修女被活生生地埋進修道院的牆壁裡，作為她與本篤會修士私奔的處罰，後來這個修士也因行為不檢而被吊死。住在這棟牧師宅邸的人和好幾位村民，都舉報他們看見修女模糊不清的身影走過庭院。大約四分之一英里遠處有一棟城堡，那裡也發生過許多悲劇事件，在奧利佛‧克倫威爾①的圍攻下告終。牧師宅邸附近常見的靈異現象，還包括一群武士追捕某個沒有頭的貴族男子，和一輛黑色四輪大馬車。

伯爾列牧師宅邸是由老亨利‧布爾牧師建於一八六三年（有些資料說是一八六五年）。這位牧師養育了十四個孩子，故需要一間大一點的房子。老布爾於一八九二年死在宅邸的藍房間裡，他的兒子亨利繼承家產住到一九二七年，也在此宅裡臨終。十二位拒絕入住這棟宅邸的牧師都聽過神祕的傳聞，這棟房子閒置了幾個月，才由前來擔任聖職的史密斯牧師及其家人於一九二八年接收。

普萊斯和他的祕書及華特茲抵達牧師宅邸後，便與史密斯牧師夫婦共進午餐，聆聽他們描述目擊到的靈異現象。正當他們在談話時，一盞玻璃燭台猛撞到普萊斯身旁的鐵製暖爐，撒了他一身玻璃碎片。有一顆樟腦丸滾卜樓梯，接著滾落許多小圓石子。

普萊斯在牧師宅邸停留期間忙於研究，他安排與布爾牧師的女兒、牧師宅邸的建築工人及仍留在村子裡的前任僕人會面。有名曾任布爾牧師園丁的男人告訴普萊斯，當他還在牧師宅邸工作時，他跟妻子都聽到他們位於馬廄上方的房間裡傳出不明腳步聲。他在那裡工作的八個月中，每天晚上都會聽到怪聲。幾個曾在布爾家工作過一、兩天的女僕提到，她們就是被奇怪的異象給嚇跑的。

布爾牧師有三個女兒，大女兒說她在一九○○年七月某個陽光燦爛的下午，曾看到那個修女出現在遊園會上。她打算靠近幽靈並

吸引它加入談話，可是當她一靠近，幽靈就消失不見了。這三姐妹都發誓，全家人經常看見那個修女和幽靈馬車。正是她們的父親拿磚塊打破了餐廳的窗戶，一家人才得以避開幽靈修女的窺視，安心享用晚餐。

史密斯夫人說她也看見一個修女的朦朧人影，在牧師宅邸的庭院裡走動。她曾數次企圖與幽靈面對面，但它最後總是消失無蹤。調查小組離開史密斯夫婦之前，華特茲為《每日鏡報》寫了一篇文章，在文章中承認他看到修女的幽靈，也親耳聽見幽靈馬車和馬蹄發出的聲音。調查小組總結了研究之後，史密斯夫婦因為長期飽受失眠和精神壓力的苦果，他們很快地就搬離了宅邸。

當李歐納‧安傑農‧佛伊斯特牧師和他的妻子瑪麗安，帶著四歲女兒阿黛蕾德，在一九三〇年十月十六日住進這棟牧師宅邸時，靈異現象的活動達到了新的高峰。佛伊斯特牧師是亨利‧布爾牧師妻子的表弟，因此，他一定對牧師宅邸裡面有什麼令人害怕的東西有些概念。他們在那裡住了幾天後，佛伊斯特夫人聽到一個聲音輕柔地叫道：「瑪麗安，親愛的」，以為是丈夫在呼喚她，佛伊斯特夫人便跑上樓去。佛伊斯特告訴他的妻子，他一個字也沒說，但他的確聽見有個聲音在叫她。

有一次，瑪麗安在浴室裡準備洗手，便把腕錶拿下放在旁邊。等她洗完手要拿錶時，卻發現錶不見了。那隻錶就這麼消失，再也不曾出現。佛伊斯特牧師明白這幢宅邸的傳聞非虛時並不害怕，因為他相信自己的基督教信仰會保護他；當幽靈變得格外暴力時，他用聖物平息騷動。而他一直保持相當冷靜，在日記中詳細地記錄下他與家人目擊到的靈異現象。

由於某些未知的因素，瑪麗安首當其衝，受到最無情而殘忍的邪祟。她要去臥房的半路上，眼睛遭受了猛烈的重擊，深深陷入皮

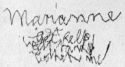

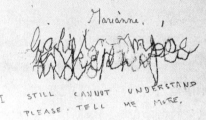

→據傳這是滯留在伯爾列牧師宅邸的鬼魂留在牆上的詭異訊息，超自然研究者也寫了幾則訊息回應（字體較大、較清楚的大寫字母），試圖與鬼魂溝通。雖然經常有用鉛筆書寫的回覆訊息出現，但文字辨識度極低。©Fortean Picture Library

膚裡，留下一個巨大的黑色瘀青，過了好幾天還是清晰可見。另一次她差點就被熨斗擊中，而那熨斗打碎了她手上的煤油燈罩。奇怪的是，佛伊斯特夫人被某個幽靈虐待的同時，卻似乎有另一個幽靈渴望與她建立聯繫。牆上潦草地留下信息：「瑪麗安……請……幫忙。」

　　佛伊斯特牧師獲悉哈利・普萊斯博士曾經對伯爾列的靈異現象表示興趣，便寫信到倫敦，告知這位心靈研究專家宅邸中再度發生的活動。普萊斯和他的兩位助手抵達後，從閣樓到地下室重新檢查一遍。普萊斯在二樓房間裡時，某個看不見的力量突然扔來空酒瓶，差點擊中他。幽靈發出「歡迎禮砲」後沒多久，研究人員們驚恐地聽見原本留在廚房裡悠閒享受香菸的司機發出尖叫。這個嚇壞了的男人，堅稱他看見一隻又大又黑的手爬過廚房地板。

佛伊斯特牧師向普萊斯展示他在三月二十八日記載的事項：他的妻子那天在上樓梯時，與某個奇異的東西面對面。她形容那是一個猿猴模樣的黑色怪物，伸出手碰了她的肩膀，感覺像是「鐵器般的接觸」。

普萊斯很快便知道，其他人也在不同情形下看過那個生物。佛伊斯特夫婦也告訴普萊斯和他的組員，這些幽靈開始顯形成一些他們確定不屬於自己的物品。例如：他們吃晚餐時，廚房裡出現一個小鐵箱；浴室裡出現一個放著結婚戒指的粉盒，佛伊斯特夫婦小心地把戒指放進抽屜後，它卻在一夜之間消失了。普萊斯在他寫的書《英格蘭最可怕的鬼屋》（*The Most Haunted House in England*）中，列出兩千件以上佛伊斯特夫婦在牧師宅邸居住期間發生的超自然活動。佛伊斯特夫婦忍受超自然騷擾長達五年，在一九三五年十月搬離伯爾列牧師宅邸。佛伊斯特一家離開後，主教明智地判定此處應該拍賣掉，但卻吸引不到什麼人來競標。

一九三七年五月，哈利‧普萊斯獲悉牧師宅邸再度變成空屋並提供租借，於是他打算在此成立幽靈實驗室。他的提議獲准，四十位心靈研究者自願在為期一年的時間內輪流住進牧師宅邸。普萊斯為這個地方配備了特殊幽靈偵測裝置，並準備了說明手冊告訴他的研究團隊，如何正確地觀察並記錄可能出現的所有靈異現象。

普萊斯的團隊成員抵達後不久，看似以鉛筆寫成的奇怪信息開始在牆壁上出現。每次發現一個新的記號，他們都小心地圈起並加上日期。兩位牛津畢業生說他們一邊把某個信息編入目錄，一邊看著新信息成形。看起來那東西很想念瑪麗安‧佛伊斯特，一直重覆寫著：「瑪麗安……燈光……彌撒……禱告……點燈……瑪麗安……請……幫忙……拿……」

倫敦大學哲學與心理學系的約達教授，也曾目擊出現在牆上的

鉛筆記號。在一九三八年七月號的《哈潑》②雜誌上，約達評論道：「長時間仔細思考那些潦草筆跡，我實在看不出那怎麼可能出自正常人的手筆……有人揣測是喧鬧鬼變出鉛筆和手指來寫字，這是無稽之談……『為什麼』的問題似乎跟『怎麼做到的』一樣難以回答。塗鴉經常在有人調查所謂的『異常現象』時發生，就像人們發現無法壓制祭祀桌動來動去一樣，無法為這些事實提出任何合理的解釋。無論這些事實有沒有發生，這個世界必定有某些方面與我們慣於推想的狀況完全不同。」

這些調查人員很快就在二樓走廊發現了「冷區」。雖然這在幽靈作祟現象中很常見，但之前住在伯爾列的人和先前探查過此地的心靈研究者卻都未察覺。普萊斯的許多研究人員皆注意到，每次經過那裡時都會不自主地發抖並感到軟弱無力。他們發現另一個冷區位在藍房間外面的樓梯平台上。溫度計顯示，無論屋內其他地方的溫度多高，這幾個區域的溫度固定在約攝氏九度。普萊斯租用該地的最後一天，那個在佛伊斯特夫婦居住期間顯形的結婚戒指再度出現了。為了確認幽靈不會再次把它搶走，普萊斯把戒指帶回了倫敦家中。

一九三八年底，喬治遜上校買下伯爾列牧師宅邸，重新命名為「小修道院」。他絲毫不受此地鬧鬼的傳說所恫嚇，但他搬家的那天，兩隻忠誠的老狗就受到驚嚇而落荒逃走，從此不見蹤影。剛下過雪後，房子周圍出現無法辨認身分的奇怪足跡，讓他頗為在意。上校發誓那絕非人類或動物的腳印。他跟蹤足跡，想要找出來源，但那些印子卻神祕地消失在空無之中。一九三九年二月二十七日，許多書從書架上飄下來擊中油燈，立即引起爆炸性的火災，伯爾列牧師宅邸就這麼完全燒毀了。

西元二〇〇〇年十二月，一本具有爭論性標題的書出版，名為

《我們偽造了伯爾列牧師宅邸的幽靈》（*We Faked the Ghosts of Borley Rectory*）。這本書揭露道，路易·梅耶林宣稱其他心靈研究者及一般世人都被哈利·普萊斯的騙局蒙蔽，普萊斯覺得製造伯爾列牧師宅邸的鬧鬼現象非常有趣。梅耶林說伯爾列牧師宅邸就像他兒時的第二個家。他在一九一八年初抵伯爾列牧師宅邸時，還是個孩子，卻發現第二代的亨利·布爾牧師和他的家人，都喜歡讓人們牢記當地的修女幽靈等民間傳說，並從中得到很大的樂趣。

據作者所說，後來佛伊斯特夫婦也參與了這陰森的玩笑，鼓勵梅耶林披上黑色斗篷，在薄暮時分的花園裡悄悄走動。梅耶林揭露他們如何從這場騙局中的鈴聲、拋擲小圓石子和製造奇異的呻吟及嗚咽聲之中獲得極大的樂趣。然而，他還是承認有一件怪事是他無法解釋的，或許可以說明伯爾列牧師宅邸裡真的發生過靈異事件。

一九三五年的復活節週末，據信是真的靈異現象出現在伯爾列牧師宅邸。有一群人加入梅耶林和瑪麗安·佛伊斯特在宅邸裡舉行的降神會，與會者包括受歡迎的劇作家蕭伯納、大英雄勞倫斯（即阿拉伯的「勞倫斯」）、英格蘭銀行行長蒙塔古·諾曼爵士，還有犯罪科學法醫專家伯納·史畢利斯伯利。

據梅耶林的說法，廚房裡的鐘鈴一起發出鏗鏘聲，牆壁和天花板散發出明亮的銀藍色光芒，徹底包圍住他們。梅耶林根據他先前假冒幽靈的經驗，知道不可能讓所有的鐘鈴同時發出響聲；那閃電般的耀眼光芒從何而來，他也毫無頭緒。事實上，他承認自己被那道奇特光線弄瞎了，最後只有一隻眼睛恢復視力。在如此暴戾的超自然力量展示後，蕭伯納和諾曼爵士拒絕留下來過夜，而梅耶林在書中坦承，那次事件的記憶仍使他膽顫心驚。

儘管梅耶林自曝參與了「創造」伯爾列牧師宅邸真偽難辨的靈異現象，人們依舊經常談起此地的邪祟，心靈研究者亦仍以此作為

辯論主題。雖然梅耶林可能參與了布爾一家延續宅邸傳說的活動，後來又被佛伊斯特夫婦鼓勵，在騙局中插花；但這位自動招認的惡作劇者，並未在史密斯牧師居住的那些年間出現，也不曾在普萊斯的研究團隊花了一整年全面觀察靈異現象時出現，喬治遜取得伯爾列牧師宅邸的產權並舉報靈異事件時，他更不在場。

3. 奧德帕都教會的溫柔幽靈

聖安東尼奧德帕都教會是北美洲最古老的羅馬天主教教會中心之一，住在那裡的修士都曾目睹過幽靈顯形。這個教會還有一件出名的事蹟，就是在炎熱或晴朗無雲的日子裡，會有顏色奇異的雲朵在教會上方聚集盤旋。這個教會建於一七七一年，坐落在加州中央的聖塔露西亞山脈上、派索羅伯斯以北三十英里，附近唯一的社區是一座軍營。

方濟會的提摩西修士是教會的歷史學家，他說早在第一個神父於一七七〇年定居當地時，附近地區就已流傳許多神祕事件。當地的印第安人告訴他們，以前也有跟他們一樣的修士來過，只不過他們是從空中飛來的。提摩西修士回想起一九八〇年代中期，有次跟一群考古學家待在休息室裡，所有在場的人都聽見有人在他們頭上

→這張相片拍攝於芝加哥的「單身漢林薩墓園」，拍攝當時相片中的長椅附近空無一人。©Dale Kaczmarek and Jim Graczyk

的閣樓裡走動。每個人都聽見那東西走了幾步，接著又跨過橫梁。他們一致認為有人擅自跑到休息室的天花板上去，兩位考古學家便帶著手電筒上屋頂去察看。閣樓裡什麼人也沒有，厚厚的積塵原封未動。

超自然研究者理查·山納德到這間教會探訪時，曾在凌晨十二點半穿過庭院去冰箱拿冷飲。山納德在濃黑的夜色中，看見庭院的另一邊有燈火。他注意看對方是誰，因為修士們為了避免引起火災，對使用蠟燭的規定非常嚴格。他開口說話時，離那個人影約十二呎遠。山納德清楚地看見那人穿著修士的服裝，個子比一般人矮一些。他們同時走近禮拜堂門口，那個修士就在山納德眼前消失了。山納德打開手電筒，但什麼也沒看到。那修士不可能悄悄把門打開，因為那扇門很沉重，還會嘎嘎作響。這次的經驗使這位知名的超自然研究者開始相信幽靈的存在。山納德後來發現這個幽靈出現的時刻具有重大意義。以前的神父會在凌晨十二點半起床，在禮拜堂祈禱一小時再回去睡覺。山納德深信他看到的即是來自過去的立體影像，過世許久的修士幽靈正要進去祈禱。

奧德帕都教會的修士，經常看見小小彩雲飄在女客宿舍的屋瓦上方。這奇異的雲朵會變換色彩，一開始看起來是白色，然後變成綠色、藍色、黃色和紅色。修士們傳說約翰·巴蒂斯神父死的那天出現了一朵神祕的雲，彷彿在昭告神父過世。約翰神父當時在離教會七十英里遠的安卡斯凱多工作，他去世時，修士們尚未得到消息。

提摩西修士還記得他看過一抹白雲，在冬季禮拜堂的門外飄動。喬伊神父也看到了，他們兩個一起觀察它令人難以置信的變化。那片雲朵順著迴廊飄動，然後突然沿著走廊轉了個大彎。提摩西修士和喬伊神父注視著它在庭中的噴水池上盤旋了一、兩分鐘，

接著再次轉彎，沿著走廊經過禮拜堂，消失在教堂裡。兩人跟著跑了過去，但雲已消失在裡頭。這兩位神職人員注意到，那片白雲完全按照約翰神父每天去宣講正午彌撒時的路線移動。他總是循著同一條路，中間也一定會停下來餵一餵噴水池裡的金魚。提摩西修士和喬伊神父深信，約翰神父的靈魂照著他熟悉的路線，做了最後一次的巡禮。

4. 為無依無靠的幽靈準備一個家

一九七一年，從十五歲起就成為靈媒的唐諾·佩吉，說出他曾和著名的英國國教律修會修士約翰·佩爾斯—希金斯，為不幸的幽靈管理住所將近三年。佩吉說他在倫敦的公寓裡保留一個空臥房，專誠為那些遭到祓除的幽靈提供棲身之所及心靈安慰。

佩吉說他和那位神職人員都在獵捕幽靈的團體裡工作超過十五年，他還宣稱他們幫助過數以百計的幽靈找到平安。佩爾斯—希金斯修士將他們為英國國教研究獎勵基金會的超自然研究進行的活動，保留了一份詳細的書面資料。他說明他們的主要目的，是要同時幫助作祟的鬼魂和被侵擾的對象。佩爾斯—希金斯牧師擔任倫敦薩瑟克大教堂的教長，而佩吉主管一座唯靈論者的教堂後，這兩人才停止幫助這些不得安寧的幽靈前往天國。

當某個深受不愉快鬧鬼經驗所苦的人來請求他們時，他們小心地調查了騷動情形，以確定問題真的是由不安的幽靈所造成。如果他們發現罪魁禍首是無所適從的靈魂或被世俗束縛住的壞東西，佩吉會讓鬼魂附體，並允許幽靈支配他。然後由他的靈魂嚮導接手，把幽靈從他身上趕出來，護送到用心靈藝術品裝飾的小客房裡去，那裡是不幸幽靈的避難所。這個避難所讓幽靈在轉化到更崇高、更神聖的境界之前，有機會調整過渡一番。

這位靈媒強調，人無法輕易地把幽靈從作祟的地方移除，任憑它們在昏暗地帶無助掙扎。佩吉說他們允許幽靈在避難所裡停留到精神恢復平靜，能夠移動到另一個生存層次去為止。只要能幫助幽靈進入轉化階段，這兩位心靈使節就把那些不安的幽靈收留在避難所中。在精神治療期間，佩吉的靈魂嚮導、他們兩人和助手艾德納‧泰勒都能為迷惑的幽靈引路，好繼續另一個世界的旅程。

佩爾斯—希金斯牧師也是《生命、死亡與超自然研究》（*Life, Death, and Psychical Research*）的編輯與撰稿者，他承認許多人會懷疑他們工作的效力和正當性，但他所能確定的就是他們進入一棟房子，演示他們的工作程序而靈異現象停止了，他假設那是他們的所作所為達成的結果。

5. 巴西爾登的幽靈修士

許多在巴西爾登的聖十字教堂附近工廠擔任夜班工作的清潔婦，都曾多次看過幽靈修士。這些婦女通常在清晨四點結束工作，她們離開工廠走過古老的教堂時，經常會看見幽靈。她們一致表示那是個修士幽靈，它穿越教堂小徑後便消失在教堂附屬墓地之間。

其中有位婦人表示她曾騎著腳踏車，看見幽靈就在她的正前方。由於煞車得不夠快，她筆直穿透了那個幽靈。她並未感覺到任何衝擊，但她形容通過幽靈身體的感覺是又冰又黏。

目擊者都提到那個修士穿著一件紅色斗篷，慘白的臉上表情十分陰森而僵硬。有些人形容這個幽靈修士是透明的，其他人則說修士似乎腳不點地的飄在空中。有則關於那個幽靈「飄浮」在空中的有趣小插曲——在某個有趣的案例中，有間鬧鬼的屋子裡總是能看到幽靈在離地六英寸左右的高度飄浮或走動；調查發現，人死後以幽靈身分出現時，原來的房間地板下降了六英寸。巴西爾登的幽靈

修士可能也是一樣的。栩栩如生的幽靈修士大概已經好幾百歲了，聖十字教堂前的街道可能隨著時間而下沉。如果道路下沉不少，就會讓遵循舊路徑的修士看起來像飄在半空中。

6. 老教堂裡的頑皮幽靈──傑森的親身體驗

（承蒙 paranormal.about.com 的史蒂芬·華格納允許使用：）

我十六歲的時候，繼父去康乃迪克州一棟建於一八〇〇年左右的教堂幫忙。那是一個炎熱的夏末週六。我的朋友雷恩和喬伊爲了賺點零用錢，都來和我一起協助繼父做些庭院工作。我們在房間拿用具的時候，我告訴雷恩和喬伊這個地方非常大，如果我們能避開

→時間是 1946 或 1947 年，澳洲昆士蘭省的安德魯太太拍下這張她女兒喬依絲墓地的相片，喬依絲在 1945 年過世時才十七歲。當這張相片沖洗出來後，墳墓上出現了一個小孩的影像。安德魯太太很肯定在拍照當時墓地附近沒有看見任何小孩子，也確定相片中的孩童不是她女兒。超自然現象研究者東尼·希利在 1995 年造訪這處墓園時，發現在喬依絲的墓地附近有兩座年輕女童的墳墓。©Fortean Picture Library

我繼父的話，想怎麼玩都可以。

　　大約一小時之後，在教堂前方某處，喬伊和繼父把剛剛割下的草耙進袋子裡，雷恩和我把落葉集成一堆，藏在窗戶與地基相接的凹陷處。天氣非常炎熱，我們全身汗水淋漓。我提了一個挺聰明的主意：「我們可以溜進托兒室乘涼，夏天時裡邊總是比較涼快！」由於教堂所有的門都上了鎖，我們第一次進入托兒室時，得拜託那天在那裡工作的人開門。出去前，我在托兒室的門鎖裡放了一根小樹枝。趁著沒有人看到的時候，雷恩和我躡手躡腳地回到托兒室。

　　從窗戶俯瞰前面的草坪，可以看見當地教區的教徒們在太陽底下工作。我們心滿意足地坐在小小的椅子上，拿我們擺脫酷熱體力工作的妙計來說笑。突然之間，我們聽見小孩子從窗戶旁的門廳跑向我們這邊的聲音，很像是我們的朋友喬伊。我們以為他發現我們不見了，決定也要溜進來。我們在門廳另一邊的入口處，所以他看不見我們。我想如果他進來時我們跳出來嚇他，肯定非常有趣。

　　我們聽見外面的人跑過門廊，像會在幾秒鐘內走進門，當他靠近門口時，他的呼吸聲聽起來就像是喬伊！我們數到三，跳出來說「嘿！」……但一個人影也沒有！突然，一陣狂風迅速掃過。那一定是小孩子的幽靈，感覺到我們想要惡作劇，才來加入我們的遊戲。

7. 掘墓人遇鬼記
──羅尼的親身體驗（摘錄自「Ghost to Ghost」網站）

　　我從事挖掘工作，擁有自己的公司，營造農業用水系統及下水道系統，還有其他附帶的工作。這些工作之中，三不五時就會有挖掘墳墓的差事。我住的小鎮以煉油、農業及養殖業為主，附近地區

的人我幾乎每個都認識。總之，有一位我結識了一輩子的友人他太太過世了，那家人要求我為他們掘墓。她的丈夫早在大約四年半前就先她而去。我表達了樂意之至。說完之後，我的助手和我便為新近去世的老友在她丈夫的墓旁挖掘墓穴。

就像我所說的，這些人都是我一輩子的朋友。墓穴已經差不多挖好了。剩下的只是測量正確尺寸，以及完成墓穴底部。我站起來靠在鏟子上，俯視著助手彎腰測量墓穴的尺寸。

我一抬頭，就看到死去婦人的丈夫，跟他同樣已經去世的工作伙伴站在一旁。他們兩個看起來都跟活著一樣。法蘭克和他的朋友麥可雙手在胸前交握，面露微笑站在那裡看著我，一面點頭表示讚許。我望向敞開的墓穴，再回頭時他們已經不見了。

不過，出乎我意料之外的是法蘭克的穿著，他穿著一套藍色和白色的連身工裝褲。而麥可穿的是他以前每天穿的工作服，繫著他最喜愛的皮帶，擦得亮晶晶的。我問過一些這附近的人，他們都不記得法蘭克年輕的時候是否穿過連身工裝褲。我問的這些人當時都已經八十多歲，那是四年前的事，之後那些人大部分都過世了。不用說，那天起我再也沒做過任何掘墓工作了。」

8. 想把頭接回身體的戰士

一九六四年，新墨西哥州某間博物館安排兩位年輕考古學家承辦一項研究計畫，查驗某個早期的普韋布洛族印第安人村莊，這些村莊曾散布於新墨西哥平原上。他們並不期待有什麼特殊的發現，但遺址調查卻遲遲無法完成，這兩位年輕的考古學家只好與雇來協助專案的納瓦霍族挖掘工人合作。

當工作正如預期般進行時，某個納瓦霍族工人初步挖掘位於村莊邊緣的垃圾坑後，急忙跑向隊長，報告這項古怪的新發現。他的

鐵鍬在這遠古村落的居民堆積了近千年的粗石堆中碰到一塊骨頭，因為擔心那可能是人類的骨頭或受過什麼詛咒，這個工人不願意觸摸那塊骨頭，只是提示考古學家東西在哪裡，便敬畏地站得遠遠的看他們重新開始挖掘。露出來的東西嚇了考古學家一大跳，那是美洲原住民男子的顱骨，看來他的身體似乎在沒有任何儀式的情況下被拋進了垃圾坑。這是個奇特的發現，因為新墨西哥的部族以懷抱敬意埋葬死者而聞名。

兩位考古學家搜索許久，也找不到骸骨的其他部分，他們便回頭關注這個骷髏頭，總結出一個令人毛骨悚然的解釋，說不定當時死神是從這個男人的背後悄然而至。頭骨的形狀顯示那不是一個普韋布洛族的人，有可能是其他阿帕契族的入侵者，在西元九百年左右移居這個地區。一片仍緊貼在顱骨上的頸椎骨，顯示了類似斧頭的早期武器劈砍的痕跡。

這個放置在廢物堆裡的古老頭骨屬於某個阿帕契族俘虜，那個人被普韋布洛族殺害並斬首，然後把他的屍體當垃圾丟棄。初次研究附近的地區後，他們不打算立即在這片荒蕪的土地上發掘剩下的骸骨。因為它既沒有重大的考古價值，而且他們還得趁能夠進行夏季挖掘時，進行其他的工作。

然而，古老的普韋布洛族廢墟開始出現奇怪的事件。突然間有人開始肆意毀壞工作成果，造成挖掘基地的大混亂。考古學家和納瓦霍族工人發現有人趁他們睡覺時，進入村落搗碎發掘出的陶器，踢進他們仔細挖好的深溝中。事件不斷地發生，第二個星期變得更加可怕。嚇壞的工人發誓，他們晚上在宿舍裡看到一個發光的男性頭顱出現在面前。考古學家大笑著斷然斥為無稽之談，直到他們有一晚跟工人們一起睡，才看到發出暗淡磷光的男性頭顱，然他們卻無法為這個景象找出合理的解釋。

在一個漆黑的沙漠之夜裡，工人們確定他們聽見遠處傳來某部落方言話語時，整個營地的人慌亂到了極點。年輕考古學家轉向附近納瓦霍族保留地的老巫師尋求最後的援助，敘說了進行村落挖掘和修復工作時所發生的怪事。老巫師說那顆頭顱屬於一位死去已久的阿帕契人，他在找尋他的身體，因為沒有身體就無法進入死靈的世界。這個幽靈會一直騷擾這項挖掘工作，直到他的頭和身體連接在一起下葬為止。考古學家視之為原住民的迷信，但為了平息那些神經過敏的工人們不安的情緒，他們同意盡力找出這個不得安息的阿帕契人其餘的骸骨。

由於納瓦霍族工人們推論那些破壞行為是協助挖掘的信息，他們便在村落中發生過破壞的區域搜尋失蹤的骸骨。在這些區域進行幾天的挖掘之後，整個團隊都注意到破壞停止了。這是幽靈高興了的信號嗎？工人們輕輕戳刺一個古老祭祀圈裡的泥土，土屏脫落後，土壤中突現出一副骸骨。他們把骨頭清理拿出後，發現是個無頭的年輕男屍。把早先發現的骸髏頭放在一起，脊骨完全吻合。慘死的阿帕契戰士總算能夠安息了。

在巫師的協助下，年輕考古學家恭敬地埋葬了屍骨，突如其來擾亂夏季挖掘的災難也立刻結束了。挖掘營地的最後一份報告要交給博物館時，具有科學背景的年輕考古學家不允許把營地發生的奇異事件加入報告中；但他們願意與朋友們分享這些經驗。雖然不是什麼科學上的成就，他們卻自豪於人性方面的事蹟。

【註解】
① Oliver Cromwell（1599～1658），英國政治家。英國內戰期間，他領導國會及民眾擊敗保守派，將英王查理一世處死，並血腥鎮壓反對的貴族。
② Harpers，英國著名時裝雜誌。

第四章
幽冥豪宅和莊園
Haunted Mansions and Plantations

1. 曼寧頓莊園的幽靈訪客

　　在一八七九年一個冷颼颼的秋夜裡，奧古斯都‧耶梭普醫師異常高興，因歐爾佛勳爵邀請他到曼寧頓莊園過夜，並允許他在藏書極為豐富的書房裡檢閱一些古老的書籍。儘管耶梭普很喜歡和其他賓客開懷聊天，他仍坐立不安地等著其他人都上床睡覺，以便開始在書房裡讀古書做筆記。耶梭普的職業是牙醫師，但他的嗜好則是研究古物。

　　十一點時，歐爾佛勳爵和其他賓客們回房休息，耶梭普在書房裡與珍貴的典籍獨處。他立刻投入工作，摘記六本小書的內容。他的書桌上有四支大蠟燭，壁爐裡生著火，光線非常良好。這個令人興奮的夜晚和愉快的交際使他覺得很輕鬆，他認為自己可以工作一整夜。

　　凌晨一點半時，耶梭普瞥見他左肘旁大約一呎遠處，有個白色的東西。再觀察得仔細一點，他發現是隻極為蒼白的大手，手背上交叉縱橫著深藍色的血管。耶梭普放下筆，轉頭看見書桌旁有一個高大健壯的男人，似在專心研究這位牙醫和他正在讀的書。這個奇怪的訪客有張清瘦而醜陋的臉，紅褐色的頭髮剪得很短。他穿著一套黑衣服，風格類似十九世紀早期的牧師服裝。他以完全放鬆的姿勢坐著，雙手輕輕交握放在膝上。過了一會，耶梭普才了解這個陌生男人並不是在瞪著他，而是完全沒有發現他在這裡。

耶梭普一點也沒意識到他的訪客不是活人，他所想到最奇怪的是自己那天晚上並未遇到這位牧師。這個男人怎麼能這麼靜悄地進來這個房間，又跟他坐在同一張書桌旁邊？直到這個男人消失在耶梭普眼前，他才明白剛才來拜訪他的是個幽靈。

耶梭普是那種感覺很遲鈍的人，不容易被嚇到或對什麼超乎常理的事留下深刻的印象。明白剛剛來看他的是個幽靈之後，他最大的反應是失望，因為沒來得及為這個幽靈牧師畫素描。他再度埋頭寫筆記，想著該如何有條有理地把這名幽靈訪客的事說給歐爾佛勳爵聽。接著那雙蒼白的手再次出現在他身邊。這個人影的坐姿和方才一模一樣，臉上的表情也一點都沒有變化。幽靈牧師看起來仍維持著沉思的模樣，雙手交握放在膝上。耶梭普轉頭全神貫注地看著幽靈。他突然覺得自己可以跟這個鬼影說話，便試著在心裡造句。他想要那種能夠刺激幽靈說話回應的煽動性語句。然後，還來不及張口說話，他突然領悟這整個情況有多麼神祕古怪。深沉的敬畏和恐懼開始傳遍全身，他無意識的用書敲著桌子，而幽靈立刻就消失在這刺耳的噪音中。

由於人們加油添醋地傳述耶梭普遇鬼的故事，在這次神祕經歷的兩個月之後，牙醫師便授權倫敦文學協會出版這樁報導。在文章中，耶梭普強調他並不習慣關注想像出來的幻覺，也不希望被視為具有通靈能力、經常有神靈來造訪的人。他更沒有因為任何神經系統的問題而產生錯覺。這位牙醫強調的重點是，遇鬼的那天晚上，他的身體不但極為健康，也未曾承受倦意或疲勞的折磨。他還指出，那天晚上在曼寧頓莊園的討論中，他只關注旅行和藝術，完全未觸及超自然話題。他補充道，那個幽靈並不是像一縷輕煙似的出現，也沒有披著傳統的裹屍布。人影看起來自然而逼真，擋住了壁爐的火光，有了前述的經驗之後，耶梭普再也不懷疑幽靈的存在了。

2. 八角廳：華盛頓特區最受歡迎的鬼屋

在華盛頓特區的紐約大道和十八街交叉口，有一棟傳說極多的磚造宅邸，這些傳說都跟某個幽靈有關。這棟以八角廳聞名的富麗宅邸由約翰‧泰勒上校建於一八○○年，當英國人在一八一二年的戰爭中燒毀白宮時，曾暫時作為詹姆斯‧麥迪遜總統的官邸。今天這棟大宅是一個史上有名的聖地，也是美國建築學會的全國總部。

管理員和維修人員都聽聞不少流傳已久的故事，多與嘆息、呻吟和移動的家具有關。鬧鬼的「中心」似乎是主樓梯的天井。有個園丁告訴記者，曾有個「痛苦的呻吟」跟著他上樓。一位前任管理員說他經常聽見奇怪的聲音沿著樓梯往上移動；他有好幾次聽見爬上樓梯的腳步聲，卻看不見任何人。根據傳說，泰勒家族有個年輕女士在這典雅的樓梯井裡跌死，又說是跳下自殺。一位管理員承認，每天早上開門的時候，他都會發現樓梯最下端的地毯有一角向上摺起。這張地毯恐怕就正好放在那位年輕女士一百九十年前死去的位置上。

八角廳的某位女主人說她從未看過幽靈，但她看到樓梯天井上方的吊燈搖搖晃晃，就像有隻手在推弄似的。這位女主人由於無法為搖擺的吊燈找到合理的解釋而不知所措。這棟房子沒有通風裝置，也沒有任何震動能使裝飾華麗的固定設備搖晃。

另一位維修人員回想起幾年以前，這棟大宅裡所有的鐘每晚都會在固定時間響起。根據其他目擊者的證詞，那次騷亂雖然停息了，但八角廳裡仍有許多活動，足以使這棟大宅勝任「首都最受歡迎鬼屋」的頭銜。

3. 桑德靈翰的聖誕節幽靈

桑德靈翰是英格蘭王室擁有的眾多鄉村大屋之一，那裡的僕人發現他們總是很難入睡。據那些住在僕人宿舍的人說法是，「房間鬧鬼了！」有個侍奉王室好幾年的女僕說，騷亂總是從聖誕夜開始。一旦幽靈把聖誕卡片扔在地板上又把床鋪弄亂，僕人們就該等著忍受幽靈長達六至八星期的惡作劇了。

女僕們代代相傳，屋子裡鬧鬼最嚴重的地方是二樓的軍士侍者通道。她們不敢單獨前往，清理那條通道時一定得好幾個人一起去。這個古老幽靈會把燈開了又關、關了又開，在通道裡發出腳步聲，還有把門打開又關上。根據某個軍士的說法，這個幽靈最令人毛骨悚然的成就是發出喘息聲，聽起來就像有個巨大而奇異的鐵肺在呼吸。

許多英格蘭的古老幽靈都有不求回報的偉大愛情或殘忍謀殺等不可思議的古老傳說，但研究者無法決定是什麼特殊事件造成桑德靈翰的幽靈活動。

4. 充滿醜聞和謀殺的隆利特大宅

隆利特是伊麗莎白一世時代最壯觀也最典雅的大宅之一，充滿了各種真實的歷史傳說和悲劇。從一七三〇年代在走廊上出現特別的靈異現象開始，便傳說韋墨斯子爵勒死了他妻子的情人。這場蓄意謀殺的意外，只是這棟大宅在一五八〇年完工以來所發生的悲劇事件之一。

一九六五年一月二十五日，美國全國廣播公司（NBC）播放一個名為《英格蘭豪氣幽靈》的電視特別節目，勘察了隆利特大宅令人毛骨悚然的各個角落。在韋墨斯勒死情敵的鬧鬼走廊上，他們安排攝影機，拍攝到了一盞發出白熱光的燈從某扇門裡出來，到處跳

來跳去，在走廊上移動約十碼後，消失在另一扇門裡。影片中還有一盞奇怪的燈光出現了大約半小時，卻一直找不到燈光的來源。不可思議的是，當技師開始為電視編輯影片時，可用的影片膠捲卻減少到只剩十一分鐘。

眾所周知的英國靈媒湯姆‧寇貝特在一九六六年六月發行的《命運》雜誌中寫了一篇文章，為讀者詳細報導這段特別節目拍攝期間的幕後花絮。據寇貝特的說法，麥克風莫名其妙的失靈，燈光在重要的時刻被拔掉插頭；儘管同時使用兩組攝影機，也都在開始錄影前檢查過，在大宅內拍攝的影片卻都變得灰暗不清，一連串討厭的小意外煩擾著全部工作人員。

首席攝影師為了尋找支架而進入三樓的育嬰室，在那裡感覺到有個沉重的東西黏膩地包圍住他。他極其驚惶地離開育嬰室，稍後並說明他認為當時如果不立刻轉身出去，可能就會窒息而死了。這位首席攝影師在二次世界大戰期間曾兩度獲授勇氣勳章，並非那種會被神祕噪音和奇怪影子輕易嚇到的人。

也曾經有兩名年輕的記者到隆利特大宅去，想從拍攝幽靈影片工作找點樂子。為了不讓他們在那裡礙手礙腳，寇貝特建議他們到肯恩大主教的書房去，那裡有兩張希特勒所畫的圖，還有一張是邱吉爾畫的。寇貝特寫道，那兩個年輕人回來時就不再那麼目空一切了。他們看過書房裡那些美麗的藏書和圖畫後，便鎖上門往走廊走去。他們只走了約二十英尺遠，就聽見門上鑰匙轉動的聲音，其中一個年輕人高呼鑰匙在他手上。不過，他們還是趕緊跑回去看，驚訝地發現門把轉動過了。由於知道剛才鎖上的是個空房間，他們嚇壞了，不過他們並沒有繼續調查這個事件。

→位於聖地牙哥的威利
大宅。©Sherry Hansen
Steiger

5. 威利大宅：美國鬧鬼最嚴重的房子

舊聖地牙哥是加州的誕生地。一七六九年七月十六日，胡尼佩羅‧瑟拉神父在佩斯迪歐崗上建立了艾爾克拉的聖地牙哥教會。一八二〇年代早期，這個地方形成了一個小墨西哥社區，並在一八三五年發展成艾爾佩布羅聖地牙哥。因為這是西班牙人在加州灣的第一個永久居留地，聖地牙哥在美國歷史上的意義就跟維吉尼亞州的第一個英國殖民地詹姆斯城一樣。聖地牙哥在一八四六年升起了第一面美國國旗。

我的妻子雪莉和我（作者史泰格）不只發現聖地牙哥是北美洲鬧鬼最嚴重的地方之一，更發現一八五七年建造的威利大宅很有可能是鬧鬼最嚴重的宅邸。我們去調查時，威利大宅總監瓊‧瑞汀女士告訴我們，這棟大宅完工後就立即成為聖地牙哥的商業、政府機關和社會工作的中心。威利大宅是加州南部最古老的磚造房屋，曾作為法院大樓、戲院和旅館之用；同時也是湯瑪斯和安娜‧威利一家人的住宅。它坐落在聖地牙哥大道二四八二號，整修之後的威利大宅現由聖地牙哥歷史協會支配管理，供給許多遊客參觀。

儘管威利大宅下午四點就不再開放參觀，警察和過路人都說半夜裡有人或某種東西在屋內走來走去，且經常會把所有的燈都打開。當嚮導帶領遊客穿過這棟老宅邸時，人們會聽見屋內無人處傳出腳步聲。

　　幾乎所有類型的靈異現象都在這棟大宅裡出現過。人們聽到主臥室和樓梯上有腳步聲。窗戶就算是用三或四吋寬的插銷閂住，也會神祕地在半夜打開而觸發竊盜警鈴。

　　人們參觀大宅時，經常聞到廚房裡散發出正在烹調食物的香味，還有安娜‧威利甜甜的香水味，以及湯瑪斯‧威利最喜歡的古巴雪茄濃烈的香氣。樓梯間經常迴響著尖叫聲；少女的咯咯笑聲和門把轉動時的嘎嘎響聲也很常見。曾經有一次，巨大而沉重的瓷器櫃莫名自己倒了下來；雖然遊客不許靠近樂器，卻有很多人聽過大宅的音樂室裡傳出鋼琴聲。法庭裡經常傳出一大群幽靈打鬥及拖著

→這是瑪格麗特‧傑克森造訪威利大宅時拍下的相片。在經過多位超自然現象研究者仔細檢驗過後，他們都表示在有多達二十個鬼魂清楚地出現在這張相片中。
©Margaret Jackson

腳走的聲音；人們還多次看見湯瑪斯和安娜‧威利的影像。

許多人都接收到一個男人在大宅南邊的絞架上吊死的影像。根據瑞汀女士的說法，這一帶曾有一個名叫洋基‧吉姆‧羅賓森的士兵因背叛而遭吊死，十年之後湯瑪斯‧威利才買下這片土地來蓋房子，而這棟大宅正好蓋在羅賓森受刑的位置上。說得更精確一點，羅賓森被吊死的地方目前是一座拱門，隔開大宅裡的音樂室和起居間。威利曾目擊洋基‧吉姆接受絞刑的過程。

一九六六年秋天有一群記者自願留在威利大宅裡過夜，歷史學會特別批准這群幽靈獵人搬進大宅裡住一晚。一位記者的妻子在晚上九點半被送回家，她在樓上看到的某個東西把她嚇壞了，但她不願描述看到了什麼。所有記者都在天亮前離開那棟房子，他們也拒絕討論提早離開的原因。但有些人說他們碰到了那位士兵的幽靈，他仍對自己的死感到很不服氣。

瑞汀女士說威利大宅裡還曾出現其他幽靈，包括一位名叫華仕本的年輕女孩（她原本是威利家孩子的遊伴）和威利家那隻名叫「桃莉‧威登」的狗。有些來大宅參觀的人說曾看見臉上塗脂抹粉的豔麗女人從二樓窗外探身，瑞汀女士認為那可能是在一八六八年十一月承租大宅二樓的劇團女演員。

人們通常認為威利大宅的側翼，即法院大樓，是鬧鬼最嚴重的區域，

→前「威利大宅博物館」館長瓊‧瑞汀女士所站的陪審團座位區，正是經常有人看見鬼魂坐在那的地點。©Sherry Hansen Steiger

因為早期的聖地牙哥居民都在那裡抒發狂暴的情緒。許多參觀過這棟老房子的人都聽到開庭的擁擠喧嘩聲，以及一群男人在湯瑪斯·威利樓上的書房裡開會的吵鬧聲。許多超自然研究者說，由於這間大宅聚集了這麼多城市功能，加上又是一間家庭住宅，所以環境裡滲透了好幾層不同的心靈殘餘物質。許多敏感的訪客來到威利大宅時，也會看到安娜·威利的影像，守護著這棟她鍾愛非常的大宅。據許多遇到過她顯靈的人說，她似乎深深憎惡闖入這裡的陌生人。

瓊·瑞汀女士告訴我們，廣受歡迎的電視談話節目主持人瑞吉·菲賓在一九六四年看到安娜·威利，那時是凌晨兩點半，他正坐在安德魯·傑克森的沙發上。那鬼影子從書房飄過來，穿過音樂室，飄進客廳，菲賓在那裡用閃光燈的光線把幽靈「收伏」了。從那次以後，就不再批准任何人夜訪威利大宅。

多年來，人們在威利大宅拍攝了許多靈異照片，大宅裡的展示箱裡就放了不少。事實上，在參觀這棟房子的時候，我的妻子雪莉用相機捕捉到一個相當驚人的影像。我們回到家把這趟威利大宅研究之旅的照片沖洗出來時，驚訝地發現一個模糊的幻影，正是絞殺洋基·吉姆·羅賓森的絞索。雪莉拍攝了音樂室和客廳之間的拱門，人們視這個位置為威利大宅建造前施行死刑的地點，而在這張照片中，有個套在絞索裡的幽靈吊在天花板上。此外，沖洗出的照片顯示雪莉還拍攝到好幾個奇怪的幽靈顯形。雪莉在屋內各個據說無人時會自己開燈的區域拍下數張照片，儘管我們在白天採訪瑞汀女士時並未開燈，照片中的燈卻都是亮著的。

6. 桃金孃園：美國鬧鬼最嚴重的種植園

根據史密森學會提供的資料，可知桃金孃園坐落於路易西安那州聖法蘭西威爾以北三英里處，與威利大宅的「美國鬧鬼最嚴重的

房子」頭銜相比，毫不遜色。這座種植園由大衛・布拉德福將軍在一七九四年創立，奠基在古代美洲原住民的墳場上。自從創辦以來，種植園至少發生過十起殘暴的命案。多年以來，參觀者不斷地目擊幽靈，園主和賓客們在半夜逃出屋外，恐怖的幽靈現形把他們嚇壞了。最近流行的實境節目和超自然紀錄片把桃金孃園的故事在電視上播放了許多遍。

　　從布拉德福的女兒莎拉・瑪蒂達嫁給名叫克拉克・伍德洛夫的年輕法官起，悲劇事件使得幽靈活動起來。儘管伍德洛夫夫婦的婚姻生活很幸福，也生了兩個女兒，但在莎拉・瑪蒂達懷著第三個孩子時，克拉克開始與家奴克羅伊通姦。雖然伍德洛夫法官的名聲很好，在法律事務上非常正直誠實，但私底下認識他的人都知道他的私生活不太檢點。一開始克羅伊試圖拒絕主人求歡，但她明白若是抗拒伍德洛夫的勾引，就有可能被送到田裡工作，而她實在中意留在宅邸裡工作。莎拉・瑪蒂達歷經十月懷胎，生下另一個女兒之後，克羅伊才不用繼續滿足主人的求歡。最後，法官厭倦了她，挑上另一個家奴當情婦，克羅伊害怕自己會失去宅邸僕人的地位，而被派到田裡從事辛苦的體力工作。她不顧一切地希望找到能贏回伍德洛大感情的方法。

　　有一天傍晚，她在伍德洛夫夫婦身邊繞來繞去假裝工作，注意他們是否提到她的名字以及對她的發落。她的存在讓法官越來越煩躁，指控她偷聽他與妻子私密的家庭談話。伍德洛夫給克羅伊的處罰是命令農場管理人割掉她一隻耳朵。從那時候起，克羅伊就戴著一條綠色頭巾，上面別著一只耳環，以掩飾她失去的耳朵。

　　破相又絕望的克羅伊確信她會被驅逐到棉花田去，生活在其他奴隸們粗陋的小屋或草舍裡。聰明的克羅伊於是想出一個她自信十分完美的計畫，以確保她的家奴地位，遠離農田苦工。

儘管她還是個年輕少女，克羅伊卻博識各種藥草和毒藥的使用方法。她知道可以混合出一種藥劑讓主人再次愛上她，但卻很難找到讓他把藥喝下的方法。審慎地思考研究之後，她擬出更好的方法，她要為伍德洛夫夫婦的大女兒烤一個生日蛋糕，把歐洲夾竹桃混入麵糊裡。歐洲夾竹桃若超出一定劑量的話會造成中毒，但克羅伊認為，要是她在麵糊裡只加入少量夾竹桃濃縮液，這家人頂多只會病倒而已。到時候，她這個忠實的女僕就可以寬宏大量地照料他們恢復健康。

　　然而克羅伊卻不小心在蛋糕麵糊裡撒了太多歐洲夾竹桃，莎拉・瑪蒂達和兩個女兒食用後非常不舒服，生日宴會結束不到幾個小時便死去了。因為法官和小嬰兒沒吃有毒的蛋糕，因而倖存了下來，不像其他家人死於神祕疾病。

　　罪惡感折磨著克羅伊，她羞恥於自己的作為，便向另一個家奴吐露祕密。克羅伊選錯了傾訴的對象。這個家奴口風不牢，在閒談中向其他奴隸洩漏：女主人和兩個女兒的死並不是由於某種突發的神祕疾病，而是克羅伊蓄意毒死她們。

　　伍德洛夫夫婦的奴隸和他們的白人鄰居憤怒地聚集成一大群暴民，追著克羅伊跑進附近的樹林裡，把她抓起來吊死。後來還把她的屍體砍成數塊，綁上大石頭丟進河裡。伍德洛夫法官封閉了舉行生日宴會的房間，在他有生之年都不允使用。但伍德洛夫法官的命令無法維持多久，因為幾年之後他也被謀殺了。

　　人們經常在種植園的宅邸內外看到克羅伊的幽靈。她最常戴著一條綠頭巾，像回教徒一樣纏裹著她的頭，還有一只耳環別在失去的耳朵下方。自從她被吊死之後，這兩百年來她的幽靈還偷取了許多客人的耳朵。

　　目前的桃金孃園園主約翰與提妲・摩斯，把此地改建為民宿，

而海斯特‧艾比則負責宅邸管理與莊園的導覽工作，他表示靈異現象絲毫不曾減少過，摩斯甚至拍過一張克羅伊模糊的身影站在房子附近的照片。據艾比和其他工作人員所述，人們經常舉報的固定幽靈包括伍德洛夫家那兩個被毒死的女孩，人們常常聽到她們在門廳裡玩耍奔跑，還看到這兩個女孩的幽靈在宅邸的走廊上嬉戲，或是坐在兒童餐室的餐桌旁。也許她們永遠在享用那恐怖的最後一餐，加了毒藥蛋糕的死亡饗宴。

許多客人都聽到小寶寶的哭聲，但當時宅邸裡並沒有嬰兒。這個靈異現象的目擊者說，嬰兒的哭聲出現時，有個法國女性的幽靈在各個房間之間漫無目的地遊走，也許是在找她的小寶寶吧！還有個幽靈女子穿著黑色長裙，拖在地上的裙擺有一呎長，人們看到她彷彿隨著音樂翩翩起舞。有些客人則看到一個男人的幽靈，他在一場賭債爭執中，被刺死在門廳裡。據說另一個活躍的幽靈是個在一九二七年遭劫財害命的詩人；這個幽靈生氣地要求客人們離開此地回家去。許多客人被看不見的鋼琴演奏者在一樓彈奏的鋼琴聲吵醒，但只要有人進去那個房間，演奏立刻就停止了。而有一個年輕女孩的幽靈只在快要下雷雨時出現，她有一頭長長的捲髮，洋裝長及腳踝，人們從窗外看到她在遊戲間裡專心凝視手中捧著的束西。

許多客人聽到樓梯上傳來腳步聲，也看到一個男人掙扎著爬到二樓門廳去的影像。艾比說，一般相信那是威廉‧溫特爾檢察官的幽靈，他在十九世紀末成爲桃金孃園的主人。根據傳說，他死的那天晚上，被一個騎在馬背上的陌生人請到門口，那人聲稱急需一位檢察官。當溫特爾走出去看他能提供什麼服務時，那個人開槍射他，隨即快馬逃走。溫特爾帶著致命的槍傷蹣跚穿過屋內，痛苦地爬上樓梯後，死在妻子的懷抱裡。

這些年來，自始至終都有許多居民和受僱者聽見莫名聲音呼喚

他們的名字。這個特殊的靈異現象似乎漸漸衰退，產生了增強後又減少顯現的循環模式。現在此地也是民宿，艾比說許多客人在半夜打電話要求立刻離開時，全體員工就知道他們晚上要不好過了。雇員和客人們都說在夜裡看見蠟燭沿著樓梯往上飄，上下擺動的樣子就像有人拿著蠟燭爬樓梯，許多人相信是莎拉·瑪蒂達拿著蠟燭去探查她那聲名狼籍的丈夫又在跟哪個女僕調情。

　　有個男子受僱來迎接抵達民宿的客人，在崗位上遇到一個令他神魂顛倒的女子。這個女子接近他時，穿著一身白色的舊式洋裝，她似乎無視於他的親切問候，讓他有點不高興。事實上，她根本沒注意到他。他注視著這個貌似勢利的女子，直到她走上主屋，在沒有開門的情形下穿過前門消失不見。他當天就辭職不幹，再也不曾回到桃金孃園。

第五章
幽冥城堡與皇室幽魂
Creepy Castles and Ghostly Royalty

1. 卡爾瓦多斯堡驚人的長期超自然侵擾

一八七五年十月十二日的午夜過後不久，法國卡爾瓦多斯堡的居民都受到響遍陰暗迴廊的奇異噪音騷擾。第二天早上，卡爾瓦多斯堡堡主認為有人試圖把他的家人從城堡裡嚇走，好用低廉價格買下周圍的土地。這些侵擾城堡的流氓可能發現久遭遺忘的入堡通道，而這些盜匪或許以為，把新繼承人從老城堡裡趕出去是件易如反掌的事。

當他與馬車夫埃米兒和園丁奧古斯特聽見看門狗在花園外咆哮狂吠時，他們三人迅速地結束討論。堡主匆忙趕到窗戶邊，看見狗兒憤怒地臉朝花園裡的灌木叢。他嘲笑那些吵鬧的午夜訪客一定被狗給困住了吧！他打開武器盒子的鎖，使勁把來福槍塞進埃米兒和奧古斯特手中，自己則選用雙槍管獵槍，將槍口一致對準惡棍方向。

這三個男人飛快走向花園旁，狗兒等不及要攻擊了。這兩隻野獸狂暴地咆哮著，飛奔進灌木叢中，然後安靜了一會兒，大狗嘶啞的暴怒狂吼變成了哀傷的悲嚎和驚駭的啜泣。兩隻狗夾著尾巴逃離灌木叢。三個男人小心翼翼地走進灌木叢，槍的扳機扳起準備著。他們什麼也沒發現，遑論足跡或樹枝上的破布條，什麼都沒有。搜索過所有方向後，堡主問他的手下：「不過，是什麼讓狗那麼害怕呀？」他的問題一直沒有得到滿意的答案。

那個十月夜晚在卡爾瓦多斯堡發生的神祕事件，開啟了靈異現象中耗時最久也最可怕的個案。在古老的諾曼城堡中，發生於一八七五年十月十二日到翌年一月三十日之間的的靈異事件被寫成故事，由 M・J・墨利斯發表在一八九三年的《超自然科學年報》上。雖然卡爾瓦多斯堡堡主的日記後來成為非常詳盡的靈異現象紀錄，他仍堅持他的姓氏不可與這起靈異事件有任何關聯。因此，在故事敘述中僅將事件主稱為先生、夫人和他們的兒子莫瑞斯。其餘的家庭成員包括莫瑞斯的家庭教師阿貝、馬車夫埃米兒、園丁奧古斯特、女僕艾美琳娜及廚娘瑟琳娜。

　　十月十三日的傍晚，阿貝下樓到起居室告訴先生與夫人，他的扶手椅在沒有任何人靠近的情況下移動了。他堅稱親眼看到椅子移出他的眼角範圍之外。如果不是看門狗的怪事仍在他心上盤旋，先生可能會指責他兒子的家庭教師在晚餐後喝了太多酒。他試著安撫阿貝，並隨他回到房間裡。先生把膠紙貼在家庭教師的扶手椅腳上，把椅子固定在地板上，然後說若發生更嚴重的事，阿貝可以搖鈴呼喚他。

　　當晚十點，先生被阿貝的鈴聲吵醒。他進入家庭教師的房間時，發現這個男人把被子拉到鼻梁上，像個嚇壞的孩子一樣，躲在被子裡偷看他的雇主。阿貝用發抖的聲音說整個房間搖來搖去，牆上還傳出敲擊聲。先生看到扶手椅確實移動了一碼左右，好幾根蠟燭和小雕像都倒下了。他聽見他身後有道門打開，轉身便看到艾美琳娜臉色蒼白，從房間裡探出頭來窺探整條走廊。她也聽見敲擊聲了。隔天夜裡，這些騷動像雷鳴般的爆炸聲響徹整棟城堡，先生指揮僕人們佩帶武器搜索整棟建築物，但他們什麼也沒發現。

　　幽靈長期奮力喧囂，夜復一夜地重複。三個多月後，卡爾瓦多斯堡的居民們沒有一個能在夜裡安眠到天亮。當地教區的助理牧師

與一位名叫馬賽的親戚，想親眼目睹靈異現象並試著確定靈異顯形的來源。那天夜裡，他們都聽見有顆沉重的球從二樓的樓梯往下滾到一樓。在城堡裡過了一夜之後，教區牧師說他在夜裡聽到的沉重步伐，如同巨人的腳步聲，他也聲明那定是超自然活動。馬賽同意牧師的說法。他很快地推論出這個幽靈可能是最難「搞定」的，還聲明他寧可把卡爾瓦多斯堡留給喧鬧的幽靈。他祝先生好運之後便回家了。

這個靈體的行為也改變了。萬聖節前夕，它的步伐聽起來像是木頭假腿重複敲擊地板；而當萬聖節到時，幽靈則展示厲害的超自然本領，鬧得全家人直到凌晨三點還不得安眠。會客室變成活動的中心，幽靈似乎總是在這個空房間裡用力敲擊來作為開始或結束。

在十一月狂暴的暴風雨中，這個幽靈開始發出聲音。全家人都聽見一道異常高亢的尖叫，艾美琳娜說暴風雨中有個女人在外面呼救。哭喊再度響起，大家好奇地互相對望。夫人同意風的呼嘯聲聽來相當像女人的聲音，她要求瑟琳娜向窗外看看是否有人在外面。當哭聲在城堡裡響起時，瑟琳娜剛走到窗戶邊。家人們聚集在起居間裡，彷彿希望藉由團結而獲得力量。從樓梯間傳來三聲悲傷的呻吟，那聲音越來越靠近了！

男人們離開起居間檢查城堡，卻什麼也沒找到。城堡裡沒有陌生女人，也沒有任何人或物在風雨中進入城堡的跡象。他們沒再聽到更多聲音，直到第二天夜裡，每個人被會客室傳來的可怕喘氣與哭泣聲驚醒，聽起來好像是個極其受苦的女人發出的聲音。隨著日子流逝，幽靈活動似乎更加強大，會客室裡那個傷心女人的哭聲發展成激烈刺耳而絕望的尖叫，據說是「該死的惡魔尖叫」。

「啜泣女人」的騷動之後沒多久，夫人的表親前來拜訪。這位紳士是一位軍官，他嘲弄這個瘋狂故事。不顧他們所有人的懇求，

他堅持睡在會客室裡。他告訴他們，他身邊總帶著把左輪手槍，如果有東西膽敢打擾他的睡眠，他會賞它一顆子彈。這位軍官魯莽地大步走進會客室，只點一根蠟燭作為夜間照明，然後立刻睡著了。

不久之後，他被聽起來像是絲袍的柔軟沙沙聲驚醒。他立即注意到蠟燭熄滅了，有個東西正用力拉扯他床上的被單。他粗暴地詢問是誰在那裡。他試圖重新點亮床邊的蠟燭，但只要他有了一點火苗，就有東西來把它吹熄。他點亮了三次蠟燭，三次都感到有一口冷氣把它吹熄。吵雜的沙沙聲變得越來越大，某個東西決意要奪走他的寢具。他扣上左輪手槍的扳機，警告這位不受歡迎的客人要是再不表明身分，他就要開槍了。他得到的唯一回應是床單被拉扯得更加粗暴。

藉由沙沙聲和被單拉扯的方向，很容易判定沉默的敵人站在哪裡，軍官朝它連開了三槍。第二天早上，他用小刀把直接打到牆上的子彈挖了出來。既然開槍也只能打到牆壁，這位軍官的防衛僅是稍微有效而已，因為幽靈那晚之後就沒有搶他的被子了。

在整個鬧鬼期間，阿貝的情況比家中其他成員糟糕多了，城堡裡其他房間的家具都沒有動得那麼厲害。每當家庭教師要離開房間時，他總是會確認窗戶插銷已經插上，門也會鎖好。他房間的鑰匙用皮帶吊環扣在腰上。但這些預防措施從未發揮過作用，當阿貝回到房間裡，總是會發現沙發翻倒、椅墊四散、窗戶被打開，而他的扶手椅竟放到書桌上。有一次所有的書都散落在地板，只有《聖經》還留在書架上。這位家庭教師曾試著把窗戶用釘子釘死，但他回來時發現窗戶大開，沙發椅墊在窗台外面搖搖晃晃。

造成阿貝最大傷害的攻擊，發生在他跪在壁爐邊撥動餘燼時，大量的水毫無預警地從煙囪裡傾盆而下，將火澆滅。從煙囪裡冒出的火星弄瞎了阿貝，還把他埋在煙灰裡。

這位神職人員陰沉地推論道，這種行為只可能是撒旦的傑作。

　　某個夜裡，幽靈在城堡的迴廊上來回飄蕩，請求家中成員讓它進入房間。它在好幾間臥房的門上敲了一、兩下，然後一如對待家庭教師的往常模式，它在回到會客室之前，打了一下就停一會，連續猛擊了阿貝的房門四十下。

　　附近教區的牧師冒險前來卡爾瓦多斯堡過夜，他聽見大型動物在牆上摩擦身體的特有聲響。另一位訪客特別注意幽靈沿著走廊走動時發出的聲音，他說幽靈的腳步聲不太像人類的步伐，也沒有動物能用這種方式行走。他斷言那聽起來比較像枴杖或棍子點地跳動的聲音。

　　主教派遣普雷蒙特雷修道會的神父到卡爾瓦多斯時，從他進入城堡直到離開，喧鬧的幽靈連一點輕微的聲響都沒發出。但神父一踏上歸程，一樓走廊立刻發出物體突然掉落地板的砰然巨響，跟著傳來滾動的球猛烈撞擊門板的聲音。幽靈又再次折磨這家人了。

　　一八七六年　月二十日，先生外出兩天去拜訪兄弟，留下他的妻子繼續寫鬧鬼日誌。夫人記錄她丈夫外出期間每一個人都聽見令人恐懼的怒吼，聽起來像是公牛之類的動物叫聲，令大家恐懼不已。先生不在時，還加入了古怪的咚咚敲打聲，這特殊的噪音像有人用棍子或小樹枝敲擊樓梯。

　　當先生回家之後，騷亂變成前所未有的猛烈。

　　幽靈分別突襲奧古斯特以及埃米兒的房間，把他們的床給弄翻。它也入侵到書房，把書本、地圖和紙張在地板上堆積成山。半夜的尖叫更是刺耳，還添上了動物凶猛的吼叫聲。有節奏的敲擊在迴廊裡來回移動，彷彿有支小鼓和號角所組成的樂隊在宅邸裡遊行。幽靈首次敲打兒子莫瑞斯的房門時，在門上連續重擊的力量，震動了那層樓的每扇窗戶。

一八七六年一月二十六日的夜裡，教區牧師前來施行驅魔儀式。進行這古老儀式的同時，他也在盧爾德安排了連續九天的彌撒。幽靈發出長長的尖叫聲歡迎牧師的到來。而莫瑞斯的房門開始搖晃，好像有什麼東西不顧一切地想要進去。

鬧鬼的最後幾天，許多活動在堡主的兒子周圍陸續發生，彷彿藉著他使蟄伏在古老城堡裡的無形力量活動起來。驅魔儀式在一月二十九日晚間十一點十五分達到高潮。從樓梯間傳來刺耳的吼叫，就像有隻巨獸在承受致命的一擊；敲擊如雨點般落在會客室的門上。凌晨十二點五十五分，當時在卡爾瓦多斯堡的人都聽見一樓走廊裡有個男人的聲音。先生在日誌裡記錄道，那聲音大喊了兩次：「哈！哈！」，接著會客室門上的敲擊震動了所有的東西。

在門上重擊最後一下之後，一樓走廊傳來咳嗽的聲音。咳嗽聲極有可能是幽靈垂死掙扎時發出的悲鳴。歷經漫長的折磨後，牧師精疲力竭地垂頭坐倒。全家人起床後十分小心的在城堡裡到處走動，城堡裡不再有可怕的驚叫、移動的家具，也不再有神祕的敲門聲。而他們發現夫人的房門口有一只裂成十片的陶製大盤，那夜之前沒有人看過那只盤子。

「一切都停止了，」先生在一八七六年一月三十日的日誌開頭寫道。但他高興得有些太早了。驅魔儀式舉行過後幾天，夫人坐在書桌前，面前落下一袋聖牌和小十字架。彷彿幽靈承受短暫的挫敗後，宣告它必須暫時從亂事中抽身，去舔舐傷口以恢復氣力。接近一八七六年八月底，城堡再次出現了輕柔的敲門聲和敲擊聲。九月的第三個週日，幽靈把起居室的家具排成馬蹄鐵的形狀，長沙發擺在正中間。當教區牧師聽說卡爾瓦多斯堡又開始鬧鬼時，人們聽見他抱怨惡魔舉行了會議，可能又要開始聖戰了。

最後一輪的靈異現象為時極短。幽靈失去了強度，破壞力降低

了不少，騷擾的內容包括發出吵雜噪音，以及偶爾在莫瑞斯的新家庭教師房間裡移動家具；超自然現象逐漸變弱，無論在這短暫的週期內提供能量的東西是什麼，它終究也消散了。最後，唯一在卡爾瓦多斯堡內盤旋不去的，是那幾個月幽靈雷鳴般猛敲猛打的拳頭狂暴跑遍迴廊的可怕記憶，也是幽靈顯形紀錄中最具戲劇性的一段。

2. 大不列顛的幽靈貴婦與君主

2-1 安妮・布林①

二次世界大戰後不久，英國某座音樂廳的喜劇演員唱了一首歌，內容描述安妮・布林的幽靈把「頭塞在手臂下」穿越倫敦塔。不過，安妮確實流連於歷史上有名的倫敦塔，那裡距離衛塔很近。據說她憂鬱的亡靈出現時穿著有毛皮的灰緞長袍、深紅色的裙子、白色的衣領及黑色兜帽斗蓬，是她在一五三六年五月十九日被處刑時所穿的。安妮不只在倫敦塔顯靈，也出現在她位於肯特的舊住處希佛堡②和柴郡的布倫莊園。

距今沒多少年前，有一位倫敦塔的守衛向長官舉報，在聖伯多祿宗徒的古老禮拜堂裡出現以前從未見過的奇怪光線。每到假日節慶，這棟建築會清空並上鎖。長官找來梯子，靠在高窗旁窺伺禮拜堂內部，驚奇地看見一群男女列隊行進，發出燦爛的光輝。人群之中有個女人看起來很像他見過的安妮・布林畫像。這位軍官注視這場幽靈聚會好幾分鐘，直到他們突然消失。

2-2 亨利八世

令人難以想像的是，亨利八世的幽靈並未在倫敦塔流連作祟，因爲附近的聖伯多祿宗徒禮拜堂裡存放的骸骨不只有安妮・布林，

還有凱瑟琳・霍華德③及其他眾多因亨利國王而犧牲在劊子手利斧下的受害者。許多世紀以來，亨利國王的幽靈出現在溫莎堡。目擊者宣稱他的靈魂不停發出呻吟聲，緩慢地拖動潰瘍的腿。這條病腿讓他在晚年受了不少折磨。

2-3 凱瑟琳・霍華德

凱瑟琳・霍華德是亨利另一位不幸的妻子，她的幽靈與漢普敦皇宮④結合在一起。儘管被監禁在皇宮內，她仍在一五四一年十一月五日安排了逃脫行動。她從房間裡跑往國王私人禮拜堂的狹長通道，她的丈夫正在那裡祈禱。她希望能懇求國王饒她一命，但她才剛到禮拜堂門口，就被守衛硬拖了回去。在斷頭台上喪生後，她的幽靈據說仍流連在通道裡。她的亡靈會出現在離禮拜堂較遠的那端，移動到禮拜堂的門口，停下來，然後轉身發出刺耳尖叫，一直叫到她消失不見時才停止。

→陰森的倫敦塔，流傳不少鬼魂故事。

2-4 珍・西摩爾

珍・西摩爾是亨利八世在安妮・布林之後娶的妻子，她死於難產，據說也在漢普敦宮內徘徊。在非常罕見的情況下，人們看見她從樓梯間走下來，手上拿著一根點亮的蠟燭。

2-5 伊麗莎白一世

喬治五世國王在死前幾年纏綿病榻時，看見伊麗莎白女王的幽靈。當時他獨自在溫莎堡的寢宮裡，突然間，牆上的圖畫像是受風吹拂而動，同時，一個穿著都鐸王朝式樣黑色服裝的女人從牆上走出來，從房間裡走過，穿過對牆消失了。國王感到一陣寒冷，這種感覺經常伴隨超自然顯形一起出現。他的護士說她也曾感到有個看不見的東西在房裡，當時她也看見牆壁上的圖畫在動。

2-6 雷恩漢莊園的褐衣夫人

另一個許多世代以來都很著名的貴婦幽靈，是英格蘭首任總理大臣羅伯特・沃波爾爵士的姐妹桃樂絲・沃波爾，她也是雷恩漢莊園的查爾斯・湯斯罕子爵之妻。一七一二年，時年二十六歲的桃樂絲嫁給青梅竹馬的戀人查爾斯子爵做繼室夫人。當查爾斯子爵得知桃樂絲曾為華頓勳爵的情婦後，他便下令將她監禁在房間裡。許多故事傳說桃樂絲心碎而死，或是跌下樓梯摔死，要不就是得了天花病死。

查爾斯子爵的孫子喬治在一七八六年晉封侯爵後，他便以在雷恩漢莊園為貴族舉行奢華宴會聞名。雷恩漢莊園位於諾福克，在菲克漢西南方數哩外。對賓客們而言，此處還有一項額外的吸引力，便是有機會一瞥桃樂絲幽靈提著燈走在莊園的幽暗迴廊裡。人們多次看見她的幽靈穿著褐色花紋錦緞禮服，因此她的鬼影以「雷恩漢莊園的褐衣夫人」之名為大眾所熟悉。

喬治四世曾於十九世紀早期參觀雷恩漢莊園，在豪華的臥室裡睡到半夜，被一位穿褐衣的蒼白女性驚醒，因此他發誓再也不會重回雷恩漢。

羅福特斯上校在莊園裡度過一八三五年的聖誕節，這位紳士在

兩天之內看到幽靈兩次。他第二次遇到幽靈的夜裡，她站在樓梯間，手中提著燈。他為她畫了素描，特別標註她的眼窩看上去是完全空洞的。沒過幾年，暢銷書作者弗列德瑞克·馬利雅特上尉看到褐衣夫人提著燈，他便尾隨其後。當她朝他轉身時，他見她露出惡魔似的微笑，於是向她開了槍。子彈直接穿過她，卡在厚重的門板上。這次的突擊未遂之後，她消失了大約一百年。

褐衣夫人直到一九二六年才在當時的湯斯罕侯爵面前再次出現，那時他還只是個小男孩。十年之後，湯斯罕夫人雇用攝影師英德拉·席拉為雷恩漢莊園拍攝室內照片。攝影師吃驚地看到一個女人形狀的鬼影從樓梯上走下來，他便把這個幽靈拍了下來。照片被刊登在一九三六年十二月一日的《鄉村生活》雜誌上，相片裡的女人看來像是頭戴面紗、穿著結婚禮服（也有可能是壽衣）。

有些來自英國的心靈研究者宣稱，伊麗莎白二世女王在好幾個場合中看過桃樂絲·沃波爾的亡靈。根據女王的侍從人員所言，褐衣夫人出現時夾帶一陣冷風，使女王陛下的狗像瘋了似的狂吠。

→著名的「雷恩漢莊園的褐衣夫人」相片。©Fortean Picture Library

一九五〇年代，有位出名的賽車手整夜不睡，跟兩隻狗一起等待幽靈。他沒有直接看見幽靈，但深夜裡狗兒察覺到有東西從走廊走過，牠們突然顯得很害怕。

2-7 勞斯的綠衣夫人

我們從雷恩漢的褐衣夫人聯想到勞斯的綠衣夫人。勞斯的索普莊園曾經是冒險家約翰·柏勒爵士的宅邸。他在一五九六年出發遠征西班牙的加底斯，並在那裡與美麗的西班牙女子相愛。但他在家鄉已有家室，因此無法陪他回英格蘭的女子，給了爵士一幅她穿著綠色洋裝的纖細畫作為紀念品。奇怪的是，儘管這個女子在世時不曾到過英格蘭，有時她的亡靈卻會在索普莊園出現。人們常在庭院裡的樹下看見她，而她總是穿著一襲綠洋裝現身。

2-8 赫克伍德的灰衣夫人

在一八六〇年代出現了一位赫克伍德的灰衣夫人。某位頑固不化的律師，客居於罕布夏的貝辛史多克附近的赫克伍德莊園時，看見灰衣夫人從他臥房牆壁中出現。一開始他猜想是場騙局，但在調查時，灰衣夫人一夜之間出現兩次，於是他排除了惡作劇的可能性。到了早上，他打算不對其他客人提起此事，但當他一坐上早餐桌，其他客人便興奮地問他是否注意到，前一天夜裡有個灰色人影跟著他走上樓梯。

2-9 愛咪·羅沙特

另一位不願離開俗世的知名貴婦人，是伊麗莎白一世時代在王室間非常出名的羅伯特·杜德雷之妻——愛咪·羅沙特，那時她的丈夫冷落她，她意氣消沉地住在牛津庫莫爾廣場，也在一五六〇年

九月八日死於該地。人們一直認爲她去世時周遭的情況相當奇怪。她放僕人們一天假去逛逛庫莫爾鎮上的集市，而當他們傍晚回來時，便發現女主人的頸骨折斷，在樓梯間香消玉殞。

沒有人知道她究竟是遭到謀殺或死於意外，但她似乎因非自然死亡而成爲徘徊世間的幽魂。自一五六〇年起，她的亡靈在樓梯間流連，直到房子在一八一〇年拆毀爲止。十二位神職人員曾試圖讓她的靈魂安息，但他們的努力完全沒有成果。

房子拆掉後，愛咪・羅沙特的幽靈偶爾還是會出現在空曠的庭園裡。據說與她面對面相遇的人，都在幾天內死去。傳聞還說愛咪在她丈夫面前顯靈，說他很快就要死了。結果，杜德雷眞的在十一天後去世。

3. 大不列顛的幽冥城堡

3-1 溫莎堡

溫莎堡建於十一世紀，曾作爲王室的主要宅邸，超自然研究者將其命名爲英國王室幽靈的「中央車站」。瑪格麗特公主向朋友們吐露，她曾遇到過伊麗莎白一世和查理一世的幽靈。

喬治三世國王是與美國打獨立戰爭時的君主，在位期間便發瘋了。他的亡靈也經常出現在該城堡的圖書室裡。他似乎在研讀古代書籍，也許是要尋求他被下咒的原因。據說他一次又一次地嘟囔著：「什麼！什麼！」

3-2 格拉米斯的怪物

瑪格麗特公主出生在一幢鬧鬼的城堡裡，此城堡傳說是個怪物居所。雖然不列顛群島以幽靈訪客多不勝數而自豪，格拉米斯堡卻

是唯一能夠宣稱有隻不死怪物住在神祕密室裡的城堡。

格拉米斯是蘇格蘭最古老的城堡之一，由於傳說是馬克白謀殺老國王鄧肯的地點，這個古老的要塞不可思議地收容了若干極其活躍的亡靈。許多世紀以來，城堡的居民宣稱他們看到不勝枚舉一再重複上演的幽靈悲劇，整個環境裡充滿超自然的靈異氛圍。城堡裡離奇的死亡傳說包括：

一、第六任格拉米斯大公的遺孀被當成女巫吊死，為她執行死
　　刑的絞架仍被堆置於城堡某處。

二、第八任格拉米斯大公的意外死亡。

三、第三任斯特拉思摩爾伯爵在城堡中玩撲克牌時遭到謀殺。

四、第五任斯特拉思摩爾伯爵痛苦的死亡。

某位格拉米斯大公捲入一場邪惡的行動中，謀殺了一大群奧吉爾維家族成員。這些人為了躲避林賽家族的追殺而逃到格拉米斯堡來尋求庇護，格拉米斯大公假裝同情他們的遭遇，把他們鎖進祕密地牢裡，承諾會保護他們遠離林賽家族。當林賽家族的族長抵達城堡時，格拉米斯大公拿出地牢的鑰匙，示意來者毋須再為奧吉爾維家族的人操心了。格拉米斯大公就這麼將他們關到活活餓死。

後來有位格拉米斯大公率領眾僕役，調查持續騷擾家人的幽靈怪聲。他們設法追蹤幽靈的響聲，直到這位格拉米斯大公找到一支與古老的鎖相符的鑰匙，打開城堡裡某個未經使用的大房間。門搖搖晃晃地打開後，他竟暈了過去。驚訝的僕人們抱住昏厥的主人，驚恐地看著這房間裡滿室的骸骨。從骨架的姿勢看來，可以輕易推斷他們是在飢餓中彼此啃噬而死。

話說回來，所有格拉米斯的編年史作者，都一致認為有隻怪物住在某個人跡罕至的房間裡；而世世代代的僕人們都發誓，他們聽見牠夜間出來潛行時，拖著步伐和可怕的半人半獸嚎叫聲。

根據奧古斯都‧海爾在一八七七年參觀城堡後的說法，牆壁深處有一個恐怖的房間，藏著一個從十四世紀留傳下來的祕密，只有三個人知道。當三人小組中有人死去時，還活著的人就得在可怕的誓言驅策下挑選繼承者。華特‧史考特爵士在他的名著《魔鬼信仰與巫術》（*Demonology and Witchcraft*）中也寫到關於這三個人保守祕密的可怕儀式。史考特寫道，知道密室位置的人只有伯爵、管家和達到法定年紀的伯爵繼承人。

　　根據傳說，這隻怪物是一位格拉米斯大公，他還是胎兒時就背負著家族的詛咒。這個詛咒命令他以半獸人的怪物模樣出生，永遠以畸形樣貌活下去。他父親將他藏在一個祕密房間裡，許多世紀以來，固定有三個人被選來照顧這隻怪物。

　　後來衍伸出另一個流傳至今的傳說，某位格拉米斯大公夫人決心找出這個密室的位置，親眼看看怪物。當格拉米斯大公外出旅行時，她命令那些熱中協助她解開謎團的賓客們，從城堡的每一扇窗戶裡懸掛一條毛巾出來。她的推論是，沒有毛巾的窗戶，肯定就是那個隱密的房間了。

　　他們環繞城堡察看哪扇窗戶沒掛上指示用的布料。最後果然有一扇窗戶上沒有任何覆蓋物，但搜索者也無從確定密室的位置，只能歸納出這個隱密的房間深藏在牆壁間。格拉米斯大公回家後發現賓客們和他的夫人仍然忙著搜索怪物，令他感到非常憤怒，因為他不願讓這可怕的家族祕密變成公開之事。氣憤的大公與妻子激烈爭吵過後，夫人離開了城堡，再也不曾回來。

3-3 卡爾森堡

　　卡爾森堡是景色如畫的歷史要塞，位於蘇格蘭艾爾郡的騰伯利。如今人們已經把它多采多姿的過去遺忘得差不多了，通常用

「艾克的城堡」來稱呼它，因爲前美國總統艾森豪得到這棟城堡裡一個附家具的奢華房間，作爲感謝他在二次世界大戰期間領導同盟國軍隊的禮物。

訪客與工作人員經常提到他們遇到的幽靈，那是個美麗的黑髮女孩，穿著晚禮服，在空蕩蕩的迴廊裡走向他們。美國觀光客哈麗葉·霍華德太太敘述她與卡爾森堡女孩相遇的經過，她記得那個幽靈向她招呼道：「今天下雨啊！」霍華德太太點頭回禮，理所當然地認爲那漂亮女孩定是城堡裡的待客嚮導。

由於迴廊相當狹窄，霍華德向後仰靠在牆上，示意要給這年輕女孩多一點通過的空間。女孩臉上的微笑消失了。「我現在不需要任何空間，」她愁眉苦臉地說。根據霍華德的說法，當女孩繼續前進而掠過她身邊時，她整個右半身變得又冷又硬。「眞正奇怪的部分是，」這位受驚的婦女稍後說道：「她並不是與我擦身而過，實際上，她穿過了我的身體。」

3-4 圖特貝利堡全球最大獵鬼行動

每年四月三十日被稱爲「沃爾珀吉斯之夜」或「惡夢之夜」，在傳統上被視爲幽靈、惡魔和野獸力量最強大的夜晚。本質上這是春季的萬聖節，然而很多女巫和神祕主義者相信，沃爾珀吉斯之夜可能消弭了俗界與靈界之間的界線。

在二〇〇三年的沃爾珀吉斯之夜，數以百計的人潮湧向圖特貝利堡參加「全球最大獵鬼行動」。根據許多參與者的說法，他們得到出乎意料之外的收穫。大衛·克南西是《電訊晚報》的特約作家，他說自己抵達城堡時還是個冷靜沉著的懷疑論者。

當他離開時，他的衣服上沾滿泥巴，冷汗從額頭上涔涔而下，感到自己淪爲「語無倫次的精神衰弱者」。他說，沒有人預料得到

獵鬼行動會有這麼暴力的結果。

　　圖特貝利堡最初由諾曼人休・德・艾凡許⑤建於一〇七一年。一二六五年，亨利三世把這個城堡賜給他弟弟愛德蒙。愛德蒙在一二六七年受封成為蘭卡斯特伯爵，這個莊園從此就一直是屬於蘭卡斯特伯爵的財產。十六世紀晚期，蘇格蘭的瑪麗女王被監禁在圖特貝利。一六四六年，這個城堡在內戰期間被議會黨的軍隊攻占並下令摧毀，只留下今日殘存的廢墟。

　　人們認為查理一世用來躲避圓顱黨軍隊的「國王的房間」，是城堡裡鬧鬼最凶的區域。人們經常舉報的幽靈包括修士、嬰兒、少年鼓手和一位灰髮女士。城堡園區管理者把包括「國王的房間」在內的部分地方封閉，因為近年來有太多訪客和幽靈獵人一進房間就昏厥。潛伏裡頭的幽靈相當喜歡攻擊人，據了解，它會推擠、掌摑來者，冷不防地碰觸他們的身體。

→ 1993 年 3 月 3 日，布蘭妲・雷依在英國斯塔福德郡的圖特貝利拍了一整組的相片。以上這張相片中的背景就是圖特貝利堡，據傳是眾多幽魂的居所。當布蘭妲將相片沖洗出來後，其中這張相片拍到了一個身穿垂地斗篷的人影走在路中間，但幾秒後在同樣場景拍攝的相片中，這個長袍人影卻消失了。©Fortean Picture Library

克南西說，當他進入「國王的房間」時，儘管他慣於懷疑的理智試圖專注在理性的思考上，但在他看到某個高大健壯的傢伙從那寒冷陰濕的地方逃出之後卻無法再冷靜。這個男人稍後告訴克南西，他感到肩膀被拍了一下，信心頓時瓦解，只留下無力和恐懼。這大男人承認，他突然淚水盈眶，感到極度害怕。當他跑回光亮處拉下衣領，他的脖子上出現一道長長的三叉爪痕，仍在淌著血。派駐在圖特貝利堡的四名醫生小組，主要任務在幫嚇昏和暈倒的人急救；醫生們觀察到，人們感應有怪東西持續在他們周遭蔓延才嚇暈。

　　五月三日，全球最大獵鬼行動的贊助者宣布這次的活動大大成功。根據「圖特貝利堡與恐怖之夜」網站（www.frightnights.co.uk/）公布的說法，共有七百五十人參加這次活動，將近兩百人說他們在城堡圍牆內有奇異的體驗。此外，許多人在雨中露營整夜，記述下更多與幽靈相遇的經過。

【註解】
① Anne Boleyn，為亨利八世第二任妻子，伊麗莎白一世女王之母。
② Hever Castle，位於倫敦東南方，以融合樹雕與水景花園迷宮而聞名。
③ Katharine Howard，為亨利八世的第五任妻子，卒於西元一五四二年。
④ Hampton Court Palace，坐落於泰晤士河畔，是亨利八世的皇宮居所。
⑤ Hugh de Avranches，為早期入侵英國的諾曼貴族。

第六章

幽冥公路
Phantoms on Roads and Highways

1. 搭便車的幽靈

「搭便車的幽靈」故事，是在所謂的「城市傳說」中最有名又最普遍的。故事通常是這麼開始的……

一位大學生，在下雨的深夜開車經過一條荒涼的鄉村小路，吃驚地看到有個年輕女郎沿著路肩步行。他立刻靠邊停下，傾身越過駕駛座，打開前座車門並詢問她是否需要搭便車。她看來有點茫然，渾身都濕透了。

女郎含糊地道了謝，鑽進車內。大學生轉身從後座抓了件厚運動衫給她，在儀表板發出的微光中，他看得出她真的是個非常漂亮的女孩。她微笑表示謝意，把運動衫披在肩上，告知他自己正要回家去看望父母。駕駛者這時才注意到她的臉上和雙手都有滲血的傷痕，便問她發生了什麼事。她解釋道她的車子滑出路面，掉到水溝裡去；她無助地站在路邊，等待有人伸出援手，經過好幾個小時的空等，最後決定走路回父母家。

男子說，他會把她送到父母家的大門口。女孩客氣地道謝後，用手指著黑暗的前方說只要再幾哩就到了。他正鼓起勇氣想問她的芳名，此時女孩指著小路盡頭某棟房子請他停車，然後下了車。他提議開車送她這最後一小段路，但她人已經跑進黑暗裡去了。他繼續往前開，痛斥自己沒問到她的名字，但接著便想起她還穿著他的厚運動衫。那可以成為他前去她父母家，與她正式認識的好藉口。

兩天後，大學生開車回到神祕女孩的老家。當一位年邁的老婆婆開門請他進去時，他很吃驚。他在前廳裡四處張望，注意到這位美麗女孩的畫像，便問那老婆婆她的孫女是否在家。

　　順著大學生凝視畫像的目光，老婆婆開始哭泣。她親愛的女兒一直想著要回家。大學生難以置信地聽著老婆婆告訴他，她的女兒在四十年前一個黑暗的雨夜裡死於車禍。他離開老婆婆，推測她一定是瘋了。男子無法置信，那晚搭他便車的女孩看來不過十九歲，而且充滿生氣的樣子。

　　他經過鄉下小墓地旁邊，某個墓碑上有件在風中吹動的東西吸引了他的注意力。他走進墓地探查，才發現他的運動衫披在一塊墓碑上，墓碑標示著長眠於此的年輕女性死於四十年前。

　　從很久以前開始，就有些上述搭便車幽靈的故事版本一再被轉述，並產生出許多版本。每年我都收到許多人寄來的報告，說他們親身載到搭便車的幽靈，而這幽靈幾乎總是可愛的年輕女孩。搭便車幽靈的故事很輕易地在不同文化之間轉移。許多年來，日本琉球那霸市的計程車司機都宣稱，有個富有吸引力的二十出頭女子，頭髮剪得很短，她穿著黑色的寬鬆長褲，經常在通往美國海軍營區的路上攔住他們的車。只要計程車司機轉頭詢問確切目的地，她就消失不見了。這個幽靈的綽號是「名護夜行者」，因為她最常出現在從名護的漁村通往海軍營區的山路上。

2. 大不列顛的幽冥公路

　　在英國，人們乘著馬車或驛車在夜間四處旅行的歷史，比在美國長久得多，因此，他們陰暗的公路旁無疑應有許多狂亂的幽靈在那盤旋不去。

2-1 A23 號公路

英國鬧鬼最厲害的路段，據說是倫敦與布萊頓之間的 A23 號公路。眾多駕車旅行的人都看到過一位沒有手腳的小女孩幽靈，穿著白色雙排鈕男式雨衣，以及一個穿著板球運動服的鬼魂。

2-2 A465 號公路

A465 號公路在赫里福郡靠近柏瑪雅德的路段上，村民們無不提心吊膽著那些六十多年前車禍喪命的鬼魂在鄉間道路上作祟。有一位農夫舉報，至少有二十六位駕駛人在十八個月內撞壞他的籬笆；某些駕車旅行的人則聲稱他們接近鬧鬼區域時，感覺到手中的方向盤被拉走，車子莫名地失去控制。

2-3 A12 號公路

在一九七○年代的某個暗夜，一位卡車駕駛往北行經 A12 號公路位於索夫克郡布萊斯堡外的某段狹窄路段時，吃驚地看見正前方有個男人駕著由一匹馬拉動的輕便小馬車，馬車旁有個女人徐步而行。他趕緊轉向避免撞到他們，但是當下路的兩旁都是高聳的堤防，既然無法離開道路，他砰地撞上那對男女和他們的輕便馬車。

卡車駕駛憂慮而自責地顫抖著，臆測自己一定撞死了這兩個人，他沿著公路往回走，擔心隨時會看見可怕的屍體。但他什麼也沒找到。他走回卡車檢查車子四周和車子底下，什麼也沒有。

最後他開車上路，迷惑卻鬆了一口氣，看起來他似乎沒有傷害任何人。後來他才知道，布萊斯堡的居民經常在那段路上遇到輕便馬車、馬車夫和那女人；而布萊斯堡的歷史學家相信，這些幽靈可能來自於十八世紀。

2-4 藍鈴山

自一九六五年起在英格蘭的美德史東，就有許多駕駛人行經藍鈴山時猛踩煞車，以避免撞上一位穿著飄逸白洋裝、站在路上的年輕婦人。據說這位幽靈女子正要替最好的朋友擔任伴娘，卻在婚禮前夕因車禍而死。她的靈魂出現時，依舊穿著伴娘禮服，匆匆趕往婚禮。

2-5 索爾斯堡

一九五九年十月，工業引擎公司的推銷員查爾斯・柯林斯在返回倫敦的半路上，決定在索爾斯堡西邊名為「展翼鷹」的十八世紀驛車旅舍過夜。午夜時分，柯林斯突然有股強烈衝動起床往窗外看。他的目光越過後院，看見一個穿著十八世紀服飾的男人騎馬經過，臉上戴著面具，還拿著手槍。這個景象迷惑了柯林斯，他一直看到這個男人突然間消失為止。

旅舍主人在早晨毫不猶豫地告訴柯林斯，他看見的是在一七三〇年遭吊死的攔路強盜理查・沙瓦茲的鬼魂，傳說他曾到「展翼鷹」尋求庇護，但旅舍主人把他轟了出去。從那以後，他便不斷回到旅舍來作祟。

歷史記載這個幽靈大盜在一八五〇年回來過，平均每五年就有人看到他的鬼魂。在一九六二年，三個美國遊客在旅舍裡又看見了沙瓦茲的幽靈。

3. 阿肯色州六十四號公路上的迷霧小姐

在阿肯色州六十四號公路杳無人煙的路段開車，特別是在下雨的夜裡，當地居民斷言駕駛很有可能會看到蘿拉・史塔爾・拉塔的痛苦靈魂，一八九九年她在二十歲生日前一個月去世。人們曾看見

蘿拉瘦小嬌弱的身影裹在白色的睡衣裡，站在她屍骨長眠的墓地中，並穿梭在公路兩旁。某些古老的故事說，蘿拉在前往自己婚禮的路上被一群人搭訕並圍毆至死。也傳說她是被失控的貨運馬車撞死，或是被奇怪的邪教謀殺。她墓碑上的銘文刻著：

「經過此處的高貴陌生人啊，我以前也跟你現在一樣。你一定會變成我現在的樣子。準備好跟我來吧！」

4. 波卡洪塔斯風景區的幽靈

多年來，我收到許多橫越北美大平原各州，長途載運貨物卡車司機所寄來的報告，表示他們看過奇怪的事物。最常見的，除了描述各類不同的搭便車幽靈以外，他們發誓真的遇到來自過去的靈魂——幽靈貨運火車、原住民部族、公共馬車和快馬郵遞的騎師等。

二〇〇二年七月十五日，快遞貨車的司機舉報，他看到三個美洲原住民逼近維吉尼亞州亨瑞克郡東部的八九五號州際公路上新近啟用的收費服務區。司機提到他看見三個穿著纏腰布的戰士，帶著火炬走上公路正中央，他猛按喇叭警告另外兩個揮動火炬的男人，汽車前燈把來者的臉照得很清楚。他懷疑這是原住民部落以奇怪的方式，表達對風景區幹道的抗議。

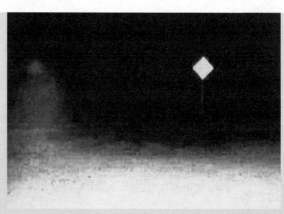

→這張相片拍攝於一條經常出現神祕幽靈的鄉間公路。©Maureen Nelson/Washington Ghost Society

收費員接受了司機的報告，把它加入奇怪而無可解釋的超自然現象清單裡。她知道，儘管她可以向該負責的州警報告這個事件，然最後可能會發現這個地區並沒有美洲原住民帶著火炬遊行。

輪班巡邏波卡洪塔斯風景區幹道沿路墳場的州警，告訴維吉尼亞州瑞奇蒙市地方報的克里斯·寶夫，他們接到許多類似快遞貨車司機奇遇的電話。第一通是在七月一日，兩晚之後，服務區的工作人員通報聽見印第安鼓聲、歌聲和戰鬥吶喊，從叫喊聲聽來，似乎有數百人之多。有時他們還會看到模糊不清的人影在黑暗裡奔跑。

維吉尼亞州警發言人柯瑞妮·傑勒曾在七月某個深夜參觀服務區，她證實尖聲的歡鬧和大叫大嚷都是真的。她告訴寶夫，那些聲音並非遇到麻煩的人發出的尖叫，而是「戰鬥吶喊」。「那裡至少有十二到十五個聲音。當我聽到那些吵鬧的聲音時，我身上的每一根寒毛都豎起來了，」柯瑞妮說。

有一位工程師在夜間工作，以及時完成風景區幹道收費站的橋梁建造。他與一群工人都看見一個印第安人跨騎在馬背上，在他們下方的州際公路上看著他們。他們想叫他走開，警告他州際公路不允許騎馬，但騎師和馬卻都突然消失不見。

附近南森蒙部落的戴娜·貝克漢證實，他們族人都沒有參與任何抗議服務區的行動。儘管不承認相信有部落的幽靈在服務區附近來回走動，但她說這一帶有許多河流、街道、公路和社區都以美洲原住民的名字命名，自然會促進人們看到幽靈顯形的可能。

威廉·瑪麗學院的考古學研究中心主任丹尼斯·布蘭頓，在服務區的橋梁營建工地指揮考古挖掘，他的團隊發現工地四處都散布著可回溯到五千至六千年前的手工製品。地區歷史學家愛德華·海爾也贊同波卡洪塔斯風景區幹道的位置，在很久以前曾是原住民部落的大本營。

一位當地居民說他多年來常在此地區附近聽見「大喊大叫」，當地美洲原住民也早已聲明那裡有許多幽靈徘徊不去。就他看來，這個服務區可能正好蓋在印第安墳場上。

5. 與火車賽跑的幽靈戰士

一位旅行推銷員從明尼蘇達州的明尼亞波利市，搭乘夜間火車前往蒙大拿州布特市。他睡在下鋪，當他被稍後稱之為「該死的不適感」驚醒時，還有點昏昏欲睡。

他完全沒有辦法對付那個麻煩的東西，他在一九四三年夏天對芝加哥某報記者這麼說道。火車上並沒有奇怪或不尋常的噪音。他無法察覺車輪穩定的喀啦聲有什麼問題。基於某些原因，他決定把車窗上的百葉窗拉開。

在離車窗非常近的地方他看見了出人意料的幻影，近得彷彿只要把窗戶拉下，就可碰觸到那個騎在精神飽滿的馬匹上、全身布滿明亮彩繪的印第安戰士。戰士彎身伏在飛揚的黑色馬鬃裡，毫不左顧右盼。當他們逼近火車時，戰士似乎在對那匹北美野馬的幽靈咕噥著鼓勵的話語。

「後來我又在達科他州的不同地區看過他們五、六次，」推銷員說：「他們看來就像活生生的人，但他們周圍有一種微弱的光芒。就像把很舊的電影用投影機在草原上放映一樣。」

達科他州和懷俄明州的鐵路乘務員、工程師和營建人員經常談及那個戰士幽靈。一位聽聞幽靈賽馬背後傳說的老人評論道：

「他們活著的時候無法戰勝火車，但在死後的世界裡他們似乎提高了速度。」

傳說著名的早年西部藝術家弗列德瑞克‧雷明頓在一八八八年左右搭乘火車時，曾親眼看到這位戰士和其坐騎的靈魂，並為他們

畫下素描。雷明頓曾從幾位旅客口中聽說同樣的故事，故事中，堅決的戰士騎著一匹高大瘦削的北美野馬，無休止地與火車賽跑。彷彿火車代表白人侵略的有形象徵，而這位蘇族戰士相信如果他能夠擊敗鐵馬，他的同胞就能戰勝那些入侵者。

我們能輕易感受到雷明頓在描繪蘇族戰士和北美野馬的靈魂時，心中的偉大讚嘆。他把這幅作品命名爲《行進中的美國》。

火車駛入大草原時，戰士隨著一聲冷入骨髓的戰鬥吶喊，騎上火車引擎。那匹北美野馬步子沉重地踏在大平原上，直到汗水從牠瘦削堅硬的身體滴落。火車唯有加快速度，才有辦法把不斷呼嘯的蘇族戰士和他不屈不撓的馬兒拋得遠遠的。

6. 六六六號惡魔公路

美國的六六六號公路現在的官方名稱是美國四九一號或三九三號公路，但人們仍牢記著「惡魔之路」的傳說。這條公路原本編號爲「六六六」，與《聖經・啓示錄》中記載的惡魔數字或基督教反對者毫無關聯。

這條公路會這麼命名，乃因它是美國六十號州際公路的第六條支線。連接芝加哥到洛杉磯的路段，就成爲傳說中的六十六號公路。而從六十六號公路交叉點繞出的路段，在一九二六年八月重新編爲六六六號。不過有些人說，用那些數字標示道路，使得那條路成了通往地獄的撒旦之路。長達一百九十英里的前美國六六六號公路從新墨西哥州的蓋洛普開始，其中七十英里穿越科羅拉多州，在猶他州的蒙提薩羅結束。

根據許多目擊者的報告，在月圓之夜會出現一輛黑色的一九三〇年代老式敞篷汽車，把路上所有汽車、卡車和摩托車都遠拋在後。據說這輛幽靈車至少與五起死亡事件有關。

鳳凰城的艾佛利・泰舍博士花了十年，詳細記錄下咆哮魔鬼的事蹟，據說它會現身嚇唬在六六六號公路旁停車欣賞沙漠風景的路人。根據泰舍博士的說法，兩個自行車隊的成員雙臂都被惡魔化身的幽靈狗嚼碎吞吃，第三個隊員的臉則被吃掉了百分之九十。而惡魔公路上最不具威脅性的報導，則是傳說有個搭便車的女性幽靈，會在有人停下來載她時消失不見。

　　二〇〇三年一月二十一日，新墨西哥州長比爾・理查森宣布他支持美國六六六號公路改名。二〇〇三年五月，這條公路正式更名。

7. 她在滿月之夜吊死

　　發現愛荷華州歡喜山附近橋上少女吊死鬼的第一個目擊者叫什麼名字，現在不大可能有人記得了。但是，一般大致上都同意那是兩位卡車司機。

　　故事發生在在某個滿月的午夜前後，兩位卡車司機把車子開離主要幹道。他們繞過山路迴轉處，接近那道古橋時，其中一位司機突然猛踩煞車。

　　「看前面！」他對同伴說道：「把汽車前燈開到最亮看一下！有個女人吊在橋上。」這個影像造成的猛烈衝擊喚起了他的惻隱良知，另一個人說他們應該把那女人救下來，說不定她還活著。

　　恐怕很少有什麼比靠近吊死屍體更令人毛骨悚然的了。儘管當時已是午夜，而且是在沙漠裡的礫石道路上，這兩位卡車司機知道他們還是得盡點力。他們的腳才剛踏上粗糙的路面，吊死女人的身影就在他們眼前開始變得模糊不清。

　　等他們走到橋上，那個女人和絞索都完全消失不見了。這兩個人彼此目瞪口呆地互望，無法表達滿腦子的恐懼和迷惑。才不過幾

分鐘前，他們倆都清楚地看到吊死女人不幸的身影在古橋磨損的木板上方晃動。

第二個看到吊死鬼的是一對年輕情侶，在週末夜間舞會後回家的半路上，他們看到同樣陰森的幽靈出現在黑暗的鄉間道路上。然後陸續的，其他卡車司機和鎮民們，也開始在滿月的光輝下看見吊死女子的身影。

我們組隊前往調查這個幽靈時，決心在月圓之夜抵達事件現場，因為這個幽靈從不在其他時間出現。於是在一九七○年七月十九日，滿月高掛天空，我們坐在客貨兩用車裡，離鬧鬼的鄉間古橋僅有幾碼遠。我跟同事葛倫都想知道，靈媒艾琳是否能夠在事先沒有得到任何相關資訊的情況下，注意到幽靈和造成鬧鬼現象的事件。到那時為止，艾琳只知道我們的研究團隊帶她到愛荷華州鄉間，把車停在特殊的位置上。

午夜前幾分鐘，有人低聲說艾琳有點恍神：「有人從路上走過來了，」她說。有兩、三個具通靈能力的人也贊同她的說法。我睜大眼睛想要感知午夜訪客的到來，但我只能看到窄橋上的交通號誌。

靈媒艾琳什麼也沒說。她似乎進入另一個我們都看不見也聽不到的空間，然後她緩慢而精準地說：「我看到一個女人在圓圈裡晃蕩，一個迷惑的圓圈，她很煩惱、很迷惑。她覺得自己受到背叛，想要從橋邊跳下去。」這時似乎從橋的方向傳來一道又尖又細的悲鳴。那是夜間獵食的鳥鳴，或是田間動物夜間鳴叫，抑或是受苦靈魂的慟哭？

「我看見一個圓圈，」艾琳又開口了：「我看見有個女人從橋上自殺。」（請再次注意，我們沒有告訴艾琳她可能會在這荒涼的鄉間木橋上看到什麼。）

「這是自殺，」艾琳說：「但是有另一個人牽扯其中。這是很不尋常的。通常有人以靈魂狀態顯現時，他們多會穿著跟在世時一樣的衣服。我從來沒見過任何靈魂來到我面前時裹著一大塊布，就像許多人想像中的鬼魂模樣。但是我剛剛在橋上看到的就是那樣，我看到的東西看起來就像有個人裹在床單裡！」

「是裹屍布嗎？」我問她。

「是裹屍布，」她同意：「她告訴我，她的名字是布朗，或者可能是歐布朗。她是位棕髮女郎。我真的不覺得她是個有病的人。我感應到這個行動只是她生命中的突發事件，她有丈夫，但他並不在附近。」

艾琳安靜地坐了一會，似乎在篩選橋上靈魂不斷投射給她的心靈感應：「我聽見『海倫』這個名字，」她說道，重新開始描述：「我感應到這個女人與社區裡的醫生相戀。有個醫生在這個女人結束生命後，很快地離開小鎮。我感覺不到這個女人有精神病或諸如此類的問題。我感到她的生活還不壞，然後，突然就跟這個醫生牽連在一起了。」

跟我們同行的記者詢問這是幾年以前發生的事。艾琳說她感到這事不會早於十六到二十年前，大約一九五〇年吧！

「根據我所得到的資訊，」葛倫說：「那似乎就是鬼魂開始出現的確切時間。」

「看呀！」艾琳說：「你們看到了嗎？有個非常清楚的身影出現了一會兒。」彷彿我們全體組員的眼睛都同時有了錯覺，但就在橋的右手邊，似乎有個發光的人影。

「噢，我看得好清楚，」靈媒說道：「她穿著一件黃色洋裝。」艾琳突然停止說話。靜默幾秒之後，她說：「她一直告訴我：『親愛的，別說話。親愛的，別告訴他們。』」

我詢問是否有什麼原因，使她不想讓別人知道她自殺的理由。「我想是那個醫生，」艾琳說：「我想她跟那個在她死後迅速離去的醫生有瓜葛。」這個時候，研究者們離開了車子，站在橋中央。木板上有很多洞，我們得小心翼翼地移動腳步，才不會扭傷腳踝。

　　「我感應到她家庭裡有些成員來自費城，但她卻來自堪薩斯，」艾琳說：「我看見巨大的向日葵，那是向日葵之州①，不是嗎？」

　　在滿月之夜，花了好幾個小時待在傳說中有吊死女鬼的橋附近之後，我們盡可能謹慎地進行後續調查。透過某種管道，我們得知曾有個原籍堪薩斯的年輕女子特別喜歡穿明亮的黃色洋裝，她來到這個地區後，與當地醫生譜出戀曲。這個年輕女子為了沒有結果的愛情絕望自殺，而輿論迫使醫生離開小鎮。有些情報提供者相信這個吊死的女鬼大概是自殺的堪薩斯州人，其他人則說這個年輕女子並沒有吊死自己，他們也不知道鬧鬼之橋的傳說。

　　那麼，這位年輕黃衣女子的靈魂很有可能比一九四〇或一九五〇年代還早十年左右，在橋上上吊自殺。這個吊死女鬼也有可能是個愛搬弄是非的靈魂，藉著驚嚇在黑暗鄉間道路上旅行的駕駛人取樂。也說不定她只是個被遺忘的「城市傳說」，不停在滿月之夜有人轉過山路朝向鄉間古橋時，顯出她吊在那裡的幽靈身影。

【註解】
① sunflower state ，美國堪薩斯州的俗稱。

第七章
幽冥旅館
Haunted Hotels, Motels, and Inns

1. 徘徊紅鶴旅館的「蟲仔」席格

　　如果你在一九九三年前住進希爾頓紅鶴飯店，也夠慷慨拿你在拉斯維加斯贏來的錢付一天四百美金以上的住宿費，你大可試試入住他們的總統套房，跟班哲明・「蟲仔」・席格的鬼魂共度一晚。

　　這位時髦的黑道大哥在一九四七年去世之前，都住在這間一九四〇年代中期蓋好的總統套房裡。曾在席格死後入住這間總統套房的無數房客，都信誓旦旦地說席格的鬼魂依然「住」在那裡。紅鶴旅館可說實現了席格一生的沙漠夢想，自從一九四六年全拉斯維加斯的第一台吃角子老虎開始運作、第一顆骰子開始滾動的那一刻起，這間賭場渡假村就已經在賭城落地生根了。

　　席格和他的女友維吉尼亞・西爾使用過的大部分家具都在席格過世後換新，但套房裡的一些東西還是未曾更換，如萊姆色的浴缸跟草綠色的馬桶就是席格跟西爾曾經用過的，兩間浴室地板上的綠色亞麻地毯也是原來的地毯。在一九四〇年代晚期和一九五〇年代，時髦的席格認為滿眼的綠色即是高級的象徵。

　　雖然在一九七〇年代初期，飯店買了撞球桌來替換席格的老球桌，但是有些房客除了看到這位創造了拉斯維加斯的惡棍鬼魂外，還堅持他們聽到撞球在半夜滾來滾去的聲音。

　　時至今日，紅鶴大樓的原址成了奢華的花園，而席格的沙漠樂園最後一面牆已在一九九三年倒下，取而代之的是一座全新的豪華

賭場渡假村，包括野生生態園區以及占地十五英畝的加勒比海風格水上樂園。在花園裡有塊紀念牌，刻著「從一九四六年十二月二十六日起，至一九九三年十二月十四日止，班哲明・『蟲仔』・席格的紅鶴旅館曾矗立於此」。

有些人說他們入夜後在花園步道閒逛時，曾遇到疑似席格的男性鬼魂。雖然這位黑道大哥在他位於比佛利山的房子裡遭到謀殺，但是根據鬼魂的慣例，靈魂總是會回到他們最珍愛的地方。其他曾住過新旅館總統套房的房客，則確信他們真的看到席格的鬼魂，舒適地享受著這間奢華的新閣樓。

2. 羅斯福旅館：好萊塢鬧鬼最凶的旅館

離開拉斯維加斯繼續往西前進，入住位於好萊塢的「羅斯福旅館」，你就有機會遇到瑪麗蓮・夢露、蒙哥馬利・克里夫，或是卡蘿・藍寶的鬼魂。

藍寶跟克拉克・蓋博共享頂樓的豪華套房，而套房裡幽雅的裝潢基本上仍維持這位女影星住在這裡時的模樣。再也沒有一個地方會比這位女影星鍾愛的隱密小窩，具備更強烈的好萊塢浪漫情愫了。無數房客曾在此分享這間套房的羅曼史，同時也親眼目睹這位迷人影星的幽靈本尊顯形。

瑪麗蓮・夢露在羅斯福旅館的游泳池跳水板上拍下了她的第一張廣告寫真，而多年來她通常住在旅館二樓面對游泳池的卡巴那套房。她最喜愛的鏡子展示在旅館的電梯低層門廳，許多人都宣稱當他們駐足或觀看這面鏡子時，曾看到夢露的迷人身影出現在這面鏡子附近，或直接重疊在他們自己的鏡像上。

一九九○年十二月，當我太太雪莉和我在拍攝日本電視節目《好萊塢之鬼》時，有位旅館房客對於我們正在拍攝的內容感到很

→瑪麗蓮‧夢露在她最愛的穿衣鏡前搔首弄姿，這幾面鏡子目前仍擺在好來塢的羅斯福旅館。©The Steiger Archives

好奇，於是站在旁邊觀看拍攝過程。突然間，他很快的往旁邊靠了一步，像要閃避某個會撞到他但並不存在的人。他強忍住驚訝的樣子，讓我即停下了拍攝工作。

導演詢問那位房客發生了什麼事情，他微微顫抖著答道：「你們沒看到跟我擦身而過的金髮女人嗎？如果不是我知道瑪麗蓮‧夢露已經去世了，我會發誓那絕對是她！」

在詢問他的過程裡，我們向他解釋那面掛在門廳裡的穿衣鏡曾是瑪麗蓮‧夢露的最愛，但那位房客並不怎麼感興趣，他堅持道：「與我擦肩而過的女人絕對是有血有肉的真人！不是鬼！」

我們告訴他當時所有在場的人都沒有看到任何女人時，那房客懷疑地瞪了我們一眼，就氣憤地走開了。

蒙哥馬利‧克里夫在拍攝電影《亂世忠魂》的最後三個月，曾住在這間飯店。他通常在九樓套房外的走廊一邊踱步、一邊背誦劇本，有時甚至練習吹軍號喇叭，因此常嚇到附近正要入睡的住客。

凱莉‧葛林是羅斯福旅館的工作人員，她告訴我們克里夫在一九九六年過世後，仍有許多住客聽到他吹出的軍號喇叭樂聲。一九九〇年十一月，一位聽過幽靈軍號的證人在《今夜娛樂》①的好萊塢幽靈特輯中接受訪問。一九九_年十月，雪莉與我為了替 HBO 電視台的《世界娛樂報導》製作萬聖節特輯，於是回到這間旅館來拍攝克里夫鬼魂鬧鬼的片段，好放在新的《鬧鬼好萊塢》段落裡。

在錄影的前一晚，凱莉‧葛林安排我們住在九樓克里夫鬧鬼房間的隔壁。我們預計在隔天一大早開始拍攝，因此雪莉與我對於隔壁克里夫房間傳來的各種聲音感到莫可奈何，我們猜想隔壁大概住了一家人，還帶著小孩子。

我們很難想像，體貼的葛林小姐今晚會讓朋友住進明天一早就要拿來拍攝影片的房間。但是我們似乎不該抱怨，畢竟她願意出借

房間讓我們進行拍攝，就已經是很大的優待了。

雪莉與我上床睡覺時，暗暗希望隔壁的住客翌日會早早離開，但希望越來越渺茫，我們的鄰居幾乎整晚不睡，在房間裡吵鬧地走來走去。或許隔壁住的並不是有小孩子的家庭，因為那般吵鬧聲聽起來就像是在開一個視鄰居為不存在的派對。

第二天早上我們從櫃台得知，原來葛林小姐確實要求「克里夫的房間」昨日必須淨空，以方便今天的拍攝，聽到這，連我們這麼老練的幽靈獵人也忍不住嚇得發抖。我們昨晚一直聽到的碰撞聲，都是蒙哥馬利·克里夫和他的幽靈朋友們製造出來的。那天稍晚，雪莉回想起她昨晚的確曾被「隔壁的粗暴小孩」所吹的號角聲所驚醒，但因為我們才剛參加完一場在洛杉磯大學舉辦的座談會，在她愛睏的腦袋裡，實在累得無法把這個詭異的軍號喇叭聲與克里夫聯想在一起。

→史泰格伉儷與凱莉·葛林在好萊塢鬧鬼最凶的羅斯福旅館合影。©The Steiger Archives

3. 伯靈漢夜未眠──雪莉·韓森·史泰格的個人經歷

一九九○年代中期在我先生布萊德與我頻繁的演講之旅期間，得忙著上課、研討會、參加地區電台及電視節目、簽書會等活動。有一次我們剛結束了美國西岸的活動，即將降落在美麗的華盛頓州機場。

我們的朋友班哲明·史密斯（後簡稱班）是華盛頓州活動的贊助者，他到機場來接機，向我們簡單介紹接下來幾天的行程跟及新

消息。他的雙眼閃爍著興奮的光芒，熱情地說要給我們一個驚喜，他已經幫我們準備好過夜的地方了。班很難控制他的興奮之情，但他明白告訴我們，他不想透露太多關於今晚即將過夜的「城堡」的事，以免我們對那個地方有了預先看法。

我們認識班已經有一陣子了，從機場去目的地的路上，我們在談論即將到來的工作之前忙著閒話家常。一行人將抵伯靈漢時已是深夜，超過我們預計到達的時間。由於糟糕的天氣和飛機誤點，我們比原先規劃的行程提早一天到達這個城市。

班以他一貫專業又有效率的態度，花上許多時間跟精力來舉辦這場研討會，布萊德和我確信，他所準備的驚喜當有更深層的意義。當我們接近那座「城堡」時，班表示很可惜無法先讓我們在白天看到這建築物的外觀，而我們正要問他為何安排我們住跟平常不同的旅館時，就被他的一句「就是這裡啦！」給打斷。我發出了驚訝的讚嘆聲，同時布萊德則說：「哇！你不是開玩笑的！」

我們可以瞭解為什麼班說這間民宿是座城堡了。儘管在這個風雨交加的夜晚只能看到建築物的黑影，但它輝煌陰森的構造顯得相當巨大，而它的神祕氛圍吸引著我們，召喚我們進入這座典雅的維多利亞式建築。似乎冥冥中注定要在這樣一個風雨交加的夜晚，發生讓我們永生難忘的經歷。

我們從廚房進入，主人熱情地跟我們打招呼，對我們的到來表示歡迎，和藹的態度讓我們感到賓至如歸。主人答應明天為我們做更完整的導覽，免得干擾到其他住客。他陪我們走到預留的房間，而路上經過的每個走廊、樓梯跟轉角，都充滿了令人難以置信的古董及豪華裝飾品。

房屋主人在多次的世界探險之旅中，不惜成本購入許多難得一見的古董，而所有寶藏都經過慎重篩選並小心運送到伯靈頓民宿。

每件文物都代表世界各地的文化，房子裡到處充滿有趣又令人好奇的戲劇情節和歷史。每間客房也以不同的主題裝飾，靠著高明的創意，採用罕見但又兼容並蓄的風格，懷念每個逝去的時代。

介紹完我們跟同一樓層住客共用的浴室後，主人打開了這間神奇臥房的門。壁紙、窗簾、床單、燈罩、舒適的沙發椅與附頂篷的床，都使用相同的深藍色圖樣跟東方風格。

由於整天舟車勞頓，我們在互道晚安後很快就在房間裡安頓下來。雖然裝飾豐富，房間的光線卻黯淡得幾近漆黑，因此主人建議我們整晚開著燈，萬一夜裡需要起床就用得著。我們選擇一盞有著維多利亞風格燈罩的巨大夜燈，它位在離床較遠的房間另一頭，旁邊是一把椅墊填塞得滿滿的椅子。

當時已經很晚，我們又累壞了，在隔日非得早起的情況下，我們很快的就在舒適的羽毛床上陷入熟睡。幾個小時過後，從布萊德那邊傳來拉扯棉被的動作，吵醒了我。我把被子拉回來，然後我發覺布萊德似乎動個不停。當時我認為他只不過是認床，所以就又睡著了。

當我再次被吵醒時，轉身看看布萊德，我看到他正坐在他那邊的床上，雙手抱頭。我以為他一定是頭疼得厲害，或者不舒服，便問他怎麼了。他沒有立刻答腔，所以我稍微提高音量又問了一次。布萊德回答我時，我突然嚇了一大跳，因為布萊德居然從棉被底下，用被我吵醒的不高興口氣回答我！

「你不是坐在床邊嗎？」我有些疑惑地問他。

「妳在說什麼？」布萊德咕噥道：「我還想要睡覺呢！」

我無奈地歸咎於太過疲勞，看著布萊德拉上棉被蒙頭大睡。從他拉被子蒙頭的動作看來，我確定他絕對不是坐在床邊（至少現在不是），所以我又繼續睡。

過了一會，我又被吵醒了，而我這次沒看到布萊德在床上。我四處觀望，看到他坐在燈旁的椅子上。他的舉動有點可怕，狀似痛苦地低著頭，彷彿正雙手抱著頭哭泣。我關心地大聲問他：

「親愛的，你怎麼了？你頭痛嗎？要不要幫你拿些阿斯匹林、開水，還是別的東西？」

我身旁的被子下面突然發出抱怨聲，充滿了不悅語氣大聲說道：「老天！讓我睡覺吧！」當布萊德出聲的那一剎那，椅子上清晰的男人身影就消失了！我不敢再開口，還好此時布萊德馬上又睡著了。我在床上躺了幾分鐘，思考著到底發生了什麼事情。

這古怪的狀況又持續發生了三到四次，其中兩次我確實看到疑似布萊德的身形在房間裡前前後後地踱來踱去，似乎非常難過不安。還有一次，「他」再次坐在椅子上，抱著頭前後搖晃。最後，我深信布萊德只是不希望讓我擔心，便用足以吵醒隔壁房客的音量尖聲大叫：「親愛的，拜託，拜託！告訴我到底是怎麼了！」

那句衝口而出的話讓我們兩個人都清醒過來，理解到一件驚人的事實，也就是那個我以為是布萊德的物體根本不是他。布萊德現在真的清醒了，我告訴他我看到的事情和發生的經歷。我們沒有多加討論，便決定為了明天的講課繼續睡覺。我們建議彼此吃些阿斯匹林，想辦法繼續睡。

之後幾個小時，我們安詳地睡著，直到我的手在枕頭底下被布萊德的手輕輕地握住。我很奇怪他為什麼會叫醒我，我猜他只是想要證實我或者他自己都確實睡在床上，所以我捏了捏他的手。

半睡半醒間，我感覺到手又被捏了一下。這次我抬起頭來問他：「你為什麼抓我的手？」然後我看到布萊德面向另一邊，他的手跟手臂也都朝著跟我相反的方向，而且他看起來已經睡著了，所以不可能捏我的手。後來我不知道怎地又睡著了，但是這安寧並沒

有維持下去。過了一會，一陣電流般的感覺通過我的全身，因為某種東西或某個人為了要讓我注意到，再次捏了我的手。這次的震驚讓我嚇到完全清醒過來。

在完全清醒的狀況下，我真的「感覺到」正在枕頭下捏我的手是一隻小娃娃的手。我可以確實感覺到那小巧幼嫩的手指包覆著我的手，輕輕地捏我。布萊德看起來還是面向另一邊躺著，我知道就算他真的握了我的手又快速翻身回去，他的手可比握著我的那隻手大了足足十倍。

民宿主人介紹完房間，跟我們道晚安之前，曾告訴我們第二天早上的早餐有很多的手工美食，聽起來非常豐富，要我們絕對不要錯過早餐。只有特定的時間內，餐廳會依照正式禮節供應早餐，而最後一次被粗魯地喚醒後，我看了看鐘，知道我們如果想準時吃早餐，就必須起床準備了。在身心經歷一整夜古怪事件後，我筆直地坐著，不太確定接下來要怎麼做。

布萊德轉過身，看到我坐著，就對我說：「如果我們想吃到這頓清晨早餐，現在該起床了。」

我說：「老公，我不知道昨晚發生的事你到底記得多少，但我必須把一切都告訴你。」我很快地把昨晚從一開始到現在的事件，包括最後我被小嬰兒捏手的感覺都描述給他聽。我問他能否為我向民宿主人轉達不能參加早餐的歉意，雖然之前我非常期待這頓早餐然現在我受到指引，想留下來祈禱及冥想。

布萊德認為我應該在一整天的課程跟研討會之前吃點東西，但我說服他目前最重要的是讓我瞭解到底發生了什麼事情。我告訴他，我必須藉由禱告來瞭解真相。

布萊德穿好衣服下樓，離開前他說會幫我準備咖啡或小點心，讓我稍微填填肚子。我告訴他別擔心後，就開始禱告以尋求指引。

我感覺到確實有個小嬰兒緊抱著我，求我幫忙，而我被「卡」在一個不明時空中。光與保護禱詞充滿我體內，環繞在我周圍，我全心祈求那個小嬰兒進入光線中。我祈求神成就一切，引導我接下來要怎麼做，這時我感到小嬰兒的手再次抓著我，然後便感到神聖的天使伸出雙手抱起小嬰兒，以無邊的愛和瞭解帶領他脫離混亂的塵世。

大約一個半小時後，布萊德回到房間，而我還在進行禱告。他的表情那麼興致勃勃，好像等不及告訴我早餐桌上的討論結果。布萊德在其他人到場前遇到了班，由於班對於我的缺席感到驚訝，他便向班說了發生在我身上的事情。當其他人（包括民宿主人）都到齊時，布萊德告訴大家我沒睡好，所以不能來吃早餐。班笑著說他完全不驚訝我會被「選上」，他說：「哇，那就是我們要你們住那間房的原因！」

於是，好奇的民宿主人等不及要知道所有細節，問布萊德可否跟他們分享這一整夜經歷的事情。當布萊德對我詳述他跟主人的討論內容時，我的第一個反應是，我根本還不清楚到底發生了什麼事，自己的個人經歷卻已被公開了。但是當布萊德向我說明原本的莊園主人發生在這個臥房裡的真實事件時，我嚇得一顆心幾乎停止跳動！

原本的屋主為了表示對他太太的愛意，特別為她蓋了這棟房子，而他們倆也熱切地渴望讓整棟屋子裡充滿孩子的笑聲。他們第一個小孩出生的那晚，產婆因為害怕而發出的驚叫聲取代了初生嬰兒的哭聲，所有慶賀誕生的喜悅突然變成了驚駭。初生嬰兒吸了第一口空氣而發出哭聲的同時，嬰兒的母親也咽下了她最後一口氣。先生悲痛地目睹他至愛的妻子為了生產而犧牲自己的生命。這個慘劇就發生在這間房裡，這個恐怖的場景深深烙印在這房間內每一堵

牆的記憶裡。或許我就是剛好接收到這無法度量的強烈哀傷與內疚——屋主因為太過悲傷，常常在他的臥房裡來回踱步，坐在他的椅子上苦惱地抱著頭，不願相信發生的事情。

我感受到的第二件慘劇，則是那嬰兒還在襁褓之中，就因為生病發燒而在午夜時分死於同一個房間裏。過度悲痛的父親依然只能走來走去，抱著自己的頭，心碎地坐在床邊或是椅子上。

後來民宿主人詢問我是否願意在簡報開始之前，先說說發生在我身上的故事。他覺得我在不清楚這棟房子的歷史以及前任主人的情況下，有如親眼

→在位於華盛頓州伯靈漢的這個民宿房間裡，布萊德‧史泰格和妻子雪莉度過了一個失眠夜。©The Steiger Archives/Benjamin Smith

所見般瞭解到許多當初曾經發生過的細節，是一件很神奇的事。

不管這經驗是我穿越時空回到過去，或者是我敏感到能接收一股猶如唱片或錄音帶般記錄過去時空的能量，無可置疑的是，這是一個令布萊德與我都難以忘懷的伯靈漢難眠之夜。

4. 北美的鬧鬼旅館

在北美洲有許多鬧鬼的飯店跟汽車旅館，在此僅列出我最喜歡的少數幾個：

4-1 新墨西哥州的聖詹姆士旅館

在聖詹姆士旅館的舊住房紀錄簿裡，隨便就可以看到如「西部拓荒史名人堂」般的紀錄，像是比利小子、佩德·蓋瑞特、巴特·馬斯特生、黑傑克·卡春、水牛比爾·寇蒂等，都曾經在此投宿。

這棟具有一百二十年歷史的旅館是一八八○年代西部槍手的最愛，幾乎在所有房間裡都可以遇到活跳跳的幽靈。根據一張發黃的報紙記載，有二十六個人因暴力而死於聖詹姆士旅館，餐廳裡還留著一整圈密密麻麻的彈孔。

如果你打算到聖詹姆士旅館來試試看，最好不要住在十八號房。一八八○年代在那間房裡發生的事情實在有點瘋狂，裡頭的鬼魂對大多數人來說敵意太強，也太具侵略性了。

旅館裡的酒保跟廚師常抱怨食物跟杯盤常在他們眼前憑空消失，酒瓶跟酒杯在空中漂浮，有時甚至在巨大的爆炸聲中無端化成碎片。曾有一個酒保說：「許多槍手住進了這間老旅館，他們的靈魂從來不曾離開！」

4-2 加州的聖安東尼奧德帕朵修道院

古老的聖安東尼奧德帕朵修道院，位於加州山中的聖塔路西亞區，約在帕索羅保北方三十英里，建於一七七一年，修道院中也提供客房住宿。

這間修道院至今仍是一棟迷人而空靈的鬼屋。如果您能在此過夜，或許有幸清楚地看到幾位修士的鬼魂，包括約翰·巴提司神父慈愛的靈魂及騎著馬的無頭神祕女人。

住在修道院裡的修士說他們常看到小朵的彩雲，大小約三平方英尺，離地八英尺高，漂浮在女賓宿舍的瓷磚屋頂之上。這種雲會變色，由白轉綠到藍，再變成黃色和紅色。

最近幾年，這間修道院多次出現不尋常的超自然顯形及聲音。而修士談論這麼神奇的事時，態度就像在談出現在院子裡某些墳墓上的白色與紫色紫羅蘭一般自若。

4-3 加州的朵靈頓旅館

蕾貝卡・朵靈頓的幽靈，據說會在夜裡漫步於這間位於高山小城朵靈頓鎮的一百二十年老旅館裡。這個鎮的鎮名是爲了紀念蕾貝卡而取的，她是一八五○年代的開墾家約翰・高德能（這間老旅館的建造者）的蘇格蘭新娘。蕾貝卡令人毛骨悚然的夜間表演，是把門乒乒乓乓地開來關去，把燈開開關關忽明忽滅，還有把家具移來移去。有些住客還受到「特別招待」，看到蕾貝卡重現一八七○年代她由後面樓梯摔下去而死的一幕。

4-4 聖塔克魯斯山區的布魯克朵旅棧

位於聖塔克魯斯山區，靠近加州鮑德港的布魯克朵旅棧建於一九二四年，在一九三○年代是黑道大老們著名的藏身之所。後來，這間旅棧深受影視名人如瑪麗蓮・夢露、瓊・克勞馥及泰龍・包爾等人青睞。這間色彩繽紛的旅棧以一條穿過餐廳的小溪而聞名，這條小溪有數個「冷區」可證明爲鬧鬼區域。最常看到的鬼魂，是一個穿著一九四○年代禮服的小女孩。人們認爲她應就是一九四○年代淹死在小溪裡的五歲女孩。

4-5 亞利桑那州鳳凰城的聖卡蘿斯旅館

位於亞利桑那州鳳凰城的聖卡蘿斯旅館，常有住客抱怨聽到小孩子在大廳吵鬧，而當他們知道並無此事時，有些惱怒的住客爲了想證明他們並沒有發瘋，就試著自己去抓住那些大喊大叫又大笑而

擾人清夢的小壞蛋。有些生氣的住客在快抓住某個小淘氣鬼時，那孩子就突然在眼前消失，把他們嚇壞了。

研究人員對這現象提出的唯一解釋，是這間老舊的聖卡蘿斯旅館在一九二〇年代晚期蓋好時，正好蓋在鳳凰城第一間泥磚小學的遺址上。或許神經敏感的住客所聽到及看到的，是很久以前那些小學生的鬼魂吧！

4-6 加州聖地牙哥的哈頓大酒店

歷史悠久的哈頓大酒店位於加州聖地牙哥，裡面住了許多鬼魂，這些靈體常常在一起舉辦舞會。莎莉曾在這間酒店住了兩年，她宣稱看到一群約十五到二十個穿著一八九〇年代服飾的鬼魂，在三樓的舞廳裡跳舞。

莎莉看了他們好一會兒，才發覺到這些盛裝的舞者有些奇怪。根本沒有人注意到她，當她說話的時候，似乎每個人都忽視她。然後她才注意到這些舞者的眼睛非常恐怖，暗沉且空洞。這些幽靈似的人影似乎不在意她在這裡造成干擾，莎莉懷疑她是否看見了過去發生在這間酒店裡的事件影像重演。她還記得他們互換舞伴，看起來玩得非常愉快。

三〇九號房被選為哈頓大酒店「鬧鬼最凶的房間」。研究報告曾披露一位名叫羅傑・惠塔克的賭徒，於一八八〇年代在那房間裡遭到謀殺。哈頓大酒店的老闆丹・皮爾森說，他在一九八六年帶著工人去整修房間，首先發覺三〇九號房有異狀。後來皮爾森跟一位通靈朋友走過那間房，他朋友突然停下來說道：「我有很強烈的感覺，那個房間裡有問題！」

三個月後，皮爾森說一位三〇九號房的住客發覺她女兒在跟房間裡另一個「人」說話。那小女孩難以置信地問媽媽：「妳看不到

他嗎，媽咪？難道妳沒看見有個男人在我們房間裡？」

我的女婿約翰是一位攝影專家，幾年前在聖地牙哥拍攝各種建築式樣的珍奇建築物影片時，他的技術人員跟他分享自己在哈頓大酒店的經歷。

「他打去櫃台抱怨樓上的人製造太多噪音，簡直就像在門廳裡來回行軍。」約翰告訴我們：「櫃台服務人員回答道：『先生，您的樓上並沒有客房，或許您應該看一下放在桌上的日誌。』那位技術人員就去翻閱了那本日誌，發現裡面寫滿了多年來住客在哈頓大酒店遇鬼的經驗。」

4-7 聖地牙哥的克羅拉多飯店

加州聖地牙哥另一座鬧鬼的旅館名叫克羅拉多飯店，我的女婿和他的同事們在那裡為某場年會拍攝影片。他說某位技術人員承認有個看不見的東西在四下無人時輕觸他。他們完成攝影工作進度後，整個工作團隊都聽到閣樓陽台傳來奇怪的隆隆噪音。

現場的技術人員可能遇上凱特·摩根的幽靈，她是克羅拉多飯店的主要常駐幽靈。人們在一八九二年十一月，發現凱特陳屍在通往海灘的戶外樓梯上，她因頭部槍傷而死；按官方說法，這是自殺行為。儘管凱特大多在海灘上和旅館門廳裡現身，她住過的三三二七號房似乎是大半超自然靈異現象的中心點。

4-8 佛蒙特州瓦特伯瑞市的老驛車旅舍

瑪格麗特·史賓塞曾是位富有而長壽的美女，她以九十八歲高齡死於一九四三年，然後就在佛蒙特州瓦特伯瑞市的老驛車旅舍二號房裡作祟。瑪格麗特時常裹著縹緲的白色披肩乍然一現，她還很喜歡對客人們惡作劇。

4-9 緬因州的肯耐班克旅舍

這棟兩百年歷史的老旅舍裡據說有個友善的幽靈，名字叫做賽勒斯。它喜歡讓香檳酒杯升空漂浮，還有在酒吧附近搖晃啤酒杯。賽勒斯‧柏金斯的亡靈自從他在十八世紀去世之後，便一直在這個旅舍裡作祟，而週末群集此處來渡假的人，都希望有機會能讓他的幽靈高舉到半空中。

4-10 康乃迪克州的密斯費茲旅舍

這間一百六十五年歷史的旅舍裡有個流連於此的深情幽靈，她是一位名叫莎蒂夫人的妓女，一八九○年代在旅舍裡執業。莎蒂不幸愛上一位已婚的常客，他口口聲聲說自己情真意摯。然而，當莎蒂的愛人在旅舍裡和妻子一起用餐時，莎蒂走向他，他卻否認自己認識莎蒂。兩天之後，人們發現莎蒂死在她位於酒吧上方的房間裡，看來是自殺身亡。自從她結束悲慘的一生之後，人們就認為空房間傳來的怪聲、酒吧裡翻倒的椅子和出其不意潑向顧客和工作人員的水，都是莎蒂搞的鬼。

4-11 密西西比州拿契茲的國王酒店

在一七○○年代晚期，瑪德琳成為理查國王（這家酒店就是以他命名的）的情婦，直到她被國王善妒的妻子謀殺為止。兩百多年來，瑪德琳不得安息的憤怒鬼魂製造了酒店裡莫名的碰撞聲、敲擊聲。住客們定期舉報看見瑪德琳的巨幅肖像畫前後搖擺，有些人斷言曾見到一位苗條女子的幽靈雙手叉在腰間，傲然站在他們眼前。在一九三○年代，人們在磚造壁爐內發現了一副女性骸骨，胸膛上插有一把鑲珠寶的匕首，更增添這間鬧鬼酒店的魅力色彩。

國王酒店唯一的一間客房位於三樓。餐廳部打烊後，這個房間

的住客便留在酒店裡與瑪德琳的鬼魂共處。根據旅館老闆的說法，有很多客人登記住宿，但只有少數人能夠留到早上才付帳離開。

4-12 賓州梅里奧郡的韋恩將軍旅舍

韋恩將軍旅舍位於費城和拉德諾郡之間的舊蘭卡斯特車道上，貴格會教徒羅伯特・瓊斯決定為旅行者提供餐廳和投宿的地方，從一七〇四年起開始營運。

在美國獨立戰爭期間，這間原本名為「路旁旅舍」的小旅店接待了喬治・華盛頓將軍和馬奎斯・拉法葉②，也招待了許多他們的敵人，如英國兵③和他們的德國傭兵④。路旁旅舍在一七九三年更名為「韋恩將軍旅舍」，以紀念當地的英雄安東尼・韋恩將軍。

巴頓・強森在一九七〇年買下韋恩將軍旅舍時，他很清楚這間旅舍以鬧鬼聞名。以前的住客們都說曾遇到過穿著獨立戰爭時期制服的幽靈。根據舊日的登記簿，愛倫坡⑤生前也是這裡的常客，人們說在名為「富蘭克林郵局」的房間裡看到他的幽靈。酒吧區的工作人員和坐在裡面的客人，也經常看到木架子上許多各式各樣的酒杯猛烈地搖晃，卻找不出合理的原因。

一九七二年，紐澤西州的心靈研究者珍與比爾安排了一場「聚會」，至少有十七個不同的靈魂出席，娓娓道出自己的遭遇。在美國獨立戰爭期間遭殺害的德國傭兵威廉通過靈媒表明身分時，他說自己喜歡在地窖裡消磨泰半時間。餐廳老闆便接腔，說地窖就送給威廉好了。由於他實在太常看到幽靈，最後他告訴巴頓・強森，他從此之後再也不到地下室去了。

除了威廉以外，靈媒確認有個哭喊的小男孩幽靈與媽媽走散；兩個曾在旅舍工作的女性靈魂，年輕時便因古怪的事件而死；還有八個德國傭兵曾駐紮在旅舍裡，戰死在附近；另一個美洲原住民，

似乎在照顧其他幽靈；還有一個選擇保持沉默的非裔美國人。

許多顧客和工作人員多年來都遇到過傭兵的幽靈，它們經常開些無害的玩笑，例如在年輕婦女們的脖子上吹氣等等。它們之中有一個幽靈，喜歡驚嚇在打烊後還留下打掃的工作人員。

路德威希是個德國傭兵鬼，夜裡曾在承包商麥克·班尼歐的臥房中多次顯形。路德威希懇求班尼歐掘出他埋在旅舍地下室的骸骨，並妥善安葬在墓地裡。巴頓·強森休假回來後，班尼歐徵求他的允許，挖掘停車場下方地窖中的某些區域。班尼歐在此發現了陶器碎塊和一些人骨。安葬這些遺骸之後，路德威希的幽靈得到安息，不再出現在韋恩將軍旅舍。

有天夜裡，強森在酒吧裡放了一台錄音機。第二天早上重放時，他清楚地聽見酒吧裡的凳子四處移動，水龍頭開了又關，還有玻璃杯接水的聲音。

吉姆·韋伯和他的同伴蓋·席利歐在一九九五年買下旅舍。韋伯於一九九六年十二月二十七日在辦公室裡遭到謀殺，而二十歲的助理廚師菲莉西亞·墨伊斯則在一九九七年二月二十二日自殺。於是在眾人的眼中，這個地方的幽靈名單上又增加了兩名。

4-13 在安大略某旅館作祟的納粹軍官幽靈

根據來自加拿大安大略省格雷文赫斯特的報導，一九六八年九月，一座位於荒野中的旅館接待了在北美洲最難得一見的鬼魂。人們在許多場合裡看見一個穿著德軍制服的納粹軍官，夾克上別著卐字徽章。有個女孩說她曾被這納粹幽靈舉到半空中又摔下來，有好幾位目擊者為證。某個青少年說他伸手接觸幽靈，發現摸起來非常冰冷。

事實上，加拿大的納粹幽靈並不像人們以為的那麼奇怪。人們

看到幽靈的舊旅館，曾在二次大戰期間作爲德國犯人的收容所。

目擊者看到幽靈在餐廳裡遊蕩，還在庭院裡散步。其他人則看到宛如黑雲般的幽靈飄過後院，離地約六到八英尺高。那些觀察者斷言，那東西習慣在半夜十一點到凌晨一點間出現，通常依循著同樣的路線，從餐廳移動到庭院裡的某個定點。

【註解】

① 《*Entertainment Tonight*》，美國著名娛樂新聞節目。

② Marquis de la Fayette ，法國國民軍總司令。

③ British Redcoats ，專指美國獨立戰爭時的英國兵。

④ Hessian mercenaries ，美國獨立戰爭時期，英國召募的德國傭兵。

⑤ Edgar Allen Poe（1809～1849），推理小說之祖。

第八章
幽冥餐館和戲院
Haunted Restaurants, Bars, and Theaters

1. 造訪尤馬鎮麥當勞的鬼魂——佛納・克尼格的真實故事

　　「我一定要告訴你們這件發生在我身上非常古怪，或者說是相當詭異的故事，時空背景是一九九六年亞利桑那州的尤馬鎮。某個平日的下午，我經過附近的麥當勞，就到裡面去點了杯咖啡。在餐廳裡的最北邊有兩扇門，一扇直接通到櫃台，另一扇比較遠的則通往洗手間和在櫃台角落附近的隔間座位區。我點完了咖啡，就走到兩扇門中間的第一個隔間區坐了下來，剛好面向著通往洗手間的那扇門。」

　　「我拿起一份報紙，邊喝著咖啡，邊讀著新聞。這個座位區除了我之外沒有其他人，我只注意到在餐廳東側的座位區有幾個客人坐在那。當時有一個女服務生站在櫃台，還有其他幾個員工在廚房裡準備食物。」

　　「不久之後我看見一男一女從洗手間旁邊，兩人停下腳步、左顧右盼了一會，然後坐最靠近門邊的第一個隔間區。他們的衣著和外表，讓我忍不暗地打量他們。男子穿著一件體面的灰色西裝，還打了領帶，但他的氣色卻像個重症病患者；他的面容極為蒼白，儘管當天室外的溫度並不高，他卻揮汗如雨。女子身上是一件夏威夷風的洋裝，上面繡著五彩繽紛的花卉圖案，一直延伸到她的腳踝；此外她手上還提了一個大布包。兩人坐了一陣子，然後女子把手伸進布包裡，拿出一條材質不明的大毛巾，反覆不停地替男子擦臉。

擦完後她把毛巾放回包包裡，站起身來，朝女廁走去。」

「我假裝在看報紙，不時抬起頭來偷瞄他們的一舉一動。女子在女廁待了大約五、六分鐘左右，當她回到位子坐定，又從包包裡拿出同一條毛巾，再替男子擦臉、脖子和整個頭部。之後他們坐在那邊好幾分鐘，雖然我聽不見他們說了些什麼，但顯然他們不斷的在交談。接著女子又走進女廁，而男子則站了起來，朝我這邊的走道緩緩前進。他走到我的座位區停了下來，這時我可以更清楚地看見他的臉色簡直和白紙沒兩樣。他開口問我：『你身上有沒有錢可以讓我買杯飲料喝？』」

「他開口向我要錢的舉動，把我嚇了一跳。他們兩個穿的衣服都很不錯，身上肯定有足夠買杯飲料的錢，於是我回絕了他。男子不發一語地看著我幾秒鐘，然後轉身慢慢走回到門邊的位子坐了下來。不久之後女子也從女廁出來了。他們交談了一會，然後一起往我這邊的走道走來。兩人繞過櫃台區的轉角時，看都沒有看我一眼。出於強烈的好奇心，我立刻站了起來，想看看他們是不是要來點餐，但是突然間，他們消失了！徹徹底底地消失了。」

「我目瞪口呆好一陣子，回過神來之後我走到櫃台區的南邊看過去，卻沒有看到任何人。他們不可能那麼快就走到那扇門，也不可能在我沒看見的情況下開門走出去。」

「接著最詭異的事情發生了！我走到只有一名女服務生值班的櫃台，問她剛剛有沒有人從櫃台旁邊經過，然後走出去。她用一種很奇怪的表情看著我，然後說道：『沒有啊，剛剛沒有人從這裡走過去，我跟你保證，如果有人經過的話我一定會看見。』」

「我走出店外，看著停在外面停車場的車子。每台車上都是空的，完全不見那對男女的蹤影，連車子離開的跡象都沒有。」

「至於當天在麥當勞裡另一邊的其他幾個客人，也都沒人看見

那對男女，除了我之外。這真是常理難以解釋的事啊！到今天我還一直在想，要是我真的給了那個男子飲料錢的話，究竟會發生些什麼？我想我永遠都無法知道答案了。」

2. 猶他州奧格登市鬧鬼的比薩屋

此項研究計畫目前仍由「猶他超自然現象探究協會」（以下簡稱 UPER）持續進行中。以下為梅莉・巴倫亭和麥克・季默口述：

「UPER 在一九九九年秋天開始對『教父比薩屋』展開調查。慣例上我們的團隊會避免抓鬼行動，也就是來去於一個個鬧鬼現場之間，以期能更專注在少數幾個鬼魅活動較頻繁的地點。我們在『教父比薩屋』完成了標準的影片拍攝作業，包括數位和三十五釐米的攝影，也進行了超自然電子異像的語音錄製作業。我們也訪問了該店的主人兼經理，錄起許多過去這十九年來發生在餐廳裡的各種靈異現象的鮮明記憶。一切都要從他開店的第二天晚上說起，當時餐廳的總電源已經關閉了，但投幣式點唱機竟然自己放起了音樂，甚至連把它的插頭從牆上插座拔下之後，點唱機的還是繼續播放令人直起雞皮疙瘩的音樂。」

「從這晚的首次遭遇之後，餐廳裡陸續出現許多其他的超自然現象，其中員工和客人最常看見的，就是一男一女以及兩個小男孩的靈魂。有天早上，櫃台前的地磚突然突起大約八到十英尺高，然後又消退回去。事後他們把瓷磚全敲碎來查看，發現底下的水泥地連一點裂縫都沒有。」

「店裡的日光燈管會從燈箱裡彈射出來，像被看不見的手硬生生扯下後，投擲過整個餐廳，直到全部四十支燈管都碎裂在地板上為止。店主好幾次聽見無人的廚房裡傳出口哨聲，而客人也看見過

不明的人影穿越牆壁、桌子和欄杆離去。店主說其中一位鬼男孩還曾經直接穿過他的身體，他形容那是一次『驚嚇到骨子裡』的恐怖事件。」

「UPER 在對比薩屋及其位於河岸邊的地理位置進行檔案研究，翻閱了舊文獻和地方史籍，還到當地的圖書館調閱了過去報紙的微膠片。有足以採信的證據指出，這塊地皮以前曾經是乞丐和窮人聚集的貧民區。從它和有百年以上歷史的奧格登市立墓園的地緣關係看來，餐廳就位於墓園所在的山丘底下，旁邊就是奧格登河。」

「UPER 在教父比薩屋遭遇到最精采的超自然現象，發生在二〇〇〇年。在一次打烊後的調查過程中，在眾人睽睽之下，一團朦朧的迷霧在餐廳中間現形。儘管幽靈的實體現形只維持了幾秒鐘，

→此為 2000 年在猶他州奧格登市拍攝到，出現在教父比薩屋的鬼魂相片。©Merry Barrentine / Utan Paranormal Exploration & Research

UPER 的理事長梅莉・巴倫亭還是來得及在它消失之前拍下了幾張快照。相片裡的影像，就是出現在教父比薩屋的其中一位男孩。」

「店主指認出影中人就是他之前在餐廳裡看見過的其中一個男孩，但 UPER 想聽聽不同的意見，於是便將相片寄給國外的攝影專家。受委託的攝影專家在回覆的信件中提到：『我用影像軟體打開照片，裁剪成你們現在看見的大小，將解析度提高到三百萬畫素，然後再將影像大小變更為七英寸高。接著我再把反銳化遮罩濾鏡調到一百、半徑設為三點三，臨界值則調整到零。除了我用來清除影像模糊處的設定值之外，原始影像上沒有使用其他的增強功能。』」

「『我從這張相片觀察到，在相片最底部的橫條是桌子正上方的棍子在桌面上的倒影，而相片中的人物就在這倒影的正後方。但是從它頭上出現的光暈來看，這人站的位置應該是在窗戶前面。』」

「『我當時覺得相片中的人物似乎是站在室內，儘管房間裡面沒有任何看起來像是實體的東西。在這人站立的位置那一點上有團霧狀的東西，像人形般出現在相片中。

再將相片局部放大後，我稍微能夠看清楚這個人的身材不高，雖然我無法確定，但他似乎是個小男孩。照片中拍到的臉是側面，鼻子和眼睛一樣清楚，頭髮似乎旁分到左邊，因為這是他的頭部出現在倒影上的區域。白色領子是他衣著上最顯眼的特徵，這也是讓我們假設他是男性的原因。此外，影中人看起來似乎站在桌子正前方的邊緣旁（也就是最靠近攝影鏡頭的那一邊），用左手撐著平坦的桌緣，整個人斜靠著桌子。上衣是寬鬆的短衫，儘管輪廓不清楚，但可見度還是相當高。』」

3. 阿馬里洛市外消失的餐廳

一九八七年的初夏，山姆和克萊拉到德州的阿馬里洛市出差。午夜剛過不久，兩人決定停下車，到一家古雅而帶有農村風格的餐廳吃點東西，他們之前到這裡出差時都未注意到這家餐廳。

在那次的用餐經驗中，讓他們留下深刻印象的是，端上桌的食物全都是風味絕佳的南方鄉村風格料理，而且女侍、廚師，甚至連店裡的其他客人，都相當友善且熱忱的歡迎他們。於是山姆和克萊拉約定好一定會再度光臨。

「在回程的路上，我們確實想完成這項承諾，」山姆說道：「但是卻遍尋不著那家小鄉村風味餐館。我們來回繞行了好幾遍，認為可能是不小心開過去而未注意到。我和克萊拉甚至還吵了起來，彼此爭論自己記得的餐廳位置才是正確的。但不管怎樣，我們還是找不到這家餐廳，而且當時天色已晚，我們只好繼續往前開。」

因為他們談的這樁生意必須來回阿馬里洛市好幾次，山姆和克萊拉連續三個週末都往返於這條路線上。每一次他們都全神貫注地找尋那家美味的餐廳，但它似乎就這麼消失在空氣裡了。

「自那時起，我們經過那條路線不下十來次，」山姆表示：「但是我們再也沒看見過那家小餐館。」

的確，山姆和克萊拉可能是兩個頗受恩寵的幸運兒。假設那家「友善的小餐館」每隔幾年才會出現一次，之後便消失無蹤呢？

聽起來這有點像德州版的《南海天堂》①。他們兩人可能湊巧闖進了數十年前的時空，品嚐到道地的美味食物，而且和他們作伴的人也相當友善。

4. 保護傑克森維爾郡民宿餐廳的鬼魂

艾華・派恩特原本在佛羅里達州傑克森維爾郡經營自家的農舍民宿，後來將它轉型成農場餐廳。派恩特女士的一生全都奉獻給她的事業，在一九六二年過世後，她被葬在餐廳的後院裡。根據許多這幾年曾光顧過這家餐廳的民眾表示，派恩特女士從未離開過農場餐廳一步，仍在這裡守護著她的事業。

這家農場餐廳的前任主人史蒂夫・馬克力，在二○○二年九月接受《傑克森維爾日報》的蜜雪兒・紐伯恩・吉爾斯訪問時表示，二十六年前當他開始接手經營這家餐廳時，就陸續發生了一連串他無法解釋的怪現象。二○○一年十月，也就是在他歇業前不久，有一群女客人氣沖沖地找他抱怨，說有一個看不見的人在撫摸她們的肩膀。史蒂夫還提到當時有一次他從城外新雇用的洗碗工跑來問他，那位穿著長洋裝、站在樓梯最上方，一直看著他的女士是什麼人。另一個年輕的員工，本來在休息時間到外面打籃球，突然尖叫著跑回餐廳裡，說他看見了有個女子站在後院，身體一半在外面，另外一半竟然還埋在土裡！

新的經營團隊在二○○二年九月讓這家農場餐廳重新開幕營業，其中一位業主是凱茜・喬翰森，她的家人到一九七五年之前也曾一度擁有過這家農場。雖然凱茜說她從未見過派恩特女士的鬼魂，但她知道在過去幾年間，有為數頗多的客人和員工都宣稱看到過派恩特女士的靈魂出現。打烊後獨自留在餐廳裡工作的承包商和工人，都向她父親投訴有人從後面摸他們的身體，有不少人因此嚇得逃離餐廳，再也沒有回來完成剩下的工作。

依據慣例，派恩特女士的鬼魂最常出現的地方，是在餐廳裡各個房間的鏡子裡。也有常客說看見派恩特女士斜倚在客廳的火爐旁。

5. 黑幫冤魂盤據的丹薩餐館

位於布魯克林班森赫斯特區的丹薩餐館，前身是塔里餐館和俱樂部，也就是沙瓦多爾・「公牛薩米」・葛拉瓦諾的總部，至少有兩位這家餐廳的經營者和一位惡名昭彰的黑幫告密者，在這裡遇害身亡。目前的店主史蒂芬・卡羅，在二〇〇二年三月告訴《紐約郵報》的記者艾爾・古拉特，這是個鬧鬼很嚴重的地方：鬼魂會坐下來用餐，常常可聽見莫名的詭異聲響，桌巾還會自己飛起來，然後再回到原來的位子上。

在這些無法安息的幽靈中的領頭人物，應該是麥克・迪巴特的鬼魂。他是薩米的合夥人，當他在酒吧顧店時，薩米殺了他。另一個帶頭鬼魂是喬瑟夫・迪安傑羅，薩米宣稱是其他的黑手黨員幹掉他的。迪巴特的姐妹羅姍妮・馬沙說她相信在丹薩餐館的鬼魂是她兄弟麥克，他的亡魂之所以一直無法安息，原因是薩米一直沒有為殺害麥克和其他十八個人的惡行付出代價。薩米犯下如此殘暴的殺人罪，卻只坐了不到五年牢就被釋放，因為他和檢察官達成協議，願意出庭作證指控甘比諾家族首腦約翰・「鐵氟龍塘」・葛帝。

史蒂芬・卡羅說他一直很努力忽視遺留在餐廳磚牆上的彈孔，以及客人宣稱看見鬼魂的指控，直到下述事件發生為止。

他的表妹安琪拉・皮隆尼某日獨自在地下室工作時，聽見有人跟她說話，本來她還以為是她的工作夥伴，便不以為意。後來她突然想起來，她的伙伴一直都在外面打包車裡的東西。

從那次之後，史蒂芬和其他工作人員就不斷看見有陌生男子在餐廳的位子上坐下來，或是朝地下室走去，然後就消失無蹤。包括員工和客人都表示，他們常聽見不知何處發出的聲音，還有一種被人監視的感覺。

6. 阿默舍姆鎮與酒吧常客並肩同坐的幽魂

位於英國阿默舍姆古鎮里克曼渥斯路上的酒吧「靴子與拖鞋」，是家從十五世紀起就開始營業至今、歷史悠久的著名酒吧。酒吧裡的員工都不敢單獨到地下酒窖，他們膽顫心驚地抱怨道，長駐在底下的鬼魂會掠過他們身旁，在耳邊呢喃一些他們聽不太懂的字眼，還會把手搭在他們的肩膀上。

老顧客則說同樣位於阿默舍姆古鎮上的「象與城堡」酒吧，鬧鬼的程度不下於「靴子與拖鞋」，經常有人看見一個黑衣女子飄移進出廚房。酒吧女侍抱怨有人捏她們的臀部，但她們周圍明明沒有人可以伸出祿山之爪來騷擾她們。

糾纏著「花格紋」俱樂部酒吧的，則是一個帶著白色連身帽的鬼魂，在這座同樣興建於十五世紀的老店裡也發現了無數個冷區。有人說，以前那些被指控操弄黑巫術和犯下其他罪行的民眾，都被囚禁在這間酒吧裡，無助地等著死刑的到來。

至於在「皇冠飯店」的五個鬼魂中，有個相當不好客的惡鬼，他會大罵前來投宿的旅客，把他們趕出飯店。其中出沒在十六號房的則是個較具母性特質的幽魂，據說她是維多利亞女王時代的管家，喜歡幫年輕男子蓋被子，安頓他們就寢。飯店員工表示經常有男客人在凌晨三點鐘，也就是這位慈愛的女管家到他們床前看顧他們時，逃命似地狂奔下樓。

7. 在旅館裡帶領鬼士兵的烈酒海軍上將

海軍上將艾德華·法儂，世人記得他最著名的事蹟是將兌水蘭姆酒——俗稱「滲水烈酒」——引入英國海軍。

據說這位上將的鬼魂，現在仍然在薩福克郡易普史威治鎮的「陶墩漢路旅館」裡帶領著一群鬼魂，而聽命於他號令的還有一位

僧侶、一個溺死的水手和一個名叫喬治的酒館老闆。

旅館員工間傳出有人看見一個灰白色的人影，在樓上的房間裡來回穿梭。還有一次，一位綁馬尾的水手鬼魂出現在吧台後面，直接從老闆的身體裡穿了過去；因為見過這個靈異現象的目擊者繪聲繪影的描述傳了開來，讓吧台成為店裡的客人最不想坐下的地方。

在一七四一年到一七五四年間，曾經是易普史威治鎮議會一員的海軍上將，成為最常被目睹的幽靈。他總是以完整的形體出現，著全套完整的海軍制服。見過上將鬼魂的目擊者表示，法儂上將依舊是一副威風凜凜、顧盼得意的模樣。

8. 當監獄變成戲院……

在蘇格蘭史德林市托布斯戲院的員工，都不想在這麼一個鬧鬼的地方上班。在這棟於二○○二年花費數百萬元，由舊監獄所改建而成的戲院大樓餐廳區裡，員工在這裡目睹了好幾次玻璃杯無端騰空飛起，以及門把自動旋轉的靈異事件。由於餐廳這一區是以前監獄時期，死刑犯等待行刑前被拘留的地方，許多員工因此推論，有眾多無法安息又憤怒的惡靈逗留在這裡，乃是合理的現象。

戲院的營運助理詹姆斯·威格爾沃思告訴記者詹姆斯·漢彌爾頓，雖然整棟建築物已徹底改建過，但因為它的前身是座監獄，總會殘留下一些不乾淨的東西，他自己就有幾次寒毛直豎的恐怖遭遇。詹姆斯說道，有天深夜，他聽見像有人拖著東西在地板上移動的聲音，聲音來自樓上以前的囚房。而酒吧員工經常向他反應酒杯會自己砸向地板，還有個女售票員看見一個男子的鬼影走過大廳後，便立刻辭掉了工作。

戲院的股東都希望能找出這一切靈異現象背後的真正起因，接著他們果然在以前的監獄大門水泥地板底下，發現了一具殺人犯的

骨骸。根據監獄的紀錄來看，這具屍首生前是艾倫‧馬爾，他在一八四三年被吊死在托布斯外。在二〇〇二年一月，艾倫以基督教葬禮安葬，但仍無法緩和嚴重的鬧鬼程度。鬼魂依舊持續現形，讓翻修過的托布斯戲院和餐廳的所有員工都頭痛不已。

　　鬼魂的觸手甚至還伸出到戲院大樓之外，一個固定到托布斯戲院送信的郵差，有天看見一個男子站在戲院外，全身上下都是標準的十八世紀裝扮。郵差以爲他是演員，便熱情地向他打招呼。但這名男子以響亮的「你也早啊，先生！」回應他的問候，之後便消失在現場，當下就讓郵差嚇得魂飛魄散。

　　爲了安撫快變成極度神經質的托布斯戲院員工，股東們承諾要辦一場驅魔會，但是赫特福德郡大學的超心理學家理查‧韋斯曼醫生卻質疑這些儀式會有多少正面效果。他說戲院一向都會吸引鬼怪聚集，而當戲院又蓋在曾經是監獄的位置時，效果會增強數倍，不難想像往後會有更多、更凶猛的鬼魂活動發生。

9. 威斯康辛州沃沙市的大戲院調查

　　此項研究計畫目前仍由「沃沙超自然現象研究協會」持續進行中，以下爲陶德‧羅爾口述的故事：

　　「用來取代原先大歌劇院而興建於一九二七年的『大戲院』，成爲威斯康辛州沃沙市的地標已有數十年的歷史。一開始原僅是提供輕歌舞劇表演和放映默片的場所，歷經幾年的變革後，大戲院從一九三二年起開始播放有聲電影。接著一九八六年的轉型方案，讓大戲院搖身一變成爲中北威斯康辛州地區最主要的表演藝術戲院。」

　　「過去這幾年以來，大戲院上演了無數場舞台劇、電影首映、音樂劇，以及，若傳言都屬實的話，不只一位的鬼魂秀。」

「在大戲院最早傳出的鬧鬼事件起於一九五〇年代，工人們向上級報告，裝電影膠捲的金屬圓盤，從樓上的放映室跑到了樓下的大廳。隨著時間過去，陸續傳出其他的靈異現象，包括見聲不見影的腳步聲、幽靈現形、電子儀器故障、令人直打冷顫的冷區，以及幾個光是待在那裡，就讓人渾身起雞皮疙瘩的地方。」

「沃沙超自然現象研究協會在二〇〇一年七月，展開對此地的靈異現象調查。當時的大戲院正進行一項重大的革新計畫，戲院將會擴建並連結到其他兩棟建築物，成為『藝術區』專案的一部分。這種狀況相當不利於我們的調查，但我們卻寄望這項計畫多少能夠『刺激』一些戲院裡的鬼魂活動。」

→此為在威斯康辛州沃沙市的大戲院內部拍攝的相片。相片沖印過後在負片上出現了許多異狀。©Todd Roll/Wausau Paranormal Society

「一開始我們的調查方向，是先收集底下大戲院裡發生過的靈異現象傳聞。有許多舞台工作人員表示他們聽見過神祕腳步聲走過空蕩舞台的聲響，他們鼓起勇氣上前一探究竟，卻怎麼也找不到腳步聲的來源。有個工人在晚上準備關閉戲院大門時，看見一個男子的幽靈沿著包廂後牆行走。幽靈出現的地點旁邊正好就是通往放映室的門。」

「另外也是個男性幽靈，被目睹出現在舞台上方的燈架上，不但目擊者人數眾多，出現的時間也長達數年之久。有一次，幽靈還從照明燈架上走下螺旋扶梯，直接在兩位目擊者面前橫越過舞台。放映區的燈光經常被開啟，但附近明明沒有人在。戲院裡有許多地

方都被認爲是『冷區』。」

「在最近的這次擴建方案期間，地下室裡某個區域的電源會神祕地自動關閉。水電師傅先測試電線，發現它還帶電；正想用它來關閉設備的電源時，電流卻又無法通過這同一條電線，必須等一陣子它才會回復帶電狀態。」

「在地下室的另一個角落則是出現了一窪水坑，然而卻遍尋不著水從何處冒出。有兩個戲院工作人員表示他們聽見了包廂後面的房間傳出了『人聲』，巡查過後發現，整個戲院裡除了他們以外空無一人。」

「於是協會決定將調查工作集中在兩個區域──包廂和三樓的辦公室，以及舞台和照明燈架。在拍攝包廂的背景相片時，我拍到了一張不規則黑點的相片。我用的是標準的三十五釐米、四百倍速的底片，拍攝當時並沒有看見有什麼黑點，拍完後現場也沒有看見什麼異狀。但是當我們檢查負片時，黑點就出現了。相片本身是有沖印的缺陷存在，但這黑點卻不是這麼一回事。當然，那時戲院正在進行擴建計畫，這個黑點或許也有可能只是個小灰塵。」

「在我們第三次前往大戲院調查時，在三樓辦公室區裡的某個燈光室錄到了一些超自然電子異像。而在架設器材時，有兩個工作人員說他們聽見在房間角落傳來有人壓低音量的交談聲。在播放錄製好的帶子時，我們聽見一個聲音說：『不要再回來這裡了。』迄今爲止，我們仍無法判定這聲音的來源。」

【註解】

① Brigadoon，原指傳說中百年才出現一次的蘇格蘭村落。一九四七年改編成美國歌舞劇，描述兩個迷路的美國年輕人誤闖一處蘇格蘭魔幻村落的故事，頗有中國桃花源村的意味。也曾被改編爲電影，中譯名爲《南海天堂》。

第九章
幽冥戰場

Battlefields Where Phantom Armies Eternally Wage War

1. 蘇格蘭的幽靈軍隊

在十八世紀中期，住在蘇格蘭格蘭瑞郡的亞齊柏德‧貝爾，和他兒子一如往常地走在回家的小路上。

不久之後他們聽見嘈雜的喧嘩聲和紛紜雜沓的腳步聲，就像警告這對父子，有個軍隊正朝他們方向逼近。由於當時的士兵都會強迫非自願者加入他們的行列，貝爾父子倆倉促地躲藏到離路旁稍遠的高處。

兩人向下窺視通過他們面前的軍隊陣容，唯獨士兵們看起來稍微怪異了點。他們身上穿著的軍服樣式並非當時蘇格蘭軍隊所擁有，而像是來自於其他年代。就在老貝爾注意到士兵行進時腳底下竟沒有揚起半點風沙，整個軍隊像蒸發一樣消失了，空蕩蕩的路上沒有留下任何踩踏過的足跡。直到兩人臨終之前，老貝爾仍宣稱那天出現的是一群來自於未來的戰士，而小貝爾則始終堅持他們看見了來自過去的軍隊。

2. 肯塔基的鬼軍團

在一八六三年十月一日，天氣異常溫暖的午後，一隊北方聯邦軍的士兵在行經肯塔基山頂摩斯‧杜威的家時停了下來，向他們索討飲水。儘管摩斯表明他的同情心早就被狗啃了，但他說他不會拒絕讓這群北方佬在他家喝口水。

班長謝過了這位慷慨的山居者，並向摩斯保證如果他允許他的弟兄們在他家的大屋簷下稍事休息，他們絕對會規規矩矩。杜威一家人還端出現烤的新鮮餅乾招待這群軍人。不久後百姓與士兵們就有說有笑了起來，忘記了原本讓他們南北分裂對立的那道大鴻溝。

　　在雙方和善的交談了一陣子之後，一位聯邦軍士兵注意到天邊聚集了一團詭異的烏雲，伸手指向天際示意所有人抬頭觀看。就在相鄰的小山邊上出現了一排排奇形怪狀的灰雲，大小約與一般門板相等，從外表看起來像是煙或某種類似棉花的物質所形成的，而不是常見的水和蒸氣。不到幾分鐘，他們頭上的天空全被這些形狀古怪的烏雲整個遮蔽住。

　　班長注意到這些雲朵似乎會自己移動，因為當天是個乾旱無風的日子，這讓所有士兵和杜威一家人都感到很納悶，這些雲朵是如何移動的？詭異的雲朵像閱兵場上訓練有素的士兵一樣，迅速地聚集到這座肯塔基的山頂小屋上，覆蓋住底下那群目瞪口呆的觀眾。這些怪雲的數量之多，等到所有的「煙卷雲」都集合到杜威家上空時，已經超過一個多小時。

　　摩斯‧杜威咒罵著他眼前的景象，是他這輩子見過最該死的東西，話才剛說完，在他們腳下的山谷裡，突然出現了成千上萬的士兵，朝著神祕怪雲的方向急行軍而來。

　　一個士兵緊張地扳起手上的槍枝，嘴裡嘟囔著是不是整個反抗軍都集合在底下準備進攻他們。班長的臉色和他的步兵一樣蒼白，但他可不允許自己慌張失措。他要所有弟兄安靜，用一種嚴厲的低語聲對他們說，向他們逼近的無名軍隊都不是真正有生命的戰士，而是生前曾是軍人的鬼魂。

　　所有鬼魂都穿著白襯衫和長褲，以三十到四十個「士兵」為一列疾行而來。幽靈們絲毫不理會吃驚的杜威家人和北方聯邦軍士兵

對他們的注意，果斷地大步踏出山谷，開始登上圍繞四周的險峻山巒。

如果不是因為它們不尋常的外觀，這群鬼魂很有可能會被誤認為是一群強大的人類軍團。這些幽靈各種體型都有，有些鬼士兵很高，還有像侏儒一樣矮的。儘管行軍步伐像正式軍隊一樣整齊劃一，它們的身上卻沒有攜帶任何武器。當這群鬼魅開始往山上走時，所有隊員都將上半身往前傾，就像一般人爬陡坡時那樣。

整批鬼魂花了超過一個小時才走出山谷，在上頭觀看這副奇景的目擊者，全都被嚇得瞠目結舌又滿腹疑問。或許其中有人的推論是正確的，他們認為這些鬼步兵象徵將會死在這場南北戰爭中的眾多生命。

說也奇怪，在一八六三年十月十四日，十個在肯塔基州的南方美利堅邦聯軍士兵，以及好幾位民眾，也看見了相似的鬼魂軍隊。根據當時的報導，前後兩次的靈異現象連在細節處都完全相同，除了第二次那些怪雲和鬼士兵集合的時間加起來只花了一個小時，而非第一次的兩小時。

3. 重燃戰火的鬼魂

一九五一年八月四日，兩個到法國迪耶普渡假的年輕英國女子，還沒天亮就被猛烈的槍砲聲、轟炸機的俯衝爆破、急促的叫喊聲以及登陸艇碰撞沙灘的刮擦聲吵醒。好奇地往窗外窺視的兩人，卻只看見在天光未明下一片寧靜的城市。然而她們很清楚，就在九年前，有將近一千名加拿大人不幸喪生在迪耶那場災難性的空襲中。

內心懷抱著異常不安與恐慌的兩個年輕女子，記錄下那令人震耳欲聾的恐怖聲響發生時的經過，她們準確寫下那場看不見的戰役

開始與結束的時間。事後兩人將她們的報告交給「心靈研究學會」，調查員再將之與陸軍部對迪耶普空襲事件的詳細紀錄交相比對。最後兩人記錄的時間，與發生在九年前的那場空襲的時間完全相符，一分也不差。

4. 刀口山戰役的鬼魂回憶

實況還原的戰爭場面，似乎可以說是成千上萬人在面對死亡的威脅、最嚴酷的肉體折磨以及情緒壓力時，集合了眾人的精神記憶而形成幻影的最佳佐證。在這類事件中最廣為流傳、擁有最多目擊者見證過的例子，就是在一六四二年的聖誕節假期，連續「重演」了好幾個週末之久的刀口山幽冥戰役。原始戰場是在英國的凱因頓村附近，時間是同年的十月二十三日，交戰的雙方分別是效忠查理一世的保王軍以及由艾塞克斯侯爵率領的議會軍騎兵。

一開始是在聖誕夜當晚，好幾位村民被劇烈的交戰聲吵醒。由於害怕這又是一場褻瀆神聖夜晚氣氛的人類戰鬥，村民們紛紛逃離家中，遇上的卻是兩支幽靈軍團。一邊身上穿著代表國王顏色的軍服，另一邊則高舉國會軍的旗幟。雙方重演兩個月前的血腥激戰，直到凌晨二點鐘鬼士兵們才逐漸消失。

這場戰役的結果是查理王落敗，而當英王得知那兩支鬼軍團似乎打定主意，要不斷提醒百姓國會軍在刀口山的光榮勝利時，心裡極為不安。他懷疑是與國會軍站在同一邊的民眾捏造出的故事，目的是要使英王難堪。於是查理王派遣了三位他的心腹武官去鎮壓這個傳聞。

當國王特使回到宮廷後，三人均發下重誓他們確實親眼目睹了鬼魂軍團交戰的景象。連續兩個晚上，他們都看見當時戰爭場面重現的幽冥戰役，甚至還認出了好幾位戰死的保王軍同袍。

5. 堅守科雷希多島的鬼魂

　　另一個仍縈繞著強烈的戰爭激情與沙場英魂記憶的地方，是位於南太平洋的菲律賓小島科雷希多，在二次世界大戰初期這裡是少數美軍和菲軍孤軍奮戰、抵抗日軍，繼續挺進馬尼拉和整個菲律賓群島的重要據點。菲律賓國防部長阿勒果‧桑多斯表示，在戰爭結束後，這些奮勇捍衛菲律賓的將士簡直已經超越了人體所能忍受的一切苦難與折磨。

　　根據舉證歷歷的目擊者指出，當年的守軍鬼魂仍在科雷希多島上堅守著他們的崗位。在一九六○年代，島上唯一的居民除了一支菲律賓陸戰隊、幾個伐木工人和一個看守者與他的家人之外，剩下的就是鬼魂了。有好幾次，被嚇破膽的伐木工人奔回基地，描述他們在叢林裡遇到了身上流著血的受傷男子漫無目的地遊蕩。他們形容的情形都如出一轍——這些男子的面容冷峻嚴酷，握著手槍蓄勢待發。

　　在叢林裡演習的陸戰隊，也傳出與二十五年前那群浴血抗戰、堅守到最後一步的戰士面對面遭遇過，幽魂的偵察兵不發一語，沉默地巡守他們的路線。還有許多陸戰隊員宣稱他們看見一位美麗的紅髮女子，靜靜地穿梭在成群受傷的鬼士兵之間，照料他們的傷勢。最常看見的是這位鬼護士身上穿著紅十字的制服，而根據目睹紅髮女鬼的夜哨士兵表示，就在她消失到月光底下的叢林裡去之後，他們發現自己被成群垂死男子的哀嚎與呻吟所包圍，淒厲的叫聲彷彿人間煉獄。

　　至於在看守者和他的家人這邊，每天晚上出現的聲響，是住在這個滿是二次大戰亡魂的島上最讓令人驚惶不安的。每個夜裡，空氣中總是迷漫著恐怖的痛苦慘叫聲，以及看不見的士兵團結抵抗同樣是鬼魂的入侵者所發出的吶喊聲。

呂宋島的觀光局長佛洛倫蒂諾‧達斯，說他和妻子造訪科雷希多島時，也親耳聽到過像是重傷男子恐怖的哀嚎聲。但是經過他調查之後，卻找不到任何足以造成這些詭異聲響真正的原因。

6. 克里特島的鬼影武士

戰爭中匯集的激烈情感，能夠滲透進一個地方的靈氣中持續多久的時間呢？希臘克里特島的幽靈戰士已經持續行軍好幾個世紀，從他們身上的盔甲看來，活脫就像從荷馬史詩《伊利亞德》中跳出來的古裝士兵。

克里特島上各地的民眾都前來爭睹這支鬼軍隊，它們出現的時間通常是五月的最後兩週和六月的頭一週，然而即使是學識淵博的史學家在經過詳細觀察後，也無法明確指出這支幽靈軍隊來自於歷史上的哪段時期。組成這支幽靈軍的全是高大、雄偉的男子，戴著古希臘式的頭盔，手持短而平薄的刀劍。

島上居民稱他們為「闇武士」或「朝露武士」，因為他們總是在天快亮或太陽剛下山之際出現。他們彷彿從海裡冒出般，直接朝著古威尼斯城堡廢墟的方向前去，然後在夜色漸深或天光乍現時失去蹤影。從鬼影武士身上的盔甲和武器樣式來看，歷史學家完全摒棄了這支鬼軍團與中古世紀的城堡間有任何關聯性。

將近一個世紀的時間，各種關於這支幽靈軍團的傳聞占據了希臘各大報紙的頭版，除了當地農夫之外，希臘商人、考古學家和新聞記者間也都傳出有人目睹過這壯觀的靈異現象。來自德國與英國的考古學家和觀察家，也曾在近處見識到這群古代鬼影武士行軍的場面。在一八七〇年代土耳其統治克里特島期間，曾有一整支土耳其部隊，因為看見了這群來路不明的鬼影武士出現而被嚇得魂不附體，還下令全體進入備戰狀態。

大部分的學者都不考慮這場鬼行軍只是海市蜃樓作用的可能性。因為海市蜃樓的最大投射範圍大約為四十英里，且只有在陽光直射底下才會發生，而這支鬼軍隊只出現在黎明或黃昏時的晦暗光線中。此外，海市蜃樓是真實事件的反射，這意味著在四十英里的範圍內必定有支軍隊正在行軍。再怎麼想像力豐富的人，也無法提出一個合理的解釋——會有一整支軍隊，喜歡每年穿著古代戰甲來進行幾次祕密操練，而不被島民們發現。

7. 鬼德佬

這一則「鬼德佬」的恐怖故事是我住在英國湯布利‧威爾斯鎮的好友約翰‧潘德拉肯寄給我的，故事裡提到它首次被目睹出現的時間和地點，是在一九一六年英軍當時位於從法國拉凡提和烏普林之間，一直到貝休恩東北方的戰線之後。約翰在信上表示，這故事第一次公開發表的時間是在一九三○年代，來自於艾德恩‧伍德霍爾（前蘇格蘭警場特務）親自執筆的回憶錄。

在一次大戰期間，挑選好幾個偏僻的地點作為存放炸藥的臨時儲藏庫，並做上記號以在緊急情況能隨時取用，是各國軍隊經常部署的策略。這些臨時倉庫通常位於遠離敵軍砲火的荒廢小村或農舍裡，會有一到兩個士兵輪值看守，每週換班一次。從彈藥庫守衛的觀點來看，這是件再「輕鬆」不過的差事，但是在荒郊野外守著一座廢墟倒是挺寂寞的差事。

在拉凡提和烏普林之間有一座彈藥庫，炸藥就埋在一間廢棄農舍的地下室裡，緊鄰一座無人村莊。軍方發給守衛們一個禮拜的口糧、充足的燃油、炊具、幾本書和雜誌，可能還送了一個飛鏢盤給他們打發時間。每個看管彈藥庫的守衛都說這裡的白天其實也沒那麼糟，但是到了晚上往往就會開始變得詭異起來——就算不信鬼神

的人心裡也都會感到毛毛的。

　　遠處傳來的隆隆槍砲聲經常伴隨著往高空掃射的探照燈，偶爾會有一、兩架飛機從頭上呼嘯而過。雖然他們人在歐陸戰場上，對這幾個在拉凡提附近守著一座荒廢農舍的阿兵哥而言，戰爭離他們似乎相當遙遠。

　　隨著日子一天天過去，各種關於這處廢墟的故事也逐漸傳了開來。根據傳聞，在滿月的夜晚裡，荒涼的曠野迴盪著怪異的聲響，彷彿守衛們不是唯一投宿在這頹圮農舍中的房客。彈藥庫上頭的鋪石子地板會出現無法解釋的神祕腳步聲匆匆跑過，還有個士兵說在滿月最亮的時候，他在離自己站立位置約二十五碼左右的地方看見了一個人影。他質問對方的身分未獲回應，於是立刻開槍射擊，而讓他訝異的是，那個人影就在他開火的那一瞬間消失無蹤。

　　由於他們懷疑這是敵軍的間諜不小心曝了光，情治單位在接獲通報後派了一位軍官——第一位前來調查的就是艾德恩・伍德霍爾——以及一位法國警察來加強警戒人手，萬一逮捕到的間諜是個法國百姓時必須要有個警察在。

　　援兵來到之後度過了第一個平靜的夜晚，他們有個大火爐、大量的蠟燭、食物，還有幾副撲克牌。就在坑了幾回合的牌以後，守衛們決定輪流站哨警戒，第二天晚上守夜時，竟發生了怪事。當晚是艾德恩站首輪兩小時的哨，讓警察和其他人先休息。他們一躺下去就睡著了，但是才睡了一個多小時就被艾德恩搖醒，告訴他們聽令行動。

　　被叫醒的幾個人安靜地伸手摸索各自的武器。從他們駐守的地下室上方傳來的就是軍靴走在地面上的聲音，距離只有幾碼之遙。沉重的腳步聲在地板上造成的震動，還讓地窖天花板上的石膏和泥土掉落了一、兩片下來。

在艾德恩的帶領下，三人躡手躡腳地爬上樓梯。一出到灑滿遍地月光的荒野時，隨即映入他們眼簾的是一個移動的黑影，從它原本靠牆的位置，快速地消失到附近屋舍底下的陰影處。他們花了一小時以上的時間搜索附近地區，卻沒有看見半個人，連隻野生動物的影子也沒有。當天一亮他們再度進行一次更徹底的全面搜索，結果還是一樣未發現任何不速之客留下的痕跡。

隨著隔天夜晚來臨的是更駭人的場面。同樣有人站夜哨，但是其他應該休息的人卻怎樣也無法入睡，他們都在想待會會發生什麼事，緊繃的情緒讓他們根本無法闔眼。到了凌晨兩點五十五分，同樣沉重的軍靴腳步聲又在萬籟俱寂的夜裡朝著他們走來。

這三個人不發一語地爬上樓梯，停在樓梯口的陰影裡，緊盯著右手邊那堵沐浴在月光下的牆。就在距離他們只有幾碼遠的地方，一個德國士兵蹲在那邊，正在翻弄著掉落地上的磚塊。他們像著了魔般直直地看著那個士兵。他的尖頂鋼盔在月光下微微地閃爍著，但是身上的軍服看起來卻有點不太對勁，上面黏了厚厚的好幾層泥土，像是被埋過後再挖出來的一樣。

他們看著德國士兵翻動那些磚塊的背影約一分多鐘後，才走上前去盤問他。聽見他們的問話，德國士兵稍微站起身來，轉過頭看著他們。直到這時三人才知道，在他們眼前的不是個有血有肉的德軍士兵，而是一副醜陋的骷髏！尖頂盔底下的骷髏頭朝著他們猛點頭，十根雪白的手指骨緊握著的磚塊也跟著紛紛落下。

三隻步槍同時射出的子彈劃破了寧靜的夜空，尖銳的爆鳴聲迴盪在四下無人的曠野，骷髏也隨著槍聲消失了。三個人就這麼留意著周遭的風吹草動直到天亮，但那德國鬼士兵始終沒再出現過。

奉命前來的情報人員已盡力調查這案子，但是在彈藥遷離那座地下倉庫之前，他的任務還不算徹底完成——就在他們看見德國鬼

士兵出現的報告呈上去之後的隔天，當地的彈藥全都運往其他地方去了。在法國當局的協助之下，英軍一步步收集那座荒廢村莊的歷史紀錄，在一九一四年八月法國宣布參戰當時，這座小村確實是還存在的。雖然大多數人都已不在人世，他們還是追查到了幾位尚存的村民，向他們問話。從村民們的回答與描述當中，拼湊出了以下這則離奇的故事：

在一九一四年的夏末，德國將軍克魯克的大軍橫掃法國，直逼巴黎和英倫海峽間的重要港口而來。德國步兵在抵達這座村莊後大肆掠奪。雖然士兵們恣意強占民脂民膏，但除非遭到反抗，否則他們並不會加害任何村民。

一位士官長和二十多名士兵占據了這座農舍，不知去向的主人拋下他的妻子和一個還在強褓中的嬰兒。兩、三年後被英軍守衛接管來儲藏彈藥的地下室，在當時是座藏酒窖，而這批德國軍人也毫不客氣地將它接管了過來。當天晚上這群入侵者開起了通宵達旦的狂歡酒會——德軍士官長酒過三巡之後，還不斷地糾纏著農夫的年輕妻子猛獻殷勤。眼看著情況對自己越來越不利，這名女子便逃離她原本的家，去向留下來的老牧師尋求指引與保護。和藹的牧師對她說，他會陪著她直到德國人離開為止。德軍開拔的時間預計是隔天早上。

不久之後，協約國軍隊開始猛烈砲轟整個村莊，迫使德軍不得不提前撤退。一切都陷入混亂，村民的叫喊聲夾雜著馬匹的嘶鳴聲，再加上砲彈的爆裂聲，讓整座村子宛如人間煉獄。根據目擊者事後指出，那位士官長對於農舍女主人去找老牧師的事很不高興，怒氣沖沖地指責她是通風報信的間諜。於是喝到已分不清東南西北的德軍士官先射殺了嬰兒，然後是年輕母親，最後連老牧師也成為槍下冤魂。

母親和她的孩子幾乎是當場死亡，而牧師中槍後還多撐了幾分鐘，他指著士官長說：「你這個罪人，你的靈魂不會跟著你下地獄。在你的大限到了之後它會回到這兒來，哪裡也去不了，直到上帝決定寬恕你的靈魂為止！」然後就在眾人面前，老牧師嚥下了最後一口氣。搖搖晃晃的士官長慌亂地跑向部隊，在途中被一塊爆開的砲彈碎片擊中，死在那條鋪石子路上。

德軍撤退了，幾個法國農夫將女子、她的孩子以及牧師合葬在一起，至於德軍士官則被埋在另一個墓裡。所有墳墓都很靠近一堵牆，也就是三名守衛看見那鬼魂蹲在散落磚塊間的那個位置。最後屍體被挖掘出來，證實了這則故事的真實性。

8. 你是否生活在曾是戰場的土地上？

在他的文章〈戰爭與鬼魂〉（刊登於一九五二年七月號的《預言》雜誌）中，約翰・潘德拉肯試圖建立一套自己的理論——為何英國東部是鬧鬼地點最多產的地區。根據幾位已故的著名英國通靈者和靈魂研究學者表示，此一現象的成因可能與此區曾經是英國境內發生最多次戰爭——特別是抵抗入侵者的戰役——的區域這項事實有關。約翰在他的理論中也提到，這些鬧鬼的地方可能以某種不可知的方式，在這些流血戰鬥和激烈的情感衝突堆積下而變得極為「敏感」。

超自然現象研究者早已提出過大量的人類情感，會以其獨特的共鳴方式滲透進某個地點或某個物體裡的說法。根據這項假設，血淋淋的戰爭場面，會使這塊土地變得「敏感」起來嗎？

約翰・潘德拉肯表示英國東部是個鬧鬼特別嚴重的地區，而且其地質上的結構主要是由第三紀和第四紀時期的土壤所組成，在地質學史上與我們最接近的年代。第三紀的岩石含有海生石灰岩、泥

土、貝殼沙以及沙礫層，至於在第四紀時期的土壤則可以發現泥炭、沖積層、淤泥、泥土和壤土，偶而還夾雜了沙礫層。

艾塞克斯或許是擁有全英國最多鬼屋和鬼魂出沒地的郡縣，它在地質上百分之八十都是黏土，其餘大多屬於白堊土。以艾塞克斯這麼一個獨特的地點，再加上它地底下的黏土層，或許可以提供我們一個線索，找出為什麼某些地方就是特別容易受到鬼魂青睞。然而問題是，難不成某些底土層真的會比其他土壤來得更容易招致鬼魂嗎？

天體物理學家羅伯特・米利肯發現某些土壤較易且能快速地吸收宇宙波動，有部分土壤具備傳導功能，還有些則可作為絕緣體使用。法國物理學家喬治・拉考夫斯基提出，最高的癌症發病率，似乎都出現在黏土層以及富含礦砂的土壤上；而最低的發病率，則被發現是在沙質或沙礫層的土壤上。喬治將這項事實歸因於傳導性的土壤會使宇宙波動偏向，進而造成人體細胞內的不安定狀態，他將這種現象稱為縮小版的振盪迴路。根據這項說法，我們可以推論出：由主要成分為黏土的土壤所吸引來的宇宙射線，或所造成的偏向作用，會以某種目前我們尚無法得知的方式，產生出我們稱之為「鬧鬼」的現象。

照這樣來看，黏土、白堊土和沖積土比起其他遠古岩石，例如花崗岩、片麻岩、煤炭、老紅砂岩和石灰岩等等，具有更高度的敏感性。或許黏土具有儲存或使 X 能量偏向的屬性，而花崗岩和玄武岩則沒有這項特性。而地下水可能也與此一現象有關。或許我們可以這麼說，英國大多數鬧鬼的地方，都屬於「較乾燥」的地區。約翰認為有些地方易吸引鬼魂逗留的原因不只一種，包羅萬象的成因都有可能，但他深信肯定與當地的地質成分脫不了關係。

9. 金城的小提琴鬼

　　當年打過韓戰的老兵或多或少都聽過，一個會在寒冷寂靜的夜裡復活的鬼城傳說。韓國的金城在白天除了一堆戰場殘骸之外別無他物，當地的居民早就將他們飽受戰火肆虐的村莊讓渡給了鼠輩。從前線碉堡向下遠眺這座焦黑廢墟的美軍，則將金城稱為「無人國首都」。

　　在某些夜晚，從碉堡下哨的士兵，往往帶著他們聽見鬼城飄出音樂和女子歌聲與笑聲的詭異故事回到營區。由於聽過這鬼魂演奏的聯軍士兵相當多，所以「欽和他的小提琴」對前線士兵而言，已經成為一項存在的事實了。

　　有天早上美軍部隊在起床時發現，某個自以為聰明的人在木造碉堡的牆上貼了張海報，上面寫著：「本週六的夜晚，歡迎參加慶祝舞會——地點就在大家最愛又方便的金城鎮中心，舞伴和美酒完全免費。」

　　對鬧鬼這事嗤之以鼻的士兵，都被要求穿上他們最厚重的禦寒衣物，到那座可俯瞰鬼城的山上去站崗。有個頗富詩意的班長，還作了底下這首打油詩，作為金城的鬼舞會祝賀辭：

「有個地方可以讓你穿著迷彩褲跳舞，

　讓你忘記還有場硬仗要打；

　那裡除了水姑娘還是只有水姑娘，

　就在金城，就在這週六夜晚。

　舞會就要開始，小心別先踩到地雷，

　在這遠離戰爭喧擾的山中一隅，

　你可以隨音樂擺動身體，

　隨著欽和他的小提琴奏出的迷幻樂曲。」

10. 找尋自己頭顱的法國上尉

　　一九六五年十月的西貢新山空軍基地，光是應付越共陸空兩面的襲擊就已叫人應接不暇，根本沒時間去擔心亡魂作祟。然而這裡卻有個討人厭的法國鬼魂，它不時點燃照明彈的惡劣習慣，搞得整個機場上下都緊張兮兮。

　　有天晚上，來自肯塔基州萊辛頓郡的機場警察詹姆斯‧辛頓警官正在執行當晚的巡夜勤務，當他走到彈藥庫附近時，突然有人引發了其中一顆照明彈。詹姆斯見狀立刻朝著閃光的方向開槍。他本來以為自己看見了一個穿著黑色睡衣的男子掉到水溝裡，但是警備隊趕到時，卻發現水溝裡什麼也沒有。接下來他們發現又有一顆照明彈被點燃了，而且在舊法國瞭望塔後面的樹上好像有人躲藏。警長再度開火了，其他隊員也紛紛朝著那團黑影射擊，但儘管槍聲大作卻沒人從樹上掉下來。他們站在月光下的跑道上，不安地彼此交換眼神，到底是什麼點燃了那幾顆照明彈？在他們血液裡的腎上腺素正快速地流動著，緊繃的神經怎樣也無法鬆懈下來。

　　資深的越南警衛們向美國士兵解釋，這個鬼魂生前是個法國空軍上尉，一九五四年越法戰爭的最後一天，當他在瞭望台執勤時，越南獨立同盟的軍隊攻陷了他的基地。

　　上尉進行了激烈卻徒然的反抗。最後被逮捕時，越共決定砍下他的頭顱以回報他給他們帶來的麻煩。法國上尉哀求俘虜他的越共給他一槍，不要把他當作罪犯斬首。但是越共絲毫不受動搖，將他套上黑色睡衣後砍下了他的頭顱。

　　這幾個越南士兵相信法國上尉的屍體就埋在機場圍牆外的老佛教墓園裡，但他的頭顱卻被藏在舊瞭望台附近。法國上尉的亡魂在他能夠安息之前，每天都會到舊塔樓來找尋他的頭顱。

　　根據詹姆斯表示，這僅僅是法國鬼上尉向他們打的第一次招呼

而已。當士兵們漸漸習慣了這些靈異現象後,他們已經學會漠視那個穿著睡衣、在跑道盡頭徘徊不去的鬼影了,但照明彈還是繼續神祕地自動燃放。

基地的越南士兵堅信這個恐怖的幽冥傳說。他們迴避在跑道盡頭的夜間巡守勤務,且一再反對拆掉舊瞭望台。當所有跑道都被加長以配合戰鬥機的起降後,所有的塔樓都被拆除殆盡,唯獨它得以倖免,因為有個哀傷的法國人還沒在這兒找回他的頭。

11. 嚴厲的廓爾喀中士鬼魂

沒有一個哨兵敢在執勤時睡在喀什米爾山脈的康巴堡裡。護衛這座要塞的印度士兵,都相信廓爾喀哈維達的鬼魂一直在緊盯著他們,而且它還是個嚴苛的長官。

在這一帶的山區裡,廓爾喀鬼魂是個著名的傳奇故事。連受過高等教育的軍官,即使不相信這個傳說,也樂於讓它在部屬間流傳,因為廓爾喀的鬼魂替他們解決了許多康巴堡裡的紀律問題。有一整支印度軍隊發誓這鬼魂到了晚上會在碉堡附近徘徊,掌摑那些沒有警覺性的哨兵巴掌,還會用閱兵場上最難聽的話嚴厲教訓懶散的士兵。

這鬼魂生前據說是一位廓爾喀的中士,在一九四八年印度和巴基斯坦爭奪喀什米爾時,完成了英雄式的一人攻擊任務。當時的康巴堡在巴基斯坦軍占領下,連續好幾個禮拜擊退了印度軍隊,而這位廓爾喀中士卻在碉堡陡峭厚重的岩壁上發現了一個缺口。就在一個晚上,他只帶著一顆手榴彈和一把刀子,隻身爬進碉堡。雖然他殺光了所有巴基斯坦守兵,自己卻也受了致命重傷。

一九六五年六月,一位叫做蘭斯‧拉姆‧帕拉卡許的下士說,當停火線附近突然爆發猛烈的敵軍砲火時,他碰上了廓爾喀中士的

鬼魂。蘭斯表示碉堡牆上的某個砲塔發出一種恐怖的聲音：「我都爲了這個要塞犧牲了我的生命，爲什麼你還是這麼懶散？」接著就傳出有人的臉被打了巴掌的聲音。蘭斯說事後才曉得原來是那個砲塔上有個哨兵靠在他的步槍上睡著了，嚴厲的中士鬼魂教訓了他一頓。

每個守衛康巴堡的衛兵對廓爾喀中士的鬼魂都相當熟悉，每個人都可以詳細地描繪，到了夜晚會在城牆上邁著大步的鬼影。印度士兵說每次中士的鬼魂出現時，一定都只穿一隻鞋子，另一隻顯然是在五十多年前的那場戰鬥中弄丟了。士兵們都同意他們其實並不太害怕廓爾喀中士的鬼魂，因爲知道他是站在他們這邊的。

康巴堡的士兵們都會小心翼翼地準備好幾杯熱茶和甜點，放在外面，讓孤獨的廓爾喀中士鬼魂在徹夜警戒時可以享用。據他們說，每次在天亮前，茶和甜點都已經被吃掉了。

第十章
幽冥公署和監獄

Ghosts in Civic Buildings and Prisons

1. 在首都遇見的痴呆鬼——理查‧亨德利克的真實案例

　　理查‧亨德利克，身兼威斯康辛州麥迪遜郡一家法律公司的調查員、「威斯康辛光怪陸離網」（www.weird-wi.com）經營者、「威斯康辛超自然現象研究中心」副會長，以及靈異雜誌《Anomalist》的新聞編輯。底下是他所提供的故事：

　　「我聽說這裡的鬼很恐怖。在淋浴時，它會從蓮蓬頭跟著水一起流出來，現出完整的形體後，有顆膨脹腫大的灰色頭顱，用兩個漆黑空洞的眼窩直盯著人看。或者是像毒蛇般從大門底下溜進來，用它那兩顆從縫裡透出的金黃色眼珠，惡狠狠地瞪著沙發上嚇壞的屋主一家人。抑或是身上穿著破舊褪色衣服、頭髮糾結成一團團灰色黏塊的老婦人會無端出現，輕聲地對健壯的年輕人威脅道要殺死他們。各式各樣的鬼怪和奇遇恐怖至極，我想連膽子再大的人，腳底都會起雞皮疙瘩吧！」

　　「我邊聽著這些故事，邊摩拳擦掌。心中暗自期待，或許這棟位在郊區，看似舒適又安全的泥磚屋，會是魔王最終現形、舉辦盛大地獄舞會的地方。」

　　「唉，可是我等了又等，卻什麼事都沒發生，白費了我這幾天在房子裡外搜索的功夫。不管是攝影機還是相機，連個鬼影子都沒有拍到，錄音機也沒錄到什麼詭異的嘶嘶聲；現場只有曖昧不明的

氣氛，以及在我腦海裡揮之不去的一個念頭——如果我能早點到這來就好了。我在課堂上會開一個玩笑，如果你很怕鬼，那麼你應該去和幽靈獵人作伴，因為他們真的見鬼的次數是寥寥可數。」

「甚至連我自己家人都有過好幾次超自然體驗，最常碰上的地方是我母親在威斯康辛州開的那家酒吧。這十幾年來我有超過一打以上的親人，不是在店裡看過幽靈出現、感覺到全身狂打冷顫、遭遇莫名其妙的電擊、聽見沒來的敲擊聲，就是被一些常見的靈異現象搞得一頭霧水。奇怪的是，每次只要我人一出現，什麼事都不會發生，氣氛安靜得像在墓園一樣。在我的經歷中最接近見鬼的那一次，發生在好幾年前，我外婆打電話來給我母親，我還記得聽見母親在樓上接電話的聲音——接著就傳來一陣尖叫，因為當時我外婆已經過世好幾天了！這就是我最接近見鬼的一次經驗。」

「直到發生了底下這件事，當時我上班的地方就在威斯康辛州首府麥迪遜郡政府大樓對街。郡政府是棟巨大的建築物，位在兩座湖中間地帶的最高點，用純白的花崗石打造，還加上一只義大利文藝復興時代風格的希臘十字架，最後覆蓋著整棟大樓的是全美唯一的花崗石圓屋頂，高度僅次於華盛頓特區。郡政府大樓四面都有入口，處處可見敞開或緊閉的窗戶，周圍還有巨型的科林斯式石柱和雕工細緻的塑像。會來這裡的民眾除了參觀、辯護或提告之外，就是單純不願意繞道、想直接穿過去走到對街的行人。」

「郡政府大樓是那塊土地上的第三棟建築物了，前兩棟郡政府大樓都因為火災而拆除。印第安人曾在此地紮營定居了好幾百年，然而印第安人在湖濱建造的象形丘，早就為世人所淡忘。在這些原住民時期的簡陋木製建築中，一個叫做詹姆斯·莫利森的人為了安全起見，曾把豬圈養在這裡的地下室，但是窮極無聊的州議員卻從腐爛下陷的地板縫隙間，用棍子猛戳這些豬仔，讓牠們尖叫著繞圈

子狂奔來取樂。在一八八二年，郡政府大樓加蓋了兩邊的側廳，其中一棟倒塌後壓死了八名工人。如果真的就像有些人說的那樣，某些建築物像超大型充電電池，會蓄積巨大的精神能量的話，那麼這棟建築，以它見證過古老的原住民宗教儀式的歷史、恐怖的祝融之災、工人的意外驟死、水火不容的黨派對立情節，以及聚集了來自全國各地數百萬民眾的關注之後，肯定是支即將爆開的壓力鍋。」

「郡政府大樓真的有鬼嗎？多年來，負責看守的警衛都會提到門自動開關，或聽見空房間裡傳出紙張窸窣作響的聲音等靈異故事，只有少數幾位幸運兒得以親眼目睹一個留著大鬍子的白髮男子四處遊蕩。他是摩西‧史壯，曾在十九世紀中期為密爾瓦基鐵路請命的前任州議員。這裡還有一幅總是歪一邊的摩西肖像，每次一有人把它調正，過不久它又會自動傾斜，最後只好把畫鎖在地下室櫃子裡。我還沒找出一個理由足以解釋為何摩西的鬼魂賴在這不肯

→這張照片拍攝當時只有攝影師一人在場，拍攝地點是英國的惠姆鎮議會，時間是在 1995 年此地失火之後。在 1677 年，曾有位年輕女子縱火燒掉了原始建築。
©Fortean Picture Library

走，但它的行為確實將這位訴願者生前的執拗個性表露無疑。」

「最近一個進駐到郡政府大樓裡的單位是州立法律圖書館。在一九九九年的夏天，我因公務所需，到位於三樓的圖書館查資料，結束之後再搭電梯回到一樓。我按下電梯裡一樓的按鍵，當厚重的銅門正要關上時突然停了下來，抖動一陣之後再度開啟，好像有人過來用手擋在中間，阻止它關上。我在趕電梯時也經常這麼做，對這景象並不陌生，但不同的是這次電梯外面沒有半個人。」

「一棟舊大樓配上一台老式電梯，肯定是小故障，錯不了。如果是某個我看不見的神祕靈體想要擠進電梯裡的話，我也一樣可以講個老笑話打破僵局。畢竟保持愉悅心情總是件好事，特別是在一個你完全捉不到對方底細的人面前。於是我先開口了：『嗨，你好嗎？』」

「我並不期待會得到回應，而事實上也沒人回答我。電梯緩緩抵達到一樓後，我依舊繼續著我的玩笑話：『希望你不介意我先出去，我有點趕時間。』」

「就在我通過電梯門的那一瞬間，我感覺到像人的肩膀跟我擦身而過。我先是愣了一會，然後整個人倒向右邊。這實在太詭異了，我的理智立刻質疑起這一切的可能性。是天氣太熱了，熱到我頭暈目眩，而且最近膝蓋剛動完手術也還有點站不太穩。我聳聳肩，不再去想它，而且這件事就將這麼結束——如果我未在一小時內因公再跑一趟郡政府大樓的話。這次我換搭另一部電梯上三樓，不過什麼事也沒發生。」

「我總是一副急驚風的模樣，即使拖著半跛的膝蓋也不例外。電梯門開啟後，出現在面前的是一個寬闊的大理石樓梯間，我往右手邊移動，走過州議員辦公室外的走廊後另一端就是我的目的地。就在經過轉角時，我差點撞到一個毫不起眼的小個子男人。其實他

也只比我矮一點，大概五呎四吋左右，短棕髮、戴眼鏡、穿著一件芥末綠的馬球衫，看起來也在趕時間。」

「『對不起，』我脫口而出，俐落地往旁邊移動，讓這個一臉痴呆樣的小個子男人先過，然後順勢繼續往前走。」

「到了走廊盡頭後我向左轉。在我的左手邊隔著那寬闊的大理石樓梯間，是我剛出電梯門時的畫廊。我轉過頭去，看到和我距離大約五十呎左右的地方，那個我剛剛幾乎迎面撞上的傻子，就站在那裡對著我揮手。」

「他半側著身子，動作非常緩慢，用一種誇張的動作揮舞著他的右手，臉上還帶著傻傻的冷笑。太奇怪了，以他的移動速度和我們差點相撞的地方來看，他早就應該超過現在他所站的位置了，說不定連人影都看不見了。好像他已經在走廊的轉彎處附近等了很久，而且還知道我會偏過頭去看我剛剛走過來的地方，早在我轉彎之前就開始揮手了，似乎在對我說：『有看到我嗎？』」

「我霎時回想起不到一小時以前搭的那班電梯。這真的只能用詭異來形容，這兩件怪事會是巧合嗎？是我從兩件陸續發生又平淡無奇的事件中，匆忙編出這麼一段連續故事嗎？還是事有蹊蹺？」

「我一直都懷疑著，每個人身上是否都附著一個他自己專屬的無形實體。如果鬼魂是一種自由飄移的能量，那麼每個人所遭遇到的自然各不相同。雖然是同樣的能量——但是某人看見的可能是一個駝背老翁顫抖著身子在走廊上蹣跚而行，另一個人看見的卻是一個女孩子愉快地蹦跳著。在這座精神能量的集散地，數百萬人將他們的念頭、慾望、夢想、恐懼等種種想法投射到這裡，想當然耳會引發一些之前和這塊土地毫無歷史淵源的東西出現，像是穿著馬球衫、腳步飛快的傻矮個兒。」

「這幾年來我總是一直想起那個人，他會是鬼嗎？如果見鬼的

經驗是極驚悚駭人的話，儘管恐怖到嚇昏了過去，那也挺不錯的。但是我碰上的算是靈異事件嗎？天曉得！多年來我在心裡一直反覆推敲著各種似是而非的可能性，更增添了它的靈異色彩。未知的事物終究還是不可知。」

2. 在北卡州舊政府大樓出沒的鬼魂

多年以來一直有謠傳，在北卡羅萊納州的首府那棟有著一百六十四年歷史的州政府大樓裡，門窗會發出砰然巨響自動關上、無人的走廊傳來低沉的人聲，還看得見鬼魂四處走動。有好幾個受僱當夜間警衛的人，都在值班一個晚上後就辭職了，他們投訴門會一直自動開開關關，還有只聞其聲、不見其人的腳步聲在他們巡邏時緊跟在後。在二○○二年的七月，一個加班到很晚的州政府員工聽見了一樓在辦接待會的聲音，但是當她走下樓梯查看時，所有聲響在那一瞬間同時消失。

退休的州政府官員山姆·湯森，回想起三樓的圖書館是其中最讓他毛骨悚然的地方。有天夜裡他有事要到圖書館，才走到門口，就有一股冰涼、潮濕的冷風吹在他的頭和脖子上，當下讓他決定等到隔天再處理也不遲。

儘管舊州政府大樓換過了相當多的警衛，八十四歲的歐文·傑克森卻在這裡守了十二年的夜，直到一九九○年退休為止。對於那些憤怒的甩門聲和跟在他身後和他一起巡邏的沉重腳步聲，歐文只是聳聳肩，從不把它們當一回事。

州政府歷史學家雷蒙·貝克坦承他一點也不喜歡天黑後還留在那裡工作。他總是堅持在下班時間之前離開州政府大樓，因為一旦天色暗下來，就察覺得到整個氣氛頓時起了變化。

二○○三年二月，來自「鬼魂調查基金會」的超自然現象研究

者貝蒂‧安‧威爾斯，發表她的團隊於二○○二年十一月間，在洛利州政府大樓裡進行的研究發現。她告訴《洛利新聞觀察報》的撰稿記者羅倫佐‧裴瑞茲，他們最大的成功是錄下了幽靈的低語聲，以及拍到了一個穿著南北戰爭後重建時期的服裝，坐在舊議會廳第三排第三個位子上的鬼魂的照片。

3. 將喧鬧鬼帶進家門的治安法官——泰德沃斯幽靈鼓手

在一六六一年三月，約翰‧孟培森，一位英國泰德沃斯郡的治安法官，審問前奧立弗‧克倫威爾軍隊鼓手。這位退役軍人的名字叫做德魯里，涉嫌持可疑的通行證向郡執行官副手要錢而被逮捕。

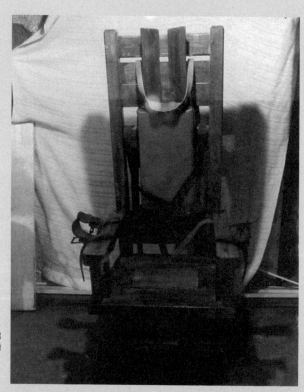

→一共有五個不同的靈體，出現在田納西州這把退役電椅的相片裡。©Dave Van Slyke

該郡執行官副手認為那是份假造的通行證,而且對簽署這份通行證的官員筆跡相當熟悉的約翰,也判決那是一張偽造的文件。

德魯里懇求約翰讓他與艾里夫上校對質,鼓手堅持他可以證明自己的清白。對於鼓手提出的要求,約翰的回應是他不會判決他入獄,但是他告訴德魯里會沒收他的鼓,直到查明證詞的真實性為止。德魯里再次哀求法官允許他保留自己的鼓,但是約翰要他離開法庭,還要他感謝自己沒有判決他必須在泰德沃斯監獄裡蹲上幾晚。

約翰把鼓送到自己家裡妥善保管,然後就出差到倫敦去了。當他回到家之後,妻子告訴他全家上下都被晚上發出的恐怖聲響嚇到魂不附體,法官夫人以為那是竊賊企圖闖進他們家所造成的。在他回來後的第三個夜晚,約翰被一陣用力敲擊他們家側門的巨響吵醒。他拿著上了鐙的手槍,開門一探究竟,附近什麼東西也沒有,而這時敲擊聲又從另一邊的門傳來,但是當他去開了那扇門之後,也沒看到任何人。於是他繞著房子外圍走了一圈,想找出到底是誰在惡作劇。結果約翰不但什麼人都沒找到,也無法解釋從屋頂傳出的空洞擊鼓聲。

從那天晚上起,鼓聲總是在約翰睡著後出現。一個月以後,噪音騷擾的來源由屋頂來到約翰放置德魯里鼓的房間。當它一進到那裡之後,幽靈鼓手每個晚上固定兩小時,以各式雷鳴般的戰鼓聲嘉惠約翰一家人。

之後幽靈鼓手開始在晚上到孩子們的床邊擊鼓,偶爾它打鼓時還讓他們的床跟著節奏上下飛舞。或者它就躺到床底下,開始刮起地板。約翰夫妻讓孩子們住到別的房間去,鬼鼓手也跟著他們一起搬過去。敲打聲越來越猛烈,連隔了好幾間房子的鄰居都被吵醒了。約翰家的傭人也吃過這位夜行者給的苦頭,它會等到他們全都

睡熟了以後再掀起他們的床，有時候它還會像藤蔓一樣纏住他們的腳。

這位幽靈鼓手很快就蓄積了足夠的力量，有一次還替某個在修理房子的傭人遞上了幾片木板給他。好幾個目擊者親眼見識到鬼魂展現它的驚人能力，但是約翰卻過來大聲喝止該名傭人，斥責他不該鼓勵魔鬼與他接觸。或許約翰對出現在他家裡的幽靈在命名上應該再更有見識一點，因為它已經開始發散出具有攻擊性的硫磺煙霧了。這股難忍的惡臭讓治安法官更堅信不移，他們家裡的這位不速之客肯定是來自地獄的惡鬼。

克雷格牧師被約翰家人請來進行淨化祈禱，並替他們家進行驅魔儀式。幽靈鼓手始終保持安靜，一直到牧師說出他的結尾語「阿門」為止，接著它馬上開始讓椅子在室內到處走動、把孩子們的鞋子扔向空中，還在房間裡亂丟東西。

幽靈鼓手特別喜歡和一位也叫約翰、肌肉發達的傭人玩摔角。它最愛的動作是全身貼在這個大塊頭身上後，再緊緊夾住他，彷彿它有像人一樣的手腳似的。而約翰只有使勁吃奶的力氣，漲紅著臉使盡全身的蠻力，才能掙脫那位看不見的對手施加在他身上的壓制。

從大腹便便的孟培森太太生產的那天晚上起，鬼鼓手為了表示敬意，特別安靜了好一陣子，連續三個禮拜連一點輕微的敲鼓聲都沒有，這讓約翰全家人以為那些神祕莫測又惱人的噪音終於結束了。但是突然間有天夜裡，幽靈鼓手又開始隆隆地擂起了它的鼓，似乎它故意安靜一段時間，讓生產完的母親得以休養、恢復體力，之後再繼續為他們帶來災難。

一六六二年一月十日，就在約翰家裡的騷動發生即將屆滿一週年之前，鬼鼓手掌握了說話聲、模仿絲綢沙沙作響和動物喘氣聲的

能力。它開始在煙囪裡唱歌，然後將舞台移到孩子們的房間裡，對他們唱道自己是邪惡巫婆的歌曲，嚇壞了可憐的孩子們。

在某個異常寒冷的冬夜，鬼鼓手來到約翰床邊，像隻大型狗一樣對著他喘氣。雖然主臥室裡沒有火爐，房間裡的溫度卻一下子就變得悶熱難受，充滿令人窒息的惡臭。隔天早上，約翰在臥房地板上撒了滿滿的煙灰，想看看那個討厭的鬼魂會製造出哪些腳印。當天晚上鬼鼓手又來到他的房間裡，到了第二天約翰卻被地上印出來的大爪痕、幾個字母、圓圈和其他奇怪的印記搞得一頭霧水。

關於這個鬼鼓手的各種報導與故事，傳到了喬瑟夫・格蘭維爾牧師的耳裡，引起了他的注意，於是他親自前往泰德沃斯郡來展開調查。而幽靈從他一踏進孟培森宅邸的那一刻起，就給了牧師充分的證據，證實各種它引起的靈異現象存在的真實性。

時間是晚上八點，孩子們都已在床上躺著，忍受每天晚上例行的地板刮擦聲、床鋪上下波動和噁心喘氣聲的洗禮，邊試著讓自己入睡。格蘭維爾牧師努力想找出各種喧鬧聲的來源，但卻一無所獲。當天深夜，在格蘭維爾牧師和一個同行朋友結束了當天的調查已就寢時，一陣猛烈的敲擊聲將兩人從睡夢中喚醒：「你打算對我們兩個做些什麼？」牧師質問身分不明的實體。「什麼都不做，」一個無形的聲音回答道。

第二天早上，有人發現格蘭維爾牧師騎來的馬匹陷入一種精神耗弱的狀態。看起來像是整個晚上都有人騎著牠狂奔，才會造成牠現在的疲累。格蘭維爾牧師騎回程時也騎在同一匹馬上，終於讓牠不支倒地。儘管獸醫給它最好的照顧和治療，馬兒還是撐不到兩天就死了。

還有一次，約翰對著突然像有生命似地自己動了起來的一根木柴開槍，當他看見爐床上出現幾滴血跡時，幾乎嚇得說不出話來。

木柴掉落地面後，血跡隨著受傷的鬼魂一路往樓上撤退。如果當時有病理研究室的話，任何人一定都會想採集這些血液樣本送去化驗，看看鬼魂是什麼血型。

當這鬼魂三天後的晚上再度回到孟培森宅邸時，它似乎把約翰對它攻擊的怒氣，全發洩在孩子們身上，就連襁褓中的小嬰兒也不放過，整晚將他拋來扔去，硬是不讓他睡。約翰只好安排孩子們到幾個朋友家去暫住一陣子。在他將孩子們送走的當天深夜，鬼魂惡狠狠地敲擊著約翰的臥房門，還在一個傭人面前現出它的形體。「我說不出它正確的身體比例，只看見了一個巨大的身軀，和兩隻又紅又亮的眼睛，直直瞪著我好一陣子。」

約翰的一個朋友來到他家，希望能幫上這位治安法官一點忙，就在他留宿的當晚，他所有的錢幣一夜之間全變成黑色廢鐵；騎來的馬也被人發現躺在馬槽地上，一隻後腳被牢牢地固定在馬嘴裡。花了好幾個大男人的力氣，還用上一根槓桿的協助，好不容易才把馬蹄從這隻不幸的動物嘴裡解放出來。

大約在同一時間，被約翰判刑的德魯里正因為竊盜罪，關在格洛斯特監獄服刑。在審問時，德魯里大方承認他在泰德沃斯治安法官身上下咒語。

「我讓他吃足了苦頭，」德魯里誇耀著自己的成就：「而且他將永遠不得安寧，直到他把鼓還給我，讓我滿意為止。」

然而發生在泰德沃斯孟培森宅邸的鬼魂活動，可能從一開始就與詛咒無關。根據德魯里的性格，推測他是在得知泰德沃斯的騷動後才自詡是他引起這一切混亂，這種可能性並非不存在。而且從另一方面來看，任何人都知道當有人提到「詛咒」這字眼時，它背後的負面意義及其所帶來的恐怖效力有多嚴重。

治安法官約翰在塞勒姆審判德魯里施行巫術的罪名，前軍樂鼓

手被宣判有罪並轉送到英國的某個殖民地去。然而根據某些人的說法，德魯里在海上召喚出濤天巨浪和暴風雨，讓負責押解他的船長和水手嚇得半死，趕緊返航，將他獨自丟在碼頭後連忙揚帆而去。

就在鼓手德魯里轉送出去的這段期間，出現在孟培森宅邸的鬼魂活動全都消失。在英王派遣的特使團來到這據說鬧鬼的房子調查之前，已經有好幾個禮拜幽靈都沒有任何動靜。皇家騎士整個晚上都和孟培森家人在一起，到隔天早上才離開。而他們一致認同，這為期兩年的鬼魂作祟事件如果不是一場騙局，就是一群輕信謠言又迷信的群眾，對自然現象的誤解所產生的鄉間軼聞。

無論孟培森家中的靈異現象真相為何，泰德沃斯郡的魔鬼已在英國的鄉野奇譚中占有一席之地，詩人與歌者相繼發表了無數著作，紀念這一連串不可思議的事件。

事後喬瑟夫·格蘭維爾牧師將這一連串鬼魂活動的紀錄寫成《女巫和幽靈的直接證據》（*Saducismus Triumphatus*）一書，他並在書中表達他對英王調查團的失望，以及對泰德沃斯現象最後定論的看法。格蘭維爾牧師寫道：

「從否定眾多肯定說法的片面觀點，來為一件既成事實下結論，實在是非常不合邏輯。按照相同的推論方式來看，西班牙人的論斷倒是合情合理。他們說：『英國沒有太陽，因為我在那裡待了六個禮拜，一次也沒有看見過。』這是那些否認幽靈存在的人的共同論點。他們連夜趕路，因為沒有見到比他們自己更可怕的東西，於是就草率地妄下結論，說所有的幽靈全都是幻想和冒牌貨。」

4. 潘里吉監獄駭人的女囚犯鬼魂

——澳洲監獄的眞實案例（節錄自 Ghost to Ghost 網站）

「我在澳洲維多利亞港監獄服務了十六年，而我的公職生涯要從維多利亞港科堡區的潘里吉監獄開始算起。那個地方，現在已被拆除了一部分，當時監獄可以容納一千兩百名男女囚犯。而我的見鬼遭遇發生在『D 區』，建造於一八八〇年，原本是用來囚禁女犯人的獄區，但目前已變成最多可容納三百二十名還押候審男囚犯的安全防衛區了。」

「有天晚上，一個年輕的男囚犯疑似企圖自殺，割破了自己的兩隻手腕和手臂。大量失血的他有生命危險，當時包括我在內的六個人，則是拚了命地想替他止血，一面焦急地等待救護車趕快來到。一位資深的刑務官要我到樓上打一一九，問救護車還有多久才會到。」

「我急忙地跑上樓梯，撞到了一片像是冰牆的東西。周圍的空氣在一瞬間變得異常冰冷，儘管當時正值盛夏，我卻感到一股寒意襲來，而且還看得見自己呼出來的白色空氣。後來我回過神爬完最後六階樓梯，但當我一轉身，卻看見一團乳白色的霧凝結成一個女子的形狀，她穿著長裙，頭上帶著一頂帽子。她把臉轉向我這邊時，我看見的是一個中年女子，驚悚的藍眼睛透露出無窮的恐懼與哀傷。接著她就消失了，我身邊的空氣也回到原本溼熱的狀態。」

「我永遠忘不了她的臉，還有那段與她見面不到十秒的插曲。我翻遍了所有檔案和照片，想找出這個靈魂生前的眞實身分。現在我已經將範圍縮小到三位有可能的女子，全都是從英國轉獄過來，皆有愛爾蘭血統，而且全都只是因爲犯了類似偷竊只值一先令麵包的罪，而必須服七到十四年的重刑女子。」

「她讓我免於打電話再去騷擾已經忙到不可開交的急診室，也讓我開始認真地思考，究竟我們人在身後可以留下多少東西，供其他人學習效法呢？」

5. 現身囚房的修士鬼魂——發生在德國的著名案例

在一八三五年九月的某個夜晚，亨利‧柯納醫生遇上了一個教科書裡從來沒教過，也無法解釋的問題。當晚他離開了位於魏森堡監獄附近的房子，進到一間囚房，那是他用來把自己和一位三十八歲、患有莫名妄想症的女收容者關在一起的地方。大門口的獄卒只點了頭就讓亨利通過，而房門口的警衛則為他開啟了伊麗莎白‧艾斯林格太太的囚房。

柯納醫生身上還穿著大衣，他還沒坐在囚房裡唯一的椅子上，就先問候伊麗莎白她今天好不好。她回答她很好，而亨利也知道她說的是實話，因為那天下午是他親自幫她做過身體檢查的。時間一分一秒緩慢地流逝，好不容易過了兩小時。終於在十一點三十分，亨利聽見像是某個硬物被扔向婦人對面室內牆壁上的聲音。

艾斯林格太太的呼吸隨即變得急促，她告訴博士，那個她好幾晚都看到的鬼，又出現在她房裡了。柯納醫生把手放在婦人的額頭上，警告惡靈要它離開。話一說完，四面牆壁立刻發出喀嚓的詭異窸窣聲，最後像是集中到窗戶附近後跑了出去。如此一來，伊麗莎白的故事真實性是毫無疑問的。當他一開始聽說監獄裡的鬼魂這件事，他表現出的是一副堅決懷疑的態度，但是在他檢查了她的身體和精神狀態，以及聽取她同室牢友的證詞之後，柯納醫生認為他必須親自來調查這些靈異現象。

根據艾斯林格太太表示，這鬼魂生前是德國魏曼叟地區的一位羅馬天主教修士，他生前犯下過多起案件，其中最特殊的一件，是

他和父親聯手詐欺自己的兄弟們。他死後成爲孤魂野鬼，在世間遊蕩，他每次出現總是伴隨著痛苦的呻吟與哀嚎，偶而還聞得到泥土的氣味。雖然艾斯林格太太伸出手時碰不著他，但她堅稱自己可以感覺到他的手，而且隨著時間過去，和他出現次數的增加，肌膚的感覺變得越來越暖和。

監獄刑務官認爲囚禁艾斯林格太太的囚房，簡直可以用密不通風來形容。一樓既沒有對外的窗戶，又隔著厚重的牆壁，只有在二樓有幾扇上了緊密的鐵欄杆、露出狹窄縫隙的氣窗，而且他們也不認爲有人能不經過輪班看守的警衛，就能進到囚房區裡。然而這幽靈每個晚上都出現在她的囚房內，它的出現也獲得了艾斯林格太太同室牢友的證實。

艾斯林格太太告訴柯納醫生，當他用惡靈這字眼來稱呼它時，修士的靈魂覺得難受，她力主幽靈是值得同情的。它還會肯求艾斯林格太太每天晚上都要爲它禱告。

爲了獲得更多確實的證據，十月十八日那天，柯納醫生將他妻子一起帶到艾斯林格太太的囚房裡。再一次，伊麗莎白的呼吸又急促起來，而這次醫生用相當溫和的語氣，要求幽靈不要再來找她的麻煩。小房間裡又響起了和上次一樣的窸窣聲，然後往走廊方向消失。

在十月二十日，柯納醫生又待在艾斯林格太太的囚房裡，這次和他們作伴的是海德法官。到了午夜時分，柯納醫生看見一道黃色的光芒穿過緊閉的窗戶進入房裡，同時他也感覺到一陣冷風吹在身上，還聞到了一股強烈的惡臭。同樣的感覺讓原本在打盹的海德法官也清醒了，而柯納醫生形容當時他的臉上感覺像爬滿了螞蟻一樣難受。艾斯林格太太則是已經跪倒在她的床邊，開始熱烈地禱告。邊聽著她的禱告聲，這兩個男人邊看著那道光在房間裡上下飄移，

→ 1988 年拉斯‧湯瑪斯參觀了維亞達飯店的地窖，它的前身正是倫敦惡名昭彰的新門監獄地牢。他在其中一間無人的獄房裡拍了這張相片，當他將底片沖印之後，相片中出現了這個模糊的人影。©Fortean Picture Library

接著他們聽見了一種類似呻吟般的空洞回音，一種柯納醫生無法歸類為人類可能發得出來的聲音。

到了十二月九日，柯納醫生和副典獄長的妻子梅爾太太又再度進到囚房裡。突然一朵動物形狀的小光雲進到了囚房裡，在上空盤旋著。同一時間，窗戶也發出了轟然巨響，聲音之大讓柯納醫生以為鐵欄杆內側的玻璃窗肯定會被震成碎片。艾斯林格太太告訴她的訪客，鬼魂已經坐在房間裡的一把小凳子上了。在鬼魂抵達後他們都聽見了腳步聲，像是有人在地板上徘徊的聲音。儘管他們什麼都沒看見，柯納醫生又再次感覺到一陣冷風吹拂，接著他和梅爾太太都聽見了和上次相同的空洞聲音開口說：「奉主耶穌基督之名，抬起頭看著我吧！」

柯納醫生和梅爾太太同時看見一道光圍繞著他們，然後又聽見了一樣的腳步聲。那聲音又問：「現在你們看見我了嗎？」

這是柯納醫生第一次看見它的形體，鬼魂身上穿的是一件中古修士的寬鬆長袍。那天晚上醫生看見它出現了好幾次，它多半站在正在禱告的艾斯林格太太旁邊。梅爾太太對它下了一道命令：

「到我先生的寢室找他，在那裡留下你在這裡出現過的記號。」

幽靈的聲音回答它樂意接受這項挑戰。原本緊緊鎖住的牢門，立刻就被甩開，然後又再度關上，接著一道影子隨著在囚房區裡迴盪的腳步聲，往走道盡頭飄去。十五分鐘後，它回到窗戶附近，當它被問到是否完成它的任務時，房間裡傳出一陣空洞的笑聲。隔天早上，副典獄長梅爾注意到他寢室的門出現異狀，他很肯定自己在睡前不但上了鎖、還加了門閂的那扇門，在他起床時被打開了，而且推到最外面。

在為自己的報告做總結時，柯納醫生並沒有說明他的觀察，只是再三強調他和其他目擊證人確實在艾斯林格太太的囚房裡看見某

個東西的事實。但他知道自己提不出一個合理的說明，來解釋它的存在。

這篇報告見報之後，因為它極客觀的評論觀點，在德國各地引起一陣不小的騷動。連專業的科學家也認真討論起這件事，更有許多學術界人士極力尋求機會能進入魏森堡監獄，親自研究這罕見現象。總計共有五十位科學家去拜訪過艾斯林格太太，而且幾乎所有人的訪談中，都觀察到囚房裡出現了無法解釋的超自然現象。儘管他們之中有許多人企圖複製出相同的顯靈現象，卻全都以失敗收場。在鬼魂通過時輕易被震動而發出巨大喀嚓聲響的鐵欄杆，任憑幾個大男人用盡全力拉扯，還是紋風不動，更別提要發出驚人的聲響。兩位德國外科醫師宣稱，當他們在外面等待獲准進入時，聽見了像是碎石子撒落地上的聲音，在他們進到囚房後，鬼魂還回應他們的要求，讓剛才的聲音重現了好幾次。

還有兩位物理學家——西克赫博士和法拉斯博士，在他們前去探視艾斯林格太太時，說他們看見有一朵濃密的雲，就懸掛在她的頭部附近。他們還聽見了一陣吵雜的重擊聲，並親眼目擊到上了鎖的厚重囚門竟然自動甩開，然後又發出一聲鏗鏘巨響猛烈地關上。這些異狀在他們待在囚房裡時，一共反覆出現八次之多。

從事件爆發之後到艾斯林格太太刑期屆滿的這段時間，修士的鬼魂持續在囚房內作怪。在她出獄當天，鬼魂承諾它會再回到那間囚房，而它的諾言僅僅在兩天後的晚上就實現了——這次它應梅爾太太的要求，製造出不同以往的新聲響。

修士的鬼魂在艾斯林格太太出獄後，就再也沒去騷擾她了，但在和她共處一室的這幾個月之間，它不斷要求她到魏曼叟去為它的亡魂禱告。再三考慮過後，艾斯林格太太終於動身前往魏曼叟，而根據目擊者表示，當她跪在地上禱告時，現場突然出現一個男人的

身影，旁邊還跟著兩個矮小的幽靈。艾斯林格太太在說完禱告辭後就昏厥過去，當她甦醒時，她說修士鬼魂要她把手伸向他。艾斯林格太太先用手帕纏住手掌後，才把手伸出去，但當鬼魂一碰到她的手，整塊布頓時燃燒起來。手帕上布滿手指的燒灼痕跡，似乎是鬼魂要提供具體證據，以證明它是真實存在的。

魏森堡監獄鬼魂的新聞，在當時占據德國各大報的頭版長達六個月之久，自然也成為了超自然現象研究史上紀錄最為詳盡的顯靈事件之一。值得注意的是一項在艾斯林格太太的獄中檔案裡關於她的個人真相：她始終宣稱自己有「陰陽眼」，但她第一次真正與鬼魂的溝通交流，是從這位天主教修士的鬼魂出現開始。

看起來艾斯林格太太身上似乎早就存在著通靈能力，因此也具備了適當的精神要素，讓她足以擔任無法安息的遊魂與世人接觸的能量中心。不過令人好奇的地方是，中古修士的鬼魂是如何被這位身陷囹圄的寡婦所吸引而來，至今依舊是個無解的謎題。

6. 鯊堡監獄尋求救贖的靈魂

位於俄亥俄州曼斯菲德的舊俄亥俄州立少年感化院，因為一部以史蒂芬・金的短篇小說《麗泰・海華斯與鯊堡的救贖》（*Rita Hayworth and the Shawshank Redemption*）所改編的電影而一夕成名，但鮮為人知的是，據說這裡鬧鬼相當嚴重。不論是囚犯和警衛的幽魂，似乎全都在這裡尋求著某種精神上的救贖與安寧。

當感化院於一八八六年開始動工時，建築師李維・史克菲德將此地設計成羅馬天主教設計風格，讓這裡成為一個可以激奮人心並賦予力量的建築。李維的意圖在於建造一座充滿十九世紀中期思想的監獄——來教導這些囚犯各種技藝，並逐漸灌輸他們敬畏上帝的觀念，讓他們以有貢獻的公民身分重返社會。這座監獄擁有全美最

大的獨立式鋼骨牢房區，六層樓的囚房共可容納一千兩百名囚犯。建築師以及監獄長官們的理想主義概念，確實在監獄啓用後的初期得到實現，根據歷史紀錄顯示，有超過百分之六十五的囚犯未再回籠。但隨著早期的改過自新觀念逐漸淡去之後，取而代之的是再犯和累犯的行為，最終原本設計只供兩人居住的囚房，必須硬塞四人才能容納暴增的囚犯人數。

俄亥俄州政府在一九九○年正式終止使用舊感化院。一九九五年，曼斯菲德感化暨保護協會說服了州政府，重新啓用這座已被蜘蛛網占據的城堡監獄。直到一九九九年，協會獲准買下感化院以及周圍共十七英畝土地，代價是一塊錢美金。

當一九九四年電影《刺激一九九五》上映之後，感化院突然變得熱門起來，擠滿了前來朝聖的影迷以及幽靈獵人。傳說中，出現在該座少年感化院紀錄中少數幾個無法安息的幽靈為：

一、十七號囚房的犯人，他先吞下打火機油，然後再點火自焚。

二、三十五號囚房的犯人，有人用力關上厚重的鋼造囚門時，不慎夾破他的頭。

三、在理髮廳用鋒利的刮鬍刀片割斷自己喉嚨的犯人。

四、前任典獄長亞瑟・葛雷特克的妻子，死於一九五○年，死因不明。

五、亞瑟・葛雷特克本人，在感化院內的不同地點都有人目擊他的出現。

六、厄本・威爾福特，在一九二六年一場企圖逃獄的行動中遇害的警衛。

旅行作家傑瑞・沃格諾在二○○二年十月十三日的《底特律自由報》中，發表一篇描述他在感化院裡目睹鬼魂現形的文章：

「鬼一般的影像突然出現，黑暗裡浮現出人的臉孔，遊客聽見神祕的人聲，偶爾是歌唱聲……其中最駭人聽聞的是有人說他們的身體被摸了一下：像是被彈了耳朵、肩膀被手指戳了一下、從背後被推了一下，以及在樓梯間被抓住腳踝等等。而且……他們都說當時四周只有自己一個人在，但是，他們真的只有一個人嗎？」

第十一章
幽冥湖海
Phantoms Seen on Seas and Lakes

1. 鬼船尤麗蒂絲號

一八七八年三月二十四日，居住在英國西海岸的民眾正沐浴在冬天過後、初春乍暖的陽光底下，享受這難得的好天氣。突然間，從西北方的海平面上飄來一片龐大積雲，直接朝著威特島及英吉利海峽而去。這片雲據估計長度約有二十四英里，厚度達半英里。儘管當天一點風也沒有，這朵雲卻仍以不尋常的高速通過他們的眼前。

這朵罕見巨雲飄過天空時，在底下的觀眾聽見高空中傳出一陣規律的呼嘯聲，同時感覺到一股凍到骨子裡的寒意。詭異的是，當那片雲飄過之後，呼呼的風聲和刺骨的寒意也跟著消失，盎然的春意和好天氣再度重現。

那朵神祕巨雲出現時，有兩艘船艦正航行於英吉利海峽上，一艘是九百二十一噸重、載有三百六十位水兵的英國皇家海軍戰艦「尤麗蒂絲號」，另一艘是距離它後方約一英里的商船「艾瑪號」。

這朵接近中的巨雲，就飄浮在威特島沿岸高約五百英尺的懸崖底下，等到它探出頭時，就快飄到尤麗蒂絲號的上空了。艦長完全沒有做好應付這突發狀況的準備，收帆的命令才剛發布，夾帶在怪雲裡的颶風就已襲擊毫無防備的艦艇。發出怒號聲的淒黑風暴壓制住了尤麗蒂絲號，斗大的冰雹和洶湧的浪頭，猛烈地衝撞著船身的每個角落。

尤麗蒂絲號與這神祕現象整整奮戰了半小時之久，終於，千瘡百孔的船艦停止掙扎，翻覆的船身下沉到海峽最深處，船上三百六十名士官兵僅有兩人生還。同一時間，在尤麗蒂絲號後方的艾瑪號，不同於沉沒在巨浪中的姐妹艦命運，乘著海風從容駛過，絲毫未受到這猛烈暴風雨影響。

　　之後的兩百多年來，在雨夜航行經過這片海域的船員，都說他們看到了鬼船尤麗蒂絲號，而當年那場突然憑空出現、摧毀了海軍艦艇的暴風雨傳說，依舊縈繞在許多守夜水手的心中。

　　接著在一九九八年十月十七日，倫敦《鏡報》報導了艾德華王子和一群劇組人員，在威特島上拍攝電視劇《王位與國家》第二集時，看見了尤麗蒂絲號出現。根據艾德華王子表示，當時他在現場告訴所有人關於尤麗蒂絲號的傳聞，描述這艘配備了二十六門火砲的護衛艦，在一八七八年意外遭遇神祕暴風雨襲擊而翻覆沉沒。就在劇組人員熱烈討論該如何傳神地描繪出這樁神祕事件時，一艘三桅帆船突然出現在眾人眼前。

　　能夠拍攝到和尤麗蒂絲號外形相似的船隻，這般機會讓所有人興奮不已，幾個攝影師開始將鏡頭對準了駛過的帆船，然而不久之後它就突然消失了。節目製作人羅賓・貝斯特告訴記者傑瑞・洛維爾，他們對著這艘船拍攝了一陣子，決定等到它駛離海平面時再捕捉這個畫面。「我們很高興有幸看見它出現，因為它讓我們省去了不少尋找類似船艦來拍攝的時間和金錢。我們才將注意力暫時移開它幾分鐘而已，它就消失不見了。」

　　英國國際航海訓練協會的官員，則為這樁神祕軼聞再添一筆，根據他們的了解，在艾德華王子和他的劇組夥伴看到鬼船當時的海域上，並沒有任何船隻經過。官員表示他們確實有兩艘訓練用的三桅帆船，但在事件發生的當時，這兩艘船並不在國內。

→1942 年，在油輪「沃特墩號」沿著美西海岸南下前往巴拿馬海峽的途中，兩名男子在船上的一起事故中死亡後舉行了海葬。而就在他們的葬禮過後接連幾天，目擊者指證歷歷地說他們看見兩張臉緊緊跟著油輪。©Fortean Picture Library

　　艾德華王子說：「世界上有太多不可思議的巧合、神祕事件以及靈異現象，在它們的背後肯定有些什麼東西存在，我不相信這一切都只是人們的想像，絕對沒有這麼單純。」

　　而就在親眼目睹鬼船出現之際，幸運的電視劇組人員也把握住難得的機會，順利將它的影像捕捉到膠捲上。

2. 消失的鬼船

　　一艘奉命到加拿大東海岸，對附近的法軍海港進行騷擾攻擊的英國砲艇，它的鬼影一再地出現在加斯灣的希望角附近。數十年來持續注意這起海上靈異事件的觀察家表示，一群幽靈船員整齊劃一地在上下層的甲板上列隊，掌舵的男子身旁還站了一位女子。當鬼船接近岸邊時，船上的燈光會逐漸熄滅，就在兩百年前那艘英國砲艇被擊沉的同個地點沉入海中。

　　一六四七年，當著康乃迪克州紐哈芬港邊等船靠岸的群眾眼前，一艘客輪憑空消失。在這之前的五個月，它才剛從紐哈芬港出發，在這段突然斷了音訊的期間，所有人都臆測它已遭逢不測。因此當它的帆桿和輪廓出現在港口附近時，好消息很快就傳了開來，急迫的親友蜂擁到港口迎接這艘迷途的船回家。但就在眾目睽睽之下，客輪逐漸變成透明，在所有人眼前慢慢消失。不到幾分鐘，現場只剩下驚愕的群眾，不知所措地注視著空蕩蕩的港口。

3. 帕拉丁號的傳說

　　許多聲譽卓著的目擊者都聲稱他們曾聽見，從距離羅德島州海域的鬼船「帕拉丁號」上傳出的恐怖慘叫聲，詩人約翰·格林里夫·惠提爾還將這樁傳說寫成詩句，而這艘鬼船的故事，也出現在新英格蘭地區的各項正式歷史紀錄中。雖然關於鬼船的最後一次正式報導已是一八二○年代的事了，但是布拉克島地區依舊有幾位耆老能夠詳述出帕拉丁號鬼船的故事。

　　帕拉丁號和它最終旅程以悲劇收場的故事，要追溯到一七五二年十一月，當時從荷蘭出發的帕拉丁號船上滿載的乘客，全都是要前往費城一帶新興地區的移民。他們把所有家當都帶在身上，沒有人有再回舊大陸的打算。

一路上的航行都相當平靜，直到帕拉丁號接近灣流附近為止，當時似乎整個北大西洋的惡劣氣候全都爆發在他們身上。接踵而來的暴風重擊，讓帕拉丁號的航線偏離到地圖上未知的海域。

　　船長在帕拉丁號啟程不久之後就生病了，而暴風雨的侵擾更讓他一臥不起。正因為船長久不視事，船員也跟著怠惰了起來。長達好幾個禮拜，渺小的客輪不斷受到凶惡大海粗暴的對待，而懶散的船員根本什麼事也不做，讓大海接管帕拉丁號的舵輪，任憑它與原本的航線漸行漸遠。

　　在船長不幸過世之後，乘客唯一的希望宣告破滅。野心勃勃的年輕船副靠著船員們在背後撐腰，掌控了船上的糧食供應權，連對那些負擔得起過分天價的乘客，這群貪得無饜的新船主也只願發配給他們極少的食物和飲水；至於身無分文而活活餓死的乘客，屍體則被丟到海裡餵魚。

　　船上的補給品在聖誕節左右時正式告罄。無情的船員自顧自地跳上救生艇，拋棄了在上面苦苦掙扎的乘客，任憑大海處置。之後客輪繼續載浮載沉了好幾天，直到最後終於擱淺在布拉克島的沙灘上，而船上還存活的乘客大多數都已嚴重精神崩潰。

　　布拉克島的村民讓倖存者遷移到他們家裡，但一名受盡身心折磨、親眼目睹親友餓死而導致精神失常的女子，拒絕離開帕拉丁號。她抗拒村民的好意，堅持留在船上，說要等她的家人回來後才一起離開。於是島民便讓女子留在船上，並供應她飲水和食物。帕拉丁號被拖到一個小海灣，村民們決定將船上所有可用的貨物搶救下來，在大家都方便的時候一起將船整個解體。他們推測或許到了那個時候，失心瘋的女子會恢復理智。

　　有天當島民們在帕拉丁號上工作時，突然間刮起了一陣強風，將船吹離岸邊。其中一名工人在急忙離開時意外踢倒了一盆炭火，

火舌從乾燥船板燃起，迅速向上竄升。當他們回頭往帕拉丁號望去時，看見的是已被沖天烈焰吞噬了的甲板。緊接在這場震撼之後，島民們聽見了火燒船中傳出淒厲的痛苦哀嚎，那個「瘋女人」被他們遺忘在船上！

所有工人都感到極度震驚和羞愧，但火延燒得實在太猛烈了，冒險回到帕拉丁號上根本就是送死。除了爲身陷火場的受難者禱告、祈求她的靈魂得以安息之外，他們無計可施。工人們只有渾身顫抖，目送著強風緩緩地將冒出熊熊烈火和濃煙的客輪送入大海。

帕拉丁號在一片火海之中航向了它傳奇性的句點，當地人宣稱每年到了它的忌日，帕拉丁號都會回來，其他人則辯稱帕拉丁號只有在原本那批船上自私的船員還有人在世時才回來過。歷史學家找到了爲數頗多的目擊者，所有人一致的說法是，他們不但看見了著火客輪的影像，還聽見了垂死婦人一陣陣恐怖的慘叫聲。

艾倫·威利博士描述自己曾多次看見過帕拉丁號的燈火，他敘述有一團像船一樣大小的火球朝著岸邊接近，然後慢慢變模糊，直到成爲海平面上的一個小光點消失不見爲止。

4. 瑪麗皇后號的幽靈

在豪華郵輪瑪麗皇后號服役期間（一九三六～一九六七），有四十一名乘客和至少十六位船員，在遠洋航行中死於各種疾病和意外。除了直接發生在船艙內或甲板上的死亡事件之外，瑪麗皇后號還是造成二次大戰期間三百名水手不幸罹難的禍首，後者這樁慘劇發生在巨型郵輪被漆成灰色，強迫徵召到軍中作爲美軍來往歐洲的運兵船之後。被戲稱爲「灰色幽靈」的瑪麗皇后號，靠著奇快無比的航行速度，多次成功躲避納粹潛艦的追擊，但也由於它驚人的速度和動力，才意外撞上了它的護航艦——英國皇家海軍戰艦「庫拉

索號」。庫拉索號當場斷成兩截，船上所有人員幾乎全部溺斃。

　　自從瑪麗皇后號在一九六七年永遠停靠在加州長堤市後，有成千上百位前來一睹巨型郵輪風采的遊客，宣稱他們看見化成人形的鬼魂、四處移動的物體和在船內走道上游移來去的詭異光影。神祕的人聲經常飄蕩在船艙裡，還有許多人說他們在船頭附近一帶聽見慘叫聲以及刺耳的金屬割裂聲，彷彿回到多年前的那個夜晚，重現「灰色幽靈」將庫拉索號撕裂的恐怖回音。

　　雖然目擊者指證他們看見鬼軍官、鬼船員和鬼士兵等等，但傳言中出現最多次的幽靈，應該要算是一位十八歲的年輕船員，他被故障的十三號液壓鋼門活活壓死在引擎室的管線和樑柱深處。許多目擊者宣稱，他們親眼見到一個穿著連身工作服的年輕人站在引擎室的狹小通道間，然後當著他們的面前消失在空氣裡。其他人則是在各種狹窄的走道上遇見他，有些人甚至還讓路給他，接著就看到年輕人在走了幾步路之後，消失在他們眼前。

5. 大黃蜂號：滿載幽靈的鬼船

　　大黃蜂號在服役期間戰功彪炳。這艘巨型航空母艦上的起降甲板長達八九四英尺，總重量達四萬一千噸，上面還有一所功能完整的醫院、三間理髮廳、一間裁縫店、一間鞋店和七間畫廊。在二次大戰期間最高紀錄同時有三千五百名水兵登艦，而大黃蜂號更在大小海戰中贏得了九枚戰星勳章。也由於在它服役期間（一九四三～一九七〇）經歷各類大小戰役，據估計，因為交戰或船上意外喪生的官軍將士多達三百人。

　　一九六九年阿波羅十一號完成人類史上首次登月任務，在太空人返回地球時擔任接駁任務的，就是「大黃蜂號」。到了一九九五年，已除役的大黃蜂號永泊在加州奧克蘭市外的阿拉米達角基地，

正式被列為美國國家歷史地標之一，並以博物館的身分開放給大眾參觀。

在大黃蜂號上曝光率最高的鬼魂，是一位穿著卡其制服的軍官，經常有人看見他走下階梯到底層的甲板去。根據幾位自稱曾跟在鬼軍官後面的目擊者表示，原本他們單純以為他是博物館裡的員工，或是來訪的海軍軍官，不料他卻當著驚愕瞠視的眾人面前突然消失。由於航空母艦在二次大戰期間服役的關係，目擊者在大黃蜂號上看見的鬼魂大部分都是男性這一點，是可以理解的。有些目擊者還發誓說，他們認出了在二次大戰期間帶領大黃蜂號歷經多年艱苦奮戰的海軍上將——喬瑟夫·詹姆斯·克拉克。

→超自然現象研究者洛依德·奧拜克。©Loyd Auerbach

著名的超自然現象研究者洛依德·奧拜克曾在大黃蜂號上進行過多次調查研究，同行者包括靈媒史妲西·瑪格麗特·莫瑞，以及其他研究者大衛·理查森、弗瑞德·史皮爾和狄尼·安德森等人。調查小組仔細搜尋這巨型航空母艦上的各層甲板和大小艙房，連隱蔽的角落和縫隙都不放過（洛依德說他們簡直就像在搜索一座小城市），找出了二十七個他們根據靈動測量儀評估為最「熱烈」的地點，以及其他多處「微溫」的區域。由於大黃蜂號上的幽靈活動範圍太過廣大，洛依德還將它取名為「幽靈鬼船」。

這些研究員將其中兩個地點，視為最易吸引靈魂留連的場所：醫務所和位於船尾的三號停機棚。洛依德表示任何人都想像得到，

醫護人員忙著治療戰時傷患的地點，自然會吸收大量的複雜情感，精神上較為敏感的人到了這裡，可能都會感應到「十足的壓迫感」。有趣的是，洛依德在二〇〇〇年十月的《命運》雜誌裡的文章提到，當時他們隊裡的兩位靈媒「接收到有些地點務必得迴避的感覺，至少在我們完全為這些鬼魂所接受之前，切勿接近」。

一接近停機棚，洛依德就有種走進大片濃霧裡的感覺，一陣噁心的反胃感隨即湧了上來。當他退出那個區域，所有不適感就消失了。靈媒和其他隊員都感應到那裡存在著強大的負面能量。

「在三號停機棚裡外的那一帶，是許多民眾目睹幽靈出現過的地方，」洛依德說道：「這也是其中一處我初次造訪就強烈感覺到有『某種東西』存在的地方。此外，在停機棚盡頭的風扇區，也是傳聞鬼魂活動相當頻繁的地點之一。」

6. 忠誠的鬼魂拯救無助漂流的漁夫

一九九一年的某個夏日，三名吉里巴斯共和國的漁夫，塔巴瓦‧米凱、紐提‧塔卡曼古和阿倫塔‧泰貝塔布，從位於南太平洋的吉里巴斯島結伴出海捕魚。在航行到一座名為尼庫瑙的環珊瑚礁島外圍時，一陣突如其來的強風掀翻了他們的小漁船，二人應聲落海。儘管馬達已不知去向，他們還是奮力游回船上。坐在失去了動力的小漁船上，三人只能隨波逐流，任憑海水將他們帶往更深的海域，開始了一段漫無目的、沒有盡頭的絕望之旅。

然而不可置信的是，三名漁夫竟然在海上待了一百七十五天，漂流將近一千英里。他們僅僅以一隻魚叉和一條釣魚線，靠著吃生魚撐了過來，偶而撈到幾顆漂浮的椰子時，菜色就會有點變化，此外他們還必須收集珍貴的雨水。有好幾次，張著血盆大口的鯊魚群繞著他們的小船打轉，但這幾位勇敢的漁夫在他們六個多月的漂流

期間，往往都能逆轉局勢，甚至獵殺了不下十次這些不懷好意的掠食者，大啖生鯊魚肉片。二十四歲的塔巴瓦事後表示，他們每天都向上帝禱告四次，祈求祂的憐憫，前來解救他們。

悲劇終究還是發生了，在展開這段似乎永無止境的漂流之旅後，四十七歲的紐提心臟敵不過嚴峻的苦難與折磨而停止跳動。悲傷的同伴們只能選擇將他的遺體留給大海。

倖存的塔巴瓦和阿倫塔還有更多艱難考驗在前面等著他們。因為小船就快漂流到西薩摩亞群島中最多山的烏波盧島，他們必須操控著這艘十二英尺的小船，穿越過南太平洋其中一片暗礁遍布的危險海域。以他們虛弱的身體狀況來看，這篤定是件不可能的任務。

紐提是三人中年紀最大、最有經驗，也是技巧最熟練的航海員。若是他還活著，一定能夠引領他們到安全的港口。塔巴瓦和阿倫塔放棄掙扎，由著宿命接管小船漂流的方向：他們知道自己也會和紐提一樣，在抵達陸地之前就一命嗚呼。

就在漁船注定要撞上鋒利的暗礁、碎裂成千百片漂流木之際，兩人看到已逝好友的靈魂從波濤洶湧的海面升起，頓時嚇傻了眼。紐提的鬼魂告訴他們，只要聽他的話，他們就會安然無事。儘管快要解體的小船周圍滿布著無法預測的暗礁，塔巴瓦和阿倫塔卻一點也不擔心，就在紐提熟練的帶領下，他們穿越過重重的致命礁石，安全登上烏波盧島的海灘。不久之後，兩名瀕臨半死狀態的漁夫被當地人送進醫院治療。

事後有關當局以及新聞記者一致認定，他們在歷經六個月的海上漂流還能存活下來，可說是項奇蹟紀錄；而塔巴瓦和阿倫塔卻獨排眾議，表示這是他們遇難的好友顯靈，才讓他們得以倖存。在他們的聲明中，兩人都宣稱若不是紐提的友愛與忠誠讓他的靈魂回來幫助同伴，他們早就被烏波盧島的暗礁撕裂成一塊塊的魚飼料了。

7. 大灣角燈塔的鬼魂「威利」

在諾曼和瑪麗蓮・蓋茲修面前，不必大費周章的搬出什麼集體精神能量的理論或討論它們存在的可能性，只要提到一個名字就夠了——「威利」——這個在密西根州大灣角的百年老燈塔裡出沒的神祕鬼魂。當他們在一九八六年十二月剛搬進來時，諾曼說他不相信鬼神之說，但是在燈塔裡住了幾個晚上之後，他改變了想法。

在蓋茲修夫妻抵達燈塔後的第一個晚上，外頭突然狂風四起，百葉窗也跟著不斷發出嘎吱聲。各種雜亂的聲響，營造出強烈暴風雨欲來的氛圍。但當諾曼和瑪麗蓮探頭向外張望，立刻恍然大悟原來唯一的暴風雨發生在燈塔裡。事後他們才知道，這詭異的氣候只是威利歡迎他們的一種方式而已。

「威利」的本名是威廉・普萊爾，是一八九六年派駐在此的退伍軍人。威廉是一位相當盡忠職守的完美主義者，然而他二十歲的兒子自殺讓他頓時徹底崩潰。一個禮拜後，帶著悲痛與羞愧，威廉上吊結束了自己的生命。

瑪麗蓮說在他們搬進到燈塔後不久，有一次她聽見有人在樓上房間裡叫她的名字。原先她以為是諾曼在叫她，走上樓後才發現所有房間全都空無一人。「威利」之後又叫了她的名字兩次，似乎對她友善的本性感到滿意，從此他便沒再出聲過。

在一九九〇年，當蓋茲修一家人將燈塔改建成汽車旅館的期間，其中一個客人說她看見一名男子身穿別著閃亮黃金鈕扣的軍服站在她的床腳。男子告訴她燈塔裡的一切騷動讓他很煩悶，男子還說除非所有改建工程都結束，否則他不會安心。話一說完男子就消失了，他毫無頭緒的言語，讓一頭霧水的女房客都忘了害怕。

蓋茲修夫妻連忙向客人解釋威利是他們家的地縛靈，他並無惡意和傷人意圖，只是對他們管理燈塔的方式有些吹毛求疵而已。

8. 白岩湖的鬼女孩

　　每個住在達拉斯白岩湖附近的人都表示，他們在晚上看過好幾次一個穿著浸濕睡袍的小女孩鬼魂出現在湖邊，特別是那些為了欣賞湖景而專程把車停到湖邊的年輕情侶，更能繪聲繪影地描述出好幾種令人毛髮倒豎的恐怖故事。有個年輕人說他這輩子永遠都忘不了當時，鬼魂往車窗裡瞪著他和身旁已嚇到魂不附體的女伴這一幕。

　　專欄作家法蘭克‧X‧托伯特在《達拉斯晨報》寫了一篇關於這個鬼女孩傳說的文章後，就接到了上百封的讀者回信，電話聲更是從沒停過。很顯然確實有不少人都看過這小女孩幽靈的出現，而且他們的證詞都相當堅決。

　　讀者戴爾‧貝瑞在給法蘭克的信件中提到，他們家人在一九六二年九月時搬進了白岩湖的新家。在新居的第一個晚上，聽見門鈴聲大作的戴爾急忙跑去開門，但是外面卻沒有人在。不久後門鈴又再次響起，儘管這次戴爾以最快速度衝到大門口，那個按下門鈴的人早在他開門之前就已經消失了。

　　在門鈴響第三次的時候，換成戴爾的女兒去開門，不到一會兒，全家人都被她的尖叫聲召集到大門口。在門廊的地上他們看見了一大灘水跡，像是有人穿著濕透的衣服在那邊站了好一陣子。屋外的台階和通往門口的通道上都有一整排水滴的痕跡，但灑水系統並未開啟，院子裡的其他地方都是乾的，而且當天是個晴朗無雲的夜晚。此外，他們的鄰居也不像是喜歡惡作劇的怪人。

　　看起來似乎是白岩湖的小女孩鬼魂想來拜訪新鄰居，歡迎他們來和她作伴。

9. 一位不尋常的釣魚夥伴

在二〇〇〇年四月二十六日的《潔夫·任斯秀》節目中，一位名叫珍妮的女性打電話到節目裡，述說一九八六年她住在澳洲時所碰見一生中最離奇難解的謎團。原本在這位幽默能言的女子口中一椿生動有趣的軼事卻突然急轉彎，變成一則讓人不寒而慄的鬼故事。

由於她先生大部分時間都在出差，幾乎不太待在鎮上，珍妮必須身兼父職來照顧他們的小兒子。儘管以前沒有任何釣魚經驗，她還是買齊了釣竿、釣輪以及其他所有必要的設備，帶著小兒子到土桑鎮外的湖邊釣魚，畢竟這是父親才會和兒子一塊做的事。

那天下午，他們在湖邊釣魚的地點附近除了母子倆以外沒有其他人。珍妮一直無法順利將餌蟲穿在魚鉤上，力氣也不夠大到將釣魚線甩到魚會來吃餌的地方。就在她的挫折感逐漸加重，心想著帶兒子釣魚來讓他開心真是件蠢事的時候，一位二十幾歲的年輕人從她的背後出現，上前表示他願意幫忙穿魚餌。他告訴珍妮她必須把蟲打成一個結，這樣才不會讓它從鉤子上滑下來，然後便向母子倆示範穿魚餌以及甩魚竿的方式。

年輕男子整個下午都陪著他們，三個人有說有笑地享受釣魚的樂趣，而且還真的釣到了幾條魚。釣魚結束後，珍妮開口邀請男子和他們到野餐區一起烤肉。釣魚時的歡愉氣氛延續到烤肉時間，所有珍妮事先準備的漢堡和其他食物全被一掃而盡。珍妮還幫那位年輕人和她兒子合拍了張相片，對這麼美好的一天而言，這實在是個完美的收場。

隔天珍妮將底片拿去沖洗，當她看著照片上男子燦爛的笑容時，不禁為他貢獻出自己的一天與他們共度的無私態度所感動。她心想，這個青年肯定是要去湖邊悠閒地釣魚，卻犧牲了自己寶貴的

休假時間，陪珍妮的兒子度過一個意義非凡的下午。於是她決定要寄張相片給這位年輕人，作為釣魚課的謝禮。

年輕人曾告訴過珍妮他的全名以及工作地點，於是她從查號台問到了電話號碼後，打到他工作的店裡。珍妮說出年輕人的名字，電話隨即被轉接給一個口氣相當差的男子，質問她為什麼要找他。珍妮頗不耐煩地說明他們相遇的經過，表示她想要寄張相片給他，作為回禮。

聽到這番話，電話線那頭的男子便要珍妮形容這名釣魚夥伴的樣貌。她一五一十地說出年輕男子的特徵時，話筒那端開始傳來急促的喘息聲，那位粗魯男子說她形容的人，正是他五年前溺死在那湖裡的弟弟。

大吃一驚的珍妮，原本以為是這名粗魯男子開了個惡毒玩笑，但後來她到公立圖書館查閱舊報紙的資料後，證實了男子的說法。

她認為年輕人的哥哥或許會想親眼看到弟弟靈魂的照片，於是將相片寄出。然而幾天之後信件卻原封不動地退回來。她把相片收在抽屜深處，但它又自動出現在桌面上。擁有這張照片讓珍妮感到越發不安，不管她怎麼處置它，照片都會回到她身邊。珍妮甚至還試過將它撕成碎片後燒掉，但它還是會完整地出現在她面前。

最後珍妮開車回到遇見那位青年的湖邊，用極為莊重的態度說，她認為現在該是他離開世間、走進那道光裡的時候，他不應該還繼續留在湖邊。她會向上帝禱告，祈求他的靈魂得以安息。

珍妮開車回家後直接上床睡覺，到了凌晨三點鐘左右，她床邊的電話響了。因為先生在外地出差，她害怕會是緊急通報電話。當她顫抖著雙手接起話筒時，聽見的先是一陣吵雜的靜電干擾聲，像是從遙遠的地方打來的長途電話，一個男子的聲音對她說「謝謝妳」之後，就掛斷了。

珍妮告訴傑夫和我，第二天她就再也找不到那張年輕人的照片。它終於消失了，從此未再出現。

第十二章
幽冥交通工具

Ghosts on Trains, Planes, and Automobiles

1. 南來北往的幽靈列車

1-1 麻薩諸塞州匹茲費得市的幽靈列車

有不少住在麻薩諸塞州匹茲費得市的居民，都深信有這麼一台幽靈列車的存在。他們信誓旦旦地說，曾看見過這台幽靈列車奔馳在北街橋和交叉道中間的鐵軌上，從聯合車站前呼嘯而過。幽靈列車讓目擊者印象最深刻的一幕，發生在一九五八年二月的某個下午，約翰·奎克和他的幾位客戶在橋頭餐廳裡，親眼目睹這列幽靈火車出現。

約翰對記者說他看見的幽靈列車，是由一節行李車廂和五、六節客車廂所組成。而且他和客戶們連火車頭的螺絲釘樣式都形容得出來，列車清晰可見的程度，讓他們連供煤車裡的煤炭都看得一清二楚。鐵路官員的回應則是這條路線上好幾年都沒有行駛過蒸汽列車，絕不可能有人在附近看見那列傳說中的蒸汽火車。

在一個寒冷的三月清晨六點半左右，橋頭餐廳的員工和幾個客人又看見了幽靈列車出現。當時店裡沒有人錯過幽靈列車出現的畫面。當時也在現場的服務生史蒂夫·史卓斯表示：

「就和它之前每次出現時一樣，蒸汽火車頭後面拖著一節行李車廂以及五、六節客車，往東朝著波士頓方向高速駛去。」

1-2 德州的幽靈火車

德州帕沙第納市的湯瑪斯・菲力普回憶道,在一九六○年代有一次他出差時,在貝勒維爾和斯里間的某地等待火車通過的往事。火車先是出現在他的右手邊,距離他的位置約三百英尺,然而奇怪的是,湯瑪斯覺得這列由舊式蒸汽火車頭拖行的火車,彷彿是從一片濃霧中突然冒出似的。

就在他不耐煩地叩擊著方向盤、希望火車快點通過時,湯瑪斯突然注意到周圍竟然沒有警示燈、交通標誌或其他燈號。火車緩緩通過面前時,他還發覺到照亮火車的並非他的車燈,而是完全不一樣的光源。在最後一節車廂通過之後,眼前的景象著實讓湯瑪斯嚇了一跳,整條人行道既無鐵軌的蹤影,地上更沒有安裝過鐵軌而裂開的痕跡。

1-3 在鐵軌間尋找頭顱的幽靈技師

八十多年來,薩克其萬省的聖路易小鎮居民,都曾見過那列幽靈火車的車頭燈光,以及接續出現的微弱提燈燈光;後者據說是位陰魂不散的加拿大國家鐵路公司的技師,提著燈要找他的頭顱。整件故事起源於多年前,這位技師正在聖路易站附近巡視軌道狀況,突然被疾駛而來的火車撞上而慘遭斷頭。

市長艾梅爾・盧西爾在二○○一年十一月一日接受加拿大廣播公司訪問時表示,鐵路公司請來的科學家到現場調查時,他也在場。艾梅爾說幽靈技師耍弄提燈的招數,讓這位科學家除了困擾與挫折之外,一無所獲地離開。黯淡的燈光總是跟在他們背後,但只要他們一回頭,鬼火就立刻轉移陣地到他們的腳後跟旁。

2. 重返人間澄清聲譽的飛行員

　　一九一三年五月的某天，一群英國空軍訓練基地的駕駛員和技師正在停機棚裡仔細檢查著一架新進廠的飛機，其中興致最高昂的莫過於將負責它處女首航的飛行員——戴斯蒙‧亞瑟中尉。這位黑髮的愛爾蘭青年熱血沸騰，新飛機有著相當先進的線條輪廓，而資深技師也同意它的外型確實很亮眼，但同時他也對新飛機能否承受超重壓力抱持存疑的態度。

　　「我們待會就知道了，」亞瑟中尉自信滿滿地說道，一邊步進座艙。一名技師用力轉動螺旋槳，然後在引擎發動前一刻跳離機頭。年輕飛官毫不猶豫將新飛機滑行出去，加快到起飛速度後升空飛翔。

　　飛行成功的駕駛員在底下觀眾的注視下，將新飛機爬升到將近四千英尺的高空，隨後逐漸降低高度，開始以一連串的特技動作測試新飛機的操控性。在進行連續旋轉翻滾動作時，飛機突然往後方傾斜，接著一塊機翼應聲脫落，整架飛機連同駕駛員像自由落體般直線落到地面上。莫卓斯基地的救難人員趕到現場時，亞瑟中尉已經斷氣多時。

　　直到一九一六年軍方才對這起空難做出正式評論，根據軍方單位在意外發生後第一時間的調查結果，以及對墜機現場目擊者證詞的評估，當局將整起意外歸咎於飛行員的判斷錯誤。儘管有不少聲音包括那位資深技師，指出墜機的肇因是飛機本身結構上的不良，但在評估報告中卻完全隻字不提。

　　在這份報告公布的幾個禮拜後，一位技師驚覺戴斯蒙‧亞瑟中尉的意外絕不是用幾句話就能輕易打發掉的。當時他正在維修一架飛機的內部支架，突然看見一位身著飛行服的軍官向飛機走來。沒多加理會的技師繼續埋首工作，軍官走到他的正前方，停了下來。

對於橫瓦在兩人間的沉默感覺有些不自在的技師，忍不住率先開口，他頭也不抬地問軍官是否想要駕駛這架正在維修的飛機。軍官始終沒有回話，技師便從支架下滑了出來，站直身子看著這位沉默的男子。

軍官的表情因盛怒而扭曲變形，狂怒的嘴唇不斷抽搐，還做出大吼的手勢，但卻沒有發出任何聲音。心生恐懼的技師見狀，趕忙往旁邊退了幾步以遠離這位怪異的飛官，緊張到連握在手上的扳手都掉到地上。在他來得及轉身逃跑之前，軍官就消失了。嚇壞的技師沒命地狂奔，直到被另一位空軍上士攔下來為止。

「我看到他了，」技師上氣不接下氣地擠出這兩句話：「戴斯蒙・亞瑟的鬼魂！那些軍官說的對，他回來了！」

莫卓斯基地的鬼魂第一次現身的時間是在一九一六年八月間，目擊者是羅夫・彼德森少尉，當時少尉回到寢室後看見一位同袍飛官背對他倚牆而立。他很驚訝對方為什麼出現在他的寢室，正打算開口詢問時，這位神祕訪客竟然就消失在牆壁裡。彼德森少尉向上級呈報這起靈異事件，卻被詹姆斯・羅斯福上校駁斥為無稽幻覺，還告誡他沉溺酒精的危險。

幾天之後，兩位高階軍官也看見同一位怪異飛官。住同間寢室的詹金斯少校和艾德華・麥勒上尉剛躺下準備入睡，床頭燈熄掉沒幾分鐘後，兩人就被黑暗中的腳步聲驚醒。他們才在床上坐起身，都還沒來得及採取任何行動，寢室門就被推了開來，走進一位身穿飛行服的年輕人。他激動地比劃著手勢，像是在對他們兩人大叫，事後兩人都無法證明這位憤怒的訪客曾發出過任何聲音。

打開電燈後，年輕人就在兩名軍官的目光注視下憑空消失。隨後，他們以最快速度封鎖了整棟建築物，派員看守住所有出入口，而衛兵的回報是沒有任何人離開這棟建築物。兩位軍官親自主持過

晚點名之後，更確信剛才那位神祕訪客絕非活生生的人類。

　　下一位看見鬼魂現身的軍官則認出了它的身分。從軍中被徵召到基地擔任人事參謀的愛德華斯中尉發誓，他親眼看見戴斯蒙・亞瑟走進他的寢室。愛德華斯認識戴斯蒙很久了，他的證詞中也提到一個似乎快要喊破喉嚨對著他大叫的男子，但同樣聽不到這名男子發出任何聲音。

　　莫卓斯基地的鬼魂爲航空界新聞增添一則光怪陸離的紀錄，然而一九一六年當時的飛行員並未獲得過多少正面的報導。第一次世界大戰的巨額空戰費用，壓得英國政府喘不過氣，因而在當時常拿毫無經驗的空軍部隊開刀，對戴斯蒙・亞瑟的墜機事件報導可說是完全服膺這種精神。儘管有幾位忠貞愛國的飛官竭力要將汙點從戴斯蒙的優秀紀錄中抹去，他們的努力卻被一股針對空軍而起的批評聲浪淹沒。除了巨額軍費和戰爭造成的損失外，英國空軍的空戰失利次數在一九一六年達到最高峰，國會甚至還任命了一組委員會來調查這整件事端，迫使皇家空軍部隊必須卑躬屈膝，承擔國會賦予他們的雙重義務——降低軍事費用，同時提高功績。

　　然而戴斯蒙・亞瑟的鬼魂似乎鐵了心，想要扭轉那起意外事故在他身後留下的不名譽紀錄。基地鬧鬼的傳聞甚囂塵上，很快就傳遍歐陸各國，甚至還傳到了敵軍耳裡。有架德國士兵駕駛的戰鬥機被聯軍擊落，在被俘虜時他開口第一句話就是想知道莫卓斯基地的鬼故事。

　　在這段期間國會指派的委員會發現，要提高英國空軍的作戰效率勢必會增加軍費支出。運達法國基地的飛機幾乎都配備不全，鮮少有完整齊全的必要裝備，而派往前線的人手多半都僅受過幾天訓練而已。就在這個節骨眼，英國航空雜誌《飛機》的編輯蓋瑞，接下重新調查戴斯蒙・亞瑟事件的任務。

「看看連現在的訓練和戰鬥機都差到不像話，」蓋瑞寫道：「請自行想像在一九一三年當時的狀況會有多糟。」

在他的好友——英國最早期飛官其中一員的柏林指揮官協助之下，蓋瑞促使當局再度對戴斯蒙‧亞瑟的案子展開調查。幾個禮拜之內，「皇家空軍俱樂部安全暨意外調查委員會」宣布戴斯蒙‧亞瑟完全沒有任何誤判的嫌疑。透過國會裡的有力人士相助，這些調查結果終於在一九一六年十一月十二日正式編入國會紀錄中。

大約兩個月之後，飛官鬼魂最後一次出現在莫卓斯基地。幽靈先是現身在愛德華斯中尉面前，接著看見它的是詹金斯少校和艾德華‧麥勒上尉。他們三人異口同聲表示，鬼魂明顯地對著他們咧嘴微笑。莫卓斯基地的鬼魂成功證明了自己的清譽，從一九一七年一月之後就再也沒有人看見過他了。

3. 布力克‧巴頓傳奇

這是一則我最喜歡的二次大戰鬼故事。聽起來或許有點像是戰時傳奇，但是對一個來自於戰爭年代，特別是有個表哥在英國駕駛 P-51 野馬戰鬥機、兩個叔叔駕駛 B-24 轟炸機的我而言，成長過程中大人們告訴我的不是英雄事蹟，就是那段期間的英勇飛行員為國捐軀的壯烈故事。

來自紐約州奧本市的布力克‧巴頓上尉，他是二次大戰期間駐英國空軍基地的 B-24 轟炸機飛行員。這天巴頓上尉才剛和組員完成了在德國法蘭克福的轟炸任務，副駕駛向他確認他們已經通過了所有目標，也投下了所有炸彈，現在要返回家園。

巴頓點點頭，他們已經成功完成任務，回到基地每個人心情都會很愉快。當巴頓正將轟炸機掉頭轉向、準備飛回英國時，一架德國戰鬥機突然從 B-24 旁邊竄出，朝著他們猛烈掃射。駕駛艙被打

出了好幾個窟窿，巴頓也身中好幾槍。

　　看見機長中彈的副駕駛立刻接管飛機的控制權，聽見轟炸機後方傳來震耳欲聾的機槍回擊聲，他曉得那架德國戰鬥機現在不再是他要擔心的了。但他不禁自問該如何靠一己之力，才能讓這架龐然大物安全飛回英國。

　　「別擔心，孩子，」巴頓的嘴角勉強擠出一點笑容對他說：「你只要控制好飛機，我會給你指示帶我們安全回家的方法。我這一路上都會陪著你的。」

　　當 B-24 接近英國基地時，副駕駛用無線電通知塔台，要他們替巴頓準備好救護車。當這位如釋重負的年輕軍官步出駕駛艙，基地軍醫上前稱讚他安全降落的英勇事蹟。

　　「謝謝您的嘉勉，長官，」副駕駛回答道：「但是如果沒有巴頓上尉的協助和指點，我一個人是無法辦到的。從他在法蘭克福上空中槍那一刻起，他就一直用話語鼓勵我，給我正確的指示。您最好還是立刻看看他的情況。」

　　醫官連忙衝進駕駛艙，幾分鐘之後他臉色蒼白、渾身顫抖著離開轟炸機，走向年輕的副駕駛說道：「你說巴頓上尉一路上都跟你說話，還幫助你讓飛機安全降落？」

　　「一點也沒錯，」副駕駛再次確認他的說法，同時皺著眉頭，滿臉困惑地看著提出這些怪問題的醫官。

　　「但那是不可能的事啊，」醫官回答：「巴頓上尉中彈後當場死亡，距離現在起碼已經死亡超過一小時了。」

4. 不存在的車禍通報，揭露被遺忘的屍體

　　二○○二年十二月十一日週三晚上七點二十分，警察局的調度員接獲駕駛人通報，在蘇里的 A3 公路上發生車禍事故。值得玩味

→這張照片拍攝於福特汽車創辦人亨利‧福特宅邸。儘管按下快門時並沒有人坐在這台古董車裡,照片洗出來之後,駕駛座上卻出現了一個清晰可見的男子影像。©Cindy Blake/Michigan Ghost Watchers

的是，調度員沒有想到自己接到的其實是椿恐怖鬼故事的開端。所有目擊者的證詞完全一致：一輛汽車在靠近吉爾福德的伯份鎮公路上突然偏離車道，車燈燃燒了起來，直衝到 A3 公路旁的樹叢間。獲報前來調查的警察到了現場後，卻沒有發現任何疑似車禍的跡象，從 A3 公路旁完整的濃密樹叢看來，根本沒有被衝撞過的痕跡。

　　但是目擊者言之鑿鑿，堅稱他們親眼目睹到冒出熊熊火光的汽車，一頭栽進矮樹叢裡。警察只好隔日白天再度返回現場，在盤根錯節的濃密樹叢間展開地毯式搜索。這次的發現讓他們大吃一驚，一輛撞爛的休旅車整個車頭埋在水溝裡，藏身於路邊看不見的位置。然而它不可能是在前一晚車燈著火後才撞爛的，這台殘骸看上去已經在那好一段時間，久到幾乎快解體了。大惑不解的員警們繼續在附近搜查，但除了一輛顯然是發生在好幾個月以前的車禍殘骸外，一無所獲。

　　二〇〇二年十二月十三日，警方公布休旅車上的屍體身分為克里斯多福・錢德勒，正因一起強劫案遭通緝中。他在七月十六日被其兄向警方通報為失蹤人口。根據蘇里警方表示，他的屍體及休旅車整整五個月未被人發現，就躺在距離每天上萬駕駛人通過的公路僅有幾碼之遙的隱密樹叢中。

　　從諸多具體事證看來，那場讓克里斯多福喪命的車禍，發生時間應是在七月，而非民眾報案的十二月。讓所有人永遠無法找出滿意答案的問題是，在十二月目睹那場車禍的駕駛人看見的，究竟是不是原本發生在七月那場不為人知的車禍，喪生的亡靈將整個景象再次重現在他們眼前呢？

5. 高速公路上的幽靈汽車

5-1 瑪莉超過一輛突然消失的車

奧勒岡州波特蘭的瑪莉寫信告訴我，一件發生在朋德到伯恩斯段高速公路上的故事。那天一大早她正往東開要離開朋德：「這條沿著沙漠的公路有點蜿蜒，而且是一路從馬脊山延伸下來的長緩坡。我並沒有開得很快，而是以剛好的速度享受馳騁在公路上的快感，不久後前面出現了一輛速度很慢的黑色轎車。我打了超車燈後加速超過它。在超過它的那一瞬間，我往轎車裡看會否恰好有我認識的人，但車上只有一對老夫妻，也正往我這邊看。」

就在瑪莉超過黑色轎車的那一瞬間，她看了一眼後視鏡，竟然沒有半台車在她的車子後面。

「在我後面是空蕩蕩的高速公路。」瑪莉的腦海中突然閃過一個駭人的念頭：「那對老人家該不會把車子開上邊坡去了吧？那可是有好幾呎高啊！我急忙減速，將車停到路邊後跑出來察看。我站在車後左右張望，但任憑我瞪大了眼睛，視線之內就是沒有那台黑色轎車的蹤影。在我停車的地方並無任何聯外道路，附近也沒看到有其他車輛經過。而且最奇怪的是，那台車才不過離開我的視線短短幾秒而已。」

正當瑪莉站在路邊，試圖找到一些那輛載著一對老人家的神秘黑色轎車留下的痕跡時，「突然間一陣微風往我身上吹了過來，我脖子後面和兩隻手臂上的汗毛全都豎了起來。我趕緊跳上車，鎖上車門，加速離開現場。當時我是既害怕又疑惑，到現在還是一樣。每次只要我一想起那輛神祕消失的轎車和那陣無中生有的冷風時，心裡就會升起一股讓我全身汗毛直豎的恐懼感。」

5-2 馬克斯與雪佛蘭幽靈的邂逅

一九九一年的一個星期日傍晚，馬克斯正載著一家人在通往紐約州阿爾巴尼市內的公路上，而開在前面的那輛超慢速老爺車（他推測應該是一九四一年的雪佛蘭轎車）拖垮了整條路的車流速度，讓他變得煩躁起來。馬克斯心想這台車大概是要去參加或剛從某個古董車展回來，他很想容忍它的龜速，但是他們全家剛從喬治湖渡假回來，大家都累了，而且他想盡快回到家趕些工作。

「隔天早上我必須帶著準備好的簡報資料提早到公司，而且還有幾個重點需再琢磨一番，」馬克斯說道：「當我靠近雪佛蘭時，我很訝異它車上竟沒有應掛的特殊車牌。我最不喜歡做討人厭的事，但是我真的將上半身往前傾，想要看清楚一點。」

馬克斯還記得他看見雪佛蘭的駕駛轉過頭來，表情震驚地看著他。「我本以為會看到一張憤怒、帶有敵意的臉，搞不好還會對我比劃出一些不雅的手勢，但是他看起來就是一副真的被我嚇到的樣子，彷彿以為整條路上只有他一輛車而已。」

接著在馬克斯、他妻子和三個小孩的注視下，發生了他們不敢相信的事實，那輛開在他們前面的老雪佛蘭車，竟然漸漸消失在空氣裡。「它就像是張老相片泛黃的痕跡一樣，在我們面前漸漸淡去，直到完全消失、看不見任何它曾經存在過的跡象。那台古董雪佛蘭和它的司機，在不到三十秒的時間內像蒸發一樣完全消失。」

5-3 來自另一個空間的馬車與乾草堆

明尼蘇達州伊萊郡的伊妮絲，描述她在一九二四年冬天那場不可思議的遭遇，當時她和其他四個人被大雪困在明尼蘇達安博拉斯市附近的一所舊郊區學校裡。當所有人正埋頭鏟雪要開出一條回家的路時，他們抬起頭看見了前方狹窄的鄉間小路上，有一組馬車拉

著整貨車的乾草，朝著他們疾馳而來。坐在乾草堆上的兩個男子，似乎沒看見那群因車子被積雪困住而動彈不得的男女。

當馬車將乾草堆拉到他們正前方時，伊妮絲連忙跳向路邊，而她的朋友瑪莎則跳向路的另一頭。然後，就在馬車行經她們兩人中間時，連人帶馬以及一車的乾草全消失了。幾秒鐘以前，她們才被那車高聳的乾草堆擋住而看不見對方，現在她們竟然面對面地看著彼此不可思議的表情。稍稍恢復鎮定之後，她們便四處尋找貨車的痕跡，以證明它真的出現過，但是皚皚的雪地上只留下她們慌亂的鞋印。

5-4 駛過大門口的幽靈車

來自蒙大拿的黛博拉寫信告訴我，有輛幽靈車會從她的同鄉好友家的大門口經過。

「他們家的車道有一段以前曾是鄉下的公路，」黛博拉寫道：「這條鄉間小路經過他們的門廊，穿過他們家的牧場後，往起伏的山丘延伸而去。我曾經坐在他們家的前廊，也聽過來往車輛開下他們的車道，通過這片前廊後繼續往牧場駛去。我從來都沒能看見過這些車了，但我很肯定自己聽見它們壓過碎石路的嘎吱聲。」

「每次我到他們的牧場作客時，都會聽見車子經過的聲音。但我那不信世上有鬼魂之說的朋友說那只是風聲罷了，可是我從沒聽過風會發出像車子輾壓過石子路般的嘎吱聲。」

6. 再三造訪中西部農場的幽靈車——馬克的親身體驗

「當時我正在收聽您和傑夫・任斯的萬聖節重播節目，您正在告訴聽眾一輛撞擊民宅的幽靈車故事。我和家人住在中西部最中央的鄉下地區，直到一九七四年高中畢業為止，之後我搬到伊利諾州

展開農場生活。在屢創新低的農產品價格和政府介入整個農牧業的影響下，我在五年前便放棄了務農生涯，改行替一家雜誌執筆，兼做些設計的工作。我離開農場時，已是生產課的課長。」

「我務農了一輩子的父親前陣子也退休了，他和我母親一起搬到我外婆的老家，就在我們家農場的對面，而我和妻子則搬回我兒時的家中。我們住的那棟兩層老舊農舍已有百年以上的歷史，我母親和舅舅也是在這裡長大的。」

「在我最早的兒時記憶裡，當時經常有一輛幽靈車來造訪我們家。它每年都會來個幾次，但在夏天它的出現是最引入注目的（因為天氣熱，所有的窗戶都打開時，可以清楚聽見引擎和輪胎壓過砂礫的聲音）。天黑後它開到我們家的長車道上時，是唯一可以看見幽靈車全貌的時間，我們家人都清楚地聽見，也看見車子開上車道的影像。它的外形像來自於其他年代的車子，引擎蓋前端兩側的車燈又圓又大，就像是坐在擋泥板上的光球。幽靈車一路沿著圓形的車道開上來，到我們家門口停下，接著引擎和車燈都熄滅，然後兩扇車門會打開再關上。」

「當『房子裡的人』一走在外頭的石子路上，他們的腳步聲會突然停止，而外面的所有東西也跟著全部消失！我們家每一個人都看過這起靈異現象，還有好幾次來家裡慶祝生日宴會的客人也都看見了。」

「我妻子有天晚上在和我父親通電話時也看過它出現，那時她跟我父親說我剛好開車回來。她拿著無線電話走出屋外，很驚訝地告訴我父親外面空無一人，但是她知道自己才剛看著我開上車道，還以為我和某個人在一起，因為她聽見了兩扇車門打開的聲音。在那之前，我從來沒跟她說過任何有關這輛幽靈車的故事。」

「我在母親的房間裡發現以下所附的照片，這是我們的房子在

一九三七年四月從空中拍攝的照片。原本的老照片已經年久泛黃而模糊不清，我將它掃描過後用電腦修成黑白相片，再調整色階讓它變得更清楚。」

「照片裡讓我最震撼的是停在圓形車道上的那部車子，它就停在和那輛幽靈車每次固定停下來，關閉引擎和車燈，發出車門開啓又關上的聲音的同一個位置。連傳出腳步聲的地方，也符合相片中車子停放的位置！我對當時的車子了解得不多，但是如果它的車頭兩邊都有大型的車燈，而引擎又會發出一種低沉的聲響，那它肯定就是那輛幽靈車沒錯。」

「我從母親那邊得知外公、外婆是在一九一六年結婚，在一九一八年搬進這棟房子的。原本它只有一層樓，外公在一九二九年加蓋了二樓。我以爲外公、外婆也曾看過這輛幽靈車。但是我錯了，我母親記得最早看見它出現的時間是在一九六〇年代，而在一九五〇年代後期我大概三、四歲左右的時候，外公就過世了。」

「然而這並沒有解開這起神祕謎團，因爲有兩扇車門開啓又關上，還聽見兩個人的腳步聲（我外婆活到將近百歲才過世）。我不禁懷疑起車道上的幽靈車究竟眞的是我外公的車，還是其他來拜訪我們的人開來的（而且還一再持續來訪）。」

→馬克相信到現在還會造訪他們家農場的幽靈車照片。©Mark

「最近一次幽靈車出現是在二○○三年四月二日，但造訪我們的次數明顯變少。現在至少大概每三、四個月，我們才能看見它一次。（正如您可能所想的一樣，這讓我們更難預測它出現的時間點，也無法拍到它的相片。它會戲弄我們，讓我們誤以為每次它出現時都是有朋友來找我們，就在我們發覺事實真相的關頭，它就又消失了。）」

　　「最後一次看見它出現的當時，我正在家裡等人，所以才得以全程觀賞到它的『演出』。當它在圓形車道上停好後，我才恍然大悟原來是它。兩扇車門打開時車內燈都沒有亮，事實上你沒法看清實際景象，但能聽見他們清楚的關門聲。那聲音確實就是那張舊照片裡的車子，或是同類型的車子所傳來的。」

第十三章
幽冥商店和辦公室
When Ghosts Visit Stores and Office Buildings

1. 製造軍用品店混亂的吵鬧鬼

當夏普先生在一九五二年春天那個星期一早晨，接管了位於英國蘭開夏的軍用品店時，他還是搞不太懂前任店東古怪的舉動，以及前任店東拿鑰匙給他時所說的荒誕故事。他表現出一副不太願意讓夏普頂下軍用品店的態度，不是因爲後悔將它賣掉，而是因爲他看起來似乎是在擔心夏普的安危。

他說的故事也很詭異。他告訴夏普，當他將店裡整頓好準備易主時，聽見樓上傳出一陣奇怪的聲響。聽起來像是有人在上面走動，而這人走得越久，從腳步聲判斷，他似乎變得更巨大、動作也變得遲緩。到了下午接近傍晚時分，那聲音聽起來簡直就像是巨人踩在二樓地板上，但店主人很確定樓上沒有人，而且一整天也都沒有人上去過。到了晚上他必須去搭火車時，發現自己的外套還放在樓上。他才剛走到樓梯口，突然傳來一陣雷鳴般的重擊聲，嚇得他立刻轉身拔腿狂奔，連外套都不要了。

夏普被他的故事搞糊塗了。他認識這位店東已經好幾年了，知道他以前當過突擊隊員，二次大戰中幾次最血腥的戰役都有他的份，實在很難想像這樣的人會被幾聲敲打聲嚇到奪門而出。很顯然他已經瀕臨精神崩潰了，那麼他決定退休歇業也未嘗不是樁好事。

然而夏普很快就了解到，不管他的老友聽見樓上房間傳出的沉重腳步聲是什麼，它讓人神經緊張焦慮的程度，可不是用三言兩語

就能輕易帶過的。後來他告訴記者，在正式接手那間店後不久，他獨自留在那邊工作到深夜，突然聽見樓上傳來清楚而規律的腳步聲。他知道店裡除了他沒有其他人在，於是跑出店外想看看是否隔壁有人在走動，卻發現隔壁是間荒廢的空屋。

夏普決心查明究竟是怎麼一回事，於是他一個箭步就往樓上跑去。才踏上第三階，他的雙腿好像突然麻痺似地動彈不得。他抬起頭來，不只看見、還感覺到一個人影走在最頂層樓梯的狹小走道上。夏普坦承當時他真的是嚇到魂不附體。

第二天早上夏普打開軍用品店大門，看見前一天還整齊擺放在架子上的好幾雙軍用短靴，被扔得到處都是。一開始他以為是小偷趁半夜闖進他的店裡，但在發現收銀機裡還剩下一些零錢後，他認定這件意外是蓄意破壞的行為。夏普檢查了後門和每一扇窗戶，全都完好如初，讓他想不透入侵者是怎麼能夠進到店裡面的。

闖空門事件的第二天早上，他又發現地板上躺滿一雙雙靴子時，夏普才將樓上的神祕聲響和這兩次毫無意義的破壞舉動聯想在一起。之後好幾個早上，一開門映入眼簾的都是同樣散亂不堪的畫面，連夏普自己都將撿起四散的靴子當作每天早上的例行公事。

有天夜裡，打烊後他還繼續留在店裡算帳。寫著寫著，夏普突然驚覺有隻手掌正按壓在自己的肩膀上。他倏地一聲彈開座位，繞著椅子找了又找，但是除了漸行漸遠的腳步聲外，附近一個人影也沒有。

終於，軍用品店裡不斷發生怪事的謠言，傳到了好奇的記者耳裡。在獲得夏普的同意後，蘭開夏《晚間郵報》的幾名記者決定到他的店裡守夜。一位記者向夏普保證，所有看似離奇的事件背後，其實都有一個合理自然的解釋，而他們隔天早上就揭開「自己走路的靴子」這樁怪事的答案。

→在這張給家具商看的五斗櫃相片中，攝影師蒙特‧古伯無法解釋相片中的那隻神祕之手。©Fortean Picture Library

開始守夜後，其中一位記者仔細檢查過樓上每個房間，發現全都是布滿灰塵的空房；因為堅持天黑之後不願再到樓上去，夏普已有好一段時間沒用二樓來當儲藏庫了。這些記者也都小心翼翼地檢查每個房間的木頭地板是否鬆動、開啓的百葉窗是否會發出聲響，還有半夜磨牙的老鼠蹤影。

一整個晚上記者們聽見了各種聲響，特別是沉重的撞擊聲和砰砰作響的腳步聲，其他則是像用金屬在地板上刮擦的刺耳高音。時針才剛指向午夜，這群記者立刻聽見像是鎖鏈被拖行在地上的摩擦及清脆鏗鏘聲。這時候所有人的神經都已經繃到極點，他們深信自己聽見的不可能是老鼠發出的聲音，更不是有變態的人在跟他們惡作劇。

一進入午夜後不久，大部分的記者全都離開了吵雜的樓上，選擇到店裡比較安靜的區域繼續守夜。隨著黎明的接近，店內靈異活動中止，他們決定再回到儲藏室內查看。讓他們大感驚訝的是，在某個房間的角落裡竟發現了一條長鐵鍊，所有人都一致表示在他們第一次巡察儲藏室時，沒看見有任何鐵鍊。一位記者在打開房間裡的衣櫥之後，呼叫同伴過來看他的發現，一把他們先前看見掛在牆上的破舊三腳椅，現在竟然垂掛在他們眼前的衣櫥裡。

這群記者間開始騷動，每個人都互相指責其他人偷偷爬上樓，把椅子搬到衣櫥裡。正當他們對於是誰在裝神弄鬼而爭論不休時，準備來開店的夏普出現了，為他們的爭執再投入一顆震撼彈。事發前一晚當他離開店裡時，樓上根本連一把椅子都沒有，而且他還強調自己從沒看過這把三條腿的椅子。那天早上在記者們離開夏普的軍用品店之後，不得不坦承他們非但沒有解開任何謎團，反而讓情況變得更複雜了。

雖然鬼魂只是製造出一些不痛不養的驚奇唬弄來過夜的記者，

但是到了第二天早上它一改溫和的態度，再次惡搞夏普的商品。不堪其擾的店主開門後才發現所有盒子裡的東西全都不翼而飛，靴子東一隻、西一隻地橫躺在店裡每個角落，襯衫的標籤全被扯下，皺巴巴地掛在櫃子上，長褲的褲管也都被打結。

具有千里眼的英國人法蘭克・史賓塞，在特地拜訪過這間鬧鬼的軍用品店後向記者表示，他看見了為數眾多的靈體棲息在這棟建築物。每個靈體都哭訴著讓它們束縛在這塊土地上的不公平對待或極盡哀傷的故事。後來的調查發現，原來這間軍用品店是蓋在一間古代監獄的土地上，在地下室一塊未曾使用過的角落裡被人發現鋪滿了墓碑，還隔出了一間老舊的房間，極有可能是當時的囚房。

在一九五二年的春天接受最後一次訪問後，夏普變得不在意究竟是什麼東西在他的店裡製造出這麼多混亂，他反而比較想知道，他每天都是和什麼樣的人（鬼）在一起，以及他們為什麼一直堅持要惡搞他的軍用品店。所幸在度過了前幾個月的浩劫之後，這些搗亂和騷動終於不再出現。

2. 破壞書記官辦公室的喧鬧鬼

一九六四年六月十五日，《奧克蘭論壇報》的主編古姆・海茲伍德，來到法庭書記官喬治位於法蘭克林街上的辦公室，有個惡鬼已在這裡逞凶了兩個禮拜。根據喬治的同事海倫表示，鬼魂第一次是用辦公室裡的電話宣告它的出現。每具電話機底部一整排的訊號燈同時快速而連續地閃動，但卻沒有任何一通來電，電話公司在派人檢查過後堅持這幾具電話完全沒有問題。

鬼魂的騷擾火力下一步集中到電子打字機上。按鍵底下的彈簧圈開始失去彈性、變得鬆弛，還纏在一起，甚至糾結成一顆球。維修人員帶走有問題的打字機，留下了替用品以免辦公室的文書作業

停擺。然而廠商借給他們使用的機器，也出現了同樣莫名的故障。原本那幾台打字機修好後送回到喬治的辦公室，但過不了多久，彈簧圈又開始糾纏在一塊。

打字機公司的業務員鮑伯‧G向吉姆表示，那些出問題的打字機彈簧在正常情況下，使用壽命應該和機器本身一樣久。最近這十年內，他們換過的彈簧圈還不到三個，但是這幾天他們替喬治的辦公室那幾台打字機換的彈簧已將近一百條，差不多把整個灣區的彈簧庫存全都用光了。

在吉姆到達辦公室約十五分鐘前，查爾斯警官已經完成現場蒐證的工作；飽受騷擾的辦公室成員，包括喬治本人、他妻子、兩位書記官羅伯特和卡維特以及另外兩位抄寫員海倫、約翰都決定不再繼續保持沉默。吉姆快速地環視辦公室內部一周，發現這裡簡直是一團混亂。地上布滿破裂的菸灰缸和陶器碎片，喬治書桌角落的一個花瓶裂開來，在桌上形成一個小水塘。

查爾斯警官告訴吉姆，當他第一次來到喬治的辦公室，那只破裂的花瓶原本是放在一個有十八吋深的櫃子裡，它飛過了整個房間後還向右轉，整個砸到地上。警官正在解說時，被房間內左手邊傳出的砰地一聲打斷。是一具電話掉到地上的聲音，事後吉姆寫道，他們很快就對要一直撿起電話一事感到厭煩不已。六月十五日吉姆在喬治辦公室那天，裡面的所有八具電話接續從桌上相繼滑落地面。

《奧克蘭論壇報》的攝影師，另外一位吉姆也趕到現場，他要求約翰站到一堆殘骸旁邊擺個姿勢讓他拍張照。攝影師拍完他要的照片，兩人轉身正要離開時，身後的房間內傳出巨大碎裂聲，讓他們反射性地回頭。一大罐奶精從咖啡櫃上飛了下來，在地上砸成碎片，雪白的粉末撒滿了辦公室的地板。

鬼魂在當天下午準四點整時，暫時停止它的搗亂舉動。喬治趁這時宣布，他要把一些設備移到樓下一間空的辦公室去，逃離這個鬼東西的魔掌。因為這個搗蛋鬼的恣意妄為，喬治和他的同事必須加緊趕工處理已堆積如山的案子。

　　隔天喬治得知鬼魂跟著他們下樓到新辦公室，他的挫折感頓時倍增。除此之外，二樓的其他辦公室也遭到靈異現象騷擾。經營工程保險業務的拉夫和珍妮塔，他們的打字機飛出了辦公桌，還有好幾個咖啡杯無端爆炸，電話也掉到地上摔成碎片。至於在二樓另一間辦公室裡，正在調配原料的齒模技師法蘭克，被牆上掛著的石棉板突然滑落嚇了一大跳。

　　主編吉姆在早上十點後不久趕到現場，直奔數位膽大員工留守的三樓辦公室。他決定記錄一小時內所有出現過的靈異現象，接著一個金屬腳踏墊，連同纏繞著的電線從架子上飛了出來，往一張木頭長桌撞去後直挺挺掉落地面；三樓到四樓的樓梯間內，燈泡接連爆裂；飲水機旁邊的紙杯也被抽了出來；一本鐵皮的檔案夾飛落地面；一台打字機的字頭從開敞的窗戶跳到底下的街道，還有一個兩磅重的咖啡罐離開了原本的位置，在十呎外的地板上著陸。

　　接著在當天稍晚，一台二十磅重的打字機從桌子上摔了下來，一台大型的電子咖啡壺滑落桌下，還有好幾只咖啡杯跟著爆開。焦頭爛額的打字機維修員鮑伯，甚至還看見一具厚重的木頭檔案櫃自動轉向後，整個往後翻了過去。

　　在超自然和未知領域的研究方面備受推崇，至今依舊享譽一方的史丹佛大學教授——亞瑟·哈斯汀博士認為，這些辦公室裡的靈異現象顯然是貨真價實的喧鬧鬼現象。哈斯汀博士告訴吉姆，這是他頭一遭聽見喧鬧鬼在辦公室裡作怪的案例，但連最頑固的無神論者都看得出來這些靈異現象的真實性，也都同意：比起居家環境，

這隻獨特的喧鬧鬼對辦公室裡的打字機和檔案櫃有特殊的偏好。

六月十七日星期三的早上,喧鬧鬼的搗亂行徑在卡維特和約翰開了辦公室大門後達到最高峰。它以極快速的連續動作,先是打翻飲水機,整個左半部的辦公室一片濕漉、滿地都是碎玻璃,接著再讓一個裝滿辦公室用品的大型木頭櫃砰地應聲倒下,最後把一具移動式的櫃子上下顛倒過來。

哈斯汀博士預言這將是喧鬧鬼的告別作。

「這是相當常見的喧鬧鬼行為模式,」他對吉姆說道:「他們一開始會慢慢來,讓所有破壞行為漸漸達到高潮之後,就從此收手停戰。我想我們應該不會再看見任何搗亂或惡作劇的行為了。當然,」他補充道:「我的判斷也有可能出錯。」

一開始哈斯汀博士的預言似乎是正確的,喧鬧鬼一連九天都未有任何動靜。接著到了六月二十六日,它再度讓喬治的辦公室淪陷。喬治的妻子說她已經準備好迎接第一個宣告,當打字機裡的彈簧又開始紛紛斷裂,她知道這個討厭鬼又回來了。

喬治的妻子開始在地上擺放各種易碎品。她才一轉身,剛放下的茶杯立刻飛越到八呎遠的辦公室另一端,在檔案櫃上撞成碎片。幾乎在此同時,兩只玻璃菸灰缸在地上摔得粉碎,還有一只訂書機從桌面上彈了起來。她說他們不清楚到底是什麼東西這麼有計畫地攻擊他們辦公室,但不管它的真面目為何,他們都已經受夠了。

哈斯汀博士表示他還是相信「暴風眼」已經過去了,剩下的破壞行為程度只會越來越輕微。看起來這次哈斯汀博士說對了。在最後一次的激情破壞過後,喬治辦公室裡的物品似乎就這麼安定下來。然而讓吉姆和哈斯汀博士震驚不已的是,約翰居然向警方坦承一切都是他搞的鬼,是他「由背後偷偷翻動」所有東西,才讓它們掉到地上。

吉姆在六月二十九日出差到舊金山，也就是警方召開記者會，並透過廣播和電視發布約翰招供的證詞當天。一開始約翰要求先和吉姆談過，但警方說服他應該先對社會大眾公開他的犯罪經過，然後才對所有媒體記者發表言論。在記者會上，警方扼要地敘述了這位二十歲的法庭抄寫員的證詞，在一旁的約翰冷靜地點頭、同意接受警方宣讀的所有罪名。這位年輕人坦承不諱自己罪行的新聞，透過廣播和電視傳遍了全美國，又是一樁被「踢爆」為騙局的喧鬧鬼作怪案例。

從舊金山一回來後，吉姆就帶著報社攝影師李奧‧C作為隨行證人前往約翰的公寓。吉姆認為憑約翰一人之力，絕對無法造成辦公室裡那麼大的混亂。約翰幾乎是嚙著眼淚說當然不是他做的，但是如果有人承認的話事情會好辦許多，警察也不會成天盯著他。警方在偵訊時不斷暗示約翰編造出他是如何讓東西飛起來以及弄壞打字機的方法，同時還向他保證說不定他可能不會被起訴。最後約翰為了想盡快結束這場沒完沒了的偵訊，只好同意配合警方演出。

兩名記者通知警方約翰否認了先前所有供詞，但警方很滿意偵辦的結果，結案也讓他們鬆了一口氣。吉姆表示也許是約翰動了手腳、製造出部分事件的這種說法是可信的，但整起事件中有太多現象，不是單憑純熟的技法或任何自然原因就可以解釋的。

雖然典型的喧鬧鬼公式中通常都少不了一位為青春期所苦的年輕人，記者吉姆卻指出約翰是位情緒過於高漲而敏感的年輕人，他甚至因為警方竟然認定他有罪而悶出病來。且值得注意的是，當時約翰才剛新婚不久，眾人皆知喧鬧鬼不只會對青春期的孩子們下手，那些剛許下婚姻承諾的新人，也是它們染指的對象。

吉姆自始自終都相信約翰的清白。在一九六五年七月三十日寫下的信中，吉姆告訴我：

「我幾乎是從一開始就在懷疑約翰，也相當樂意能夠揭發他是在這一切背後搞鬼的黑手，但怎樣就是無法揭穿他。在那段時間，所有的靈異活動跟著約翰離開法院大樓的那一刻停止，這現象發生過好幾次。事實上，他光是離開房間，尚未步出大樓，這些搗亂行為消長的狀況更加明顯。我以入行將近二十年的務實派記者身分介入調查這樁案件，做好準備隨時駁斥、揭發所有的造假行為。到最後我肯定這是樁貨真價實的喧鬧鬼案例錯不了，所有神祕破壞和靈異現象，都無法憑我們現今對自然律法的認知加以解釋。」

3. 奧勒岡州鬧鬼的手工藝品店
──吉爾博士和厄司特博士的調查報告

莎朗·吉爾博士是位有照的委任牧師，並擁有超心理學諮詢的博士學位。她的論文主題是哀傷諮詢與輔導。大衛·厄司特博士也是位有照的委任牧師，憑藉他對宗教的熱誠，他還取得了神學以及宗教原理的雙博士學位。莎朗和大衛的牧師工作在堅定人們的信仰，讓他們相信死後依舊有生命存在，而他們本身也深信死者的靈魂是死後生命續存的最佳證據。兩人多次出現在黃金時段的電視節目上，橫跨「歷史頻道」、「探索頻道」、「學習頻道」、「藝術及娛樂頻道」、「福斯電視」和「美國廣播公司」等電視台。他們架設的網站（www.ghostweb.com）是網路上最受歡迎、規模最大的鬼魂研究網站之一，目前網站上擁有超過九千張靈異照片和三百個以上的鬼魂語音檔案。

首先是大衛·厄司特博士的口述：

「一九九四年時，莎朗和我從一座寧靜的海邊小鎮搬到奧勒岡州的華倫市，哥倫比亞河成為我們的新鄰居。我們住進了一棟一九

二八年建造的老房子，裡面保留了許多當時的建築特色，包括舊時的銅管配線系統。雖然它的前房客似乎仍留在那裡與我們同住一個屋簷下，它依舊是棟很棒的房子，相當有個性的古厝。這位前房客叫做艾蜜拉，當她出現在我們附近時，會用最明顯的方式向我們宣告。我們相安無事地與她在那裡住了三年以上。」

「在搬到華倫市的前兩年，我們經常開車到史卡波斯鎮去探望我母親。每次到了鎮上，莎朗和我最常去的地方就是當地的手工藝品店。這是那附近唯一一家手工藝品店，來這裡就不用大老遠跑到波特蘭去，而且在裡面通常都找得到我們要的東西。當我們搬過去之後，我就和老闆以及他的家人熟絡起來。店裡一直都有相當詭異的狀況出現，但是年輕的店老闆對這件事卻是隻字不提。」

「在年輕老闆的心裡，鬧鬼是最不可能發生的事情。然而在他每晚打烊之後到二樓的公寓休息時，怪事就跟著發生。他經常看見晃動的黑影，儘管他以最快速度轉向黑影處，想看看是不是他養的貓，那裡卻總是空無一物。那些貓對著他看不見的東西做出程度不一的反應，這讓完全搞不清楚狀況的他極度不安。這些神祕的怪事在他開始重新裝潢公寓時再度出現，而樓下的店面也發生了靈異現象。最後他終於來找我們，討論他遇上的種種怪事。」

「我們與老闆的母親克莉絲見了面，她經常出現在店裡幫忙，是個很健談的婦人，和我們分享了許多發生在他們店裡的鬼魂作祟事件。每次我們到他們的手工藝品店，她都有最新的鬼故事可以對我們說。」

「這激起了我們強烈的興趣，於是決定著手調查這棟建築物的歷史，看看會不會有其他鬼故事也跟著浮出水面。莎朗和我到當地的圖書館，查詢與他們家那棟建築物相關的歷史紀錄。手工藝品店的隔壁是一家酒館，而在同棟樓酒館後面則是一間廢棄的診所。」

「在一段時間
的研究和調查後，
我們找到了幾位還
記得曾去給這位醫
生看過診的當地居
民，那已是五十多
年前的事了。他們
回想起當時有個鬼
魂在騷擾那診所，
而文獻紀錄上也載

→莎朗・吉爾博士（左）和大衛・厄司特博士。©Dr. Dave Oester and Dr. Sharon Gill/International Ghost Hunters

明這棟建築物的那一區塊確實有鬧鬼的事蹟。由於手工藝品店和廢
棄的診所都在同一棟樓裡，現在我們已經確定了這項延續五十多年
的鬧鬼歷史。」

「手工藝品店的頂樓緊鄰著一間位於酒館上方的舊彈子房，這
裡曾經是當地居民在週六夜晚最愛留連的地方。根據我們找到的舊
報紙記載，一場大火讓彈子房付之一炬，也讓當時店裡的客人被活
活燒死。」

「在一次和克莉絲的談話中，她曾提到自己聽見有人在樓上高
聲談笑和在地板上用力踩踏的聲音，幾乎像是在跳西部鄉村舞蹈似
的節奏。但是當她走上樓一探究竟，卻發現空無一物，連個人影也
沒有。報紙對彈子房那場死亡火災的報導或許可以提供一些線索，
解釋克莉絲聽見樓上神祕聲響的來源。在那場大火中喪命的罹難
者，或許還在彈子房裡盡情地跳著舞。」

「既然莎朗和我確定了早在五十多年前，這棟樓就有鬼魂出沒
的證據，我們打算和店老闆協商，讓我們在打烊後進到店裡去做深
入調查。當他待在樓上公寓時，出現過一些靈異事件，像是樓下店

裡的撞擊和物品碎裂聲，但他卻不覺得這對他是種嚴重的困擾。到了早上他下樓開店時，所有原本整齊擺放在最高層架子上的顏料罐全都躺在地板上，然而前一晚他關店時明明店裡就沒有任何人在，有天早上他甚至還發現整副展示品被放在一樓樓梯口。在他晚上睡覺的這段期間，店裡所有的東西都被移動過，一開始他以為是有人闖進店裡，但是到處都找不到有被入侵過的跡象。」

「另一位在店裡幫忙的人也同意確實是怪事連綿，我們也不斷向他們表達希望能親自到店裡調查的意願，或許這樣一來就能知道更多關於那個留連不去的地縛靈的消息。終於有天晚上七點鐘，我們帶著錄音機和攝影機，到那棟舊樓房與克莉絲和她的孫子會合。第一個小時我們先和他們談話，了解這麼長一段時間以來發生在店裡所有無法解釋的神祕靈異現象。」

接著是莎朗‧吉爾博士繼續這段故事：

「在這次和他們的訪談中，我聽見了悠悠的音樂聲，聽起來像是用點唱機播放的輕柔背景音樂。由於音樂聲吸引了我的注意，我勢必要找到它的發聲處。克莉絲約十歲大的孫子也聽見了這神祕的音樂，於是我們便深入手工藝品店裡，試圖找出音樂的來源。」

「我們幾乎把整個店都翻了過來，還是什麼都沒有發現。既然樓下的店鋪裡沒有任何發現，我決定到樓上的公寓去，繼續尋找神祕音樂的源頭。我跟著大衛在黑暗中摸索著上樓，因為階梯落差很大，我們的動作變得相當遲緩。在我快要登上最後一級階梯時，我轉過身去，往底下的樓梯間拍了一張照片。為何在當時會決定要拍這樣的一張照片，我只能解釋是那一瞬間的感覺驅使我這樣做。在調查過樓上的公寓之後，大衛說在爬樓梯時，他感覺到有股冷空氣從身旁經過，像是從我們之間急速穿過後往樓下走。我沒有感覺到

他說的這股寒意，但我有種必須要拍照的念頭。」

「照片洗出來之後，上面出現的是我們拍到的第一個能量氣漩（vortex），也被用在我們的第二本書《幽冥實境》（*Haunted Reality*）上當封面照。拍這張照片時，我手上的那台 Pentax UC-1 的腕帶牢固地纏在手腕上。拍照時我一定會好好地善用腕帶，以免相機不慎掉落，或避免腕帶遮住鏡頭。」

「在那天晚上的調查結束之前，我們建議克莉絲替這個鬼魂取個名字，這樣一來，當店裡又再度出現靈異現象時，她就可以和它對話，請它停止惡作劇，告訴它這樣做會嚇到別人。克莉絲聽了我們的話，將它取名為『比莉』。我們問她為什麼要叫它比莉，她自己也說不上來，不知怎地這名字就突然浮上心頭。」

「白天店面營業時，大門上的鈴鐺在客人進來時會叮噹響，提醒店員有生意上門。這天鈴鐺每隔一段時間就響一次，但是店員們卻沒看見任何人進到店裡。所有店員都被搞得緊張兮兮，因為只要鈴聲一響，每個人都會不由自主放下手邊的工作，探頭張望這次是否真的有人進來。」

「在我們公開比莉的故事之後，問題似乎變得更大、更複雜了。媒體將故事拍攝成電視節目，大批慕名而來的群眾蜂擁到手工藝品店來，想一窺比莉的真面目。年輕老闆深恐這些群眾遲早會在未經他許可之下就擅闖樓上他的住家，於是決定在一樓樓梯口安裝保全系統，在有人上樓侵犯到他的私人生活時，給予即時警告。」

「這組保全系統還包含一個動作感知器，如果有人從它前面走過，它就會發出像門鈴一樣的鳥叫聲。而唯一的毛病是它無法制止愛玩的鬼魂——比莉以讓動作感知器忙個不停為樂，甚至有好幾天它幾乎是響了整天都沒停過。就算沒有生人觸發感知器，警報鈴響依舊此起彼落。最後店老闆不得不打消這個主意，決定把保全系統

撤掉，因為它幾乎要把想專心工作的店員都給逼瘋了。當我們聽說了鬼魂是如何用計謀打敗現代科技的經過時，簡直是笑翻了。」

「有天下午接近傍晚時，一位店員正在樓上倉庫整理庫存。儘管她知道比莉和它的搞鬼把戲，手上抱著一堆遊戲紙牌的她，心裡卻只想著趕快完成手邊的工作。然而就在這特別的一天，發生了一件她想都沒想過的事。當她從放紙牌的架子旁站起身來時，在走道的盡頭看見了一團霧氣，從她站立的架子這邊移動到另一邊去。同一時間，她的尖叫讓紙牌飛得到處都是，她隨即沒命似的掉頭跑出倉庫、衝過老闆家的公寓、三步併作兩步地奔下樓梯，直衝樓下的店鋪。」

「當她向克莉絲描述剛才自己看見的景象時，她已經鎮定下來了。鬼魂並沒有太嚇到她，她驚嚇的成分反而多半來自突然看見那

→此為在奧勒岡州史卡波斯鎮一間手工藝品店裡拍攝的『能量氣漩』照片。©Dr. Dave Oester and Dr. Sharon Gill/International Ghost Hunters

團霧氣時自己的反應。她和其他店員都感覺到店裡有幾個叫人心裡發毛的冷區，他們看過東西從某處自己跑到其他地方，也聽過好幾次樓上傳出神祕的重擊聲。當天克莉絲和那名女店員一起上樓回到倉庫裡，她們想要知道比莉會不會再出現一次。」

「進到倉庫後首先映入眼簾的是撒落一地的紙牌，她們走過每條走道，但就是看不見有任何霧氣或比莉搗亂後留下的痕跡。克莉絲要店員把紙牌撿一撿，自己下樓去招呼客人。女店員順利完成了她在樓上的工作，之後這天也沒有再發生其他怪事。」

「到現在我還清楚記得發生在另一個晚上的事。當時我和大衛正在櫃台結帳，店裡有一位客人手上拿著她要買的幾捲紗線。趁著克莉絲在計算金額，我們和她聊起了比莉和最近發生的靈異事件，排在我們後面的女客人也聽到了我們的對話。突然間她丟下手上的紗線筒，大叫這間店裡有惡鬼，還說她以後不會再來這裡買東西了。」

「我看著克莉絲，她在店裡見識過各形各色的人、事、物，也在逐漸了解比莉後真的對她有了感情，從在她眼眶裡打轉的淚水就看得出來克莉絲有多喜歡比莉了。和站在現場的任何人比起來，比莉根本算不上什麼惡鬼，只是那位婦女完全不了解這個還逗留在俗世的幽魂的傷心處。很多人都認定鬼就是惡魔的一種，這實在錯得離譜。確實是有帶著敵意和負面能量的鬼魂，但不至於全都像那位婦人所言就是惡魔。」

「我們和數以百計的民眾攜手合作過，幫助他們了解鬼魂的本性。鬼魂之所以還逗留在人世間不走，都有其特定的理由。他們只是沒有了肉體的人類，在他們死亡那一刻還留下未能說出口的話，或是沒有完成的心願。」

「比莉持續的出現，終於讓她成為那棟舊樓房裡為眾人所接受

的一部分。在了解比莉之後，年輕老闆便能和『她』和平共存，同時也設下了『她』搞怪的界線。他的貓偶而還是會有些反應，但大部分的時間，牠們都安靜地看著比莉在房間裡穿梭來去。」

「幾年後，那棟樓房被轉賣，據我們所知，現在那裡是一間餐廳。大樓的新主人都不相信有鬼存在，我們無從得知他們究竟有沒有見識過比莉的把戲，因為他們拒絕談論這件事。」

「對那些親身經歷過的人而言，發生在那間手工藝品店裡的都是如假包換的真實事件，那張照片也讓我們證實了店裡至少有一個鬼魂存在。經由調查和分享比莉的故事讓我們學到了很多東西，照片拍到的那個倒 J 形的靈異現象，也由我們命名為『能量氣漩』。照片中的能量氣漩在牆上投射出一道陰影，這表示它的密度很高，閃光燈都無法穿透。當天晚上我們在樓梯間並沒有看見任何東西，但是相機卻捕捉到了在我身後游移的能量，大衛感覺到的寒意就是它經過時留下的空氣。在這張照片中值得玩味的地方，是能量氣漩的陰影與本體成四十五度角，而不是因為用閃光燈拍攝而出現在能量氣漩正後方。」

「在一九九六年七月，我們將這張能量氣漩照片張貼在網站上，它引起的迴響完全超乎我們的想像，到了一九九六年十一月，『國際幽靈獵人協會』在網路上正式成立。」

第十四章
幽冥外太空
Ghosts from Outer Space

1. 與飛碟和幽浮的第三類接觸

　　有天晚上，我和幾位目擊者站在戶外，仔細觀察著一個光芒奪目的不明物體——也就是所謂的「幽浮」——橫移過我們眼前的那片夜空。當我們其中一位懷疑論者不屑地嘲笑說那只不過是一架七四七飛機上的航行燈時，神祕的發光體卻應聲斷成兩截。彷彿這還不夠嚇人，不明物體分裂出的兩大團光球，先是在我們頭上劃出一道完美的弧形，然後又重新合成一個大光體，在星光稀疏的黑夜中飛向它的目標。

　　我知道那晚看見的絕非普通的航空器，然而如果那真的是艘來自外星的太空船，為何會為了駁斥一個遠在數千呎底下、全然無足輕重的人類對它的幾句口語挑釁，而特地做出回應。就算它辦得到，它為什麼要這麼做呢？有太多人說他們看過幽浮向他們展示各種特技表演，卻都沒看見過外星人一起出現，而且也沒有任何一支祕密空軍部隊能做出那些詭異動作，更遑論達到不明飛行體當時的飛行速度。

　　這種通常非肉眼看得見的生命體，也許就是我們長久以來稱之為「太空船」的物體，其實是某種跨次元的裝置，或是我們其他生物用以來往各地的交通工具。誠如在本書中多次提到過的，許多超自然現象研究者都認為所謂的「光球」，那些出現在眾多鬧鬼地點移動快速、飄忽不定的的發光球體，都是幽靈往來兩個次元間所搭

乘的超自然交通工具。如果我們再深入地討論，或許可以歸納出那些空中的飛行光點和地面上的發光球體，其實就是高等的智慧生命體本身，而非載著它們四處移動的交通工具。或許這就是幽靈在形而上世界中出現的方式，而且除非它們欲現身在三度空間中，否則不會以人類的外貌出現。

我在一九五〇年代中期開始研究「飛碟」，在當時的幽浮研究者間存在著一種共識：「那些出現在天際的光體，都是外星生物所駕駛的太空船，目的就是要持續監視地球，直到決定如何處置我們為止」。神祕幽浮的傳說，成為一項由有形的實體以有形的飛船加以控制的具體事實。

同時間，飛碟研究者的足跡也踏遍了荒野林地，他們試圖找出任何「有形的」太空船為採取土壤和植物標本，曾經降落在地球的具體證據。

有無數的男男女女深信他們曾和來自外星球的「太空智慧」有所接觸，並藉由心電感應的思想轉移，與他們進行最直接的溝通。這些被稱為「幽浮接觸者」的個人，宣稱在與外星生命的第三類接觸後，其超感官知覺能力大幅提升。除了這些精神能力的增加之外，這些接觸者也獲得一張預言未來事件發生的時間表，以及一種近似宗教的狂熱，驅使他們四處宣揚外星生物帶給他們的訊息。

這類「接觸者福音」包含有：

（一）我們來自外太空的兄弟姐妹到地球來，目的是要幫助那些能夠接受更廣泛宇宙觀的人類。

（二）這些外星生命希望人類都能有資格加入跨銀河的屬靈聯盟。

（三）這些外星生命是來幫助地球上的人類，提升他們的心靈共振層次，讓他們得以進入嶄新的次元（根據接觸者的說

法，耶穌、克利希納①、孔子以及其他偉大宗教領袖來到地球的目的，都是要教導人類這些相同的能力）。

（四）地球上的居民現在正處於轉換期，準備迎接一種由和平、愛與相互理解構成的新世紀序幕來臨。

（五）地球人必須在特定的時間內提升他們的心靈共振層次，否則地球將會發生劇烈的變化，產生毀滅性的災害。

根據這些年來的幽浮接觸者表示，那些太空生命最顯著的特徵，就是他們的絕頂智慧。然而實事求是的地球科學家，對於這些接觸者傳遞的訊息中缺乏任何特殊的科技資訊，始終覺得可信度太低。勸告人類要「提升他們的心靈共振層次」的訊息，和對即將來臨的時代轉換所提出的警告，在科學家耳裡聽起來只是空洞的文字；他們期望的是那些來自高度先進科技的世界的生物，能夠帶來一些有用的資訊，和人類分享如何讓地球自身的科技達到和他們一般的水準。

這些幽浮接觸者讓我產生一種特殊的興趣。在開始縝密地研究飛碟現象後，我在那些宣稱和外星生命有過心電感應交流的人，以及自稱能與靈魂溝通的通靈者之間，發現了無數的關聯性。

進入出神狀態，和靈魂嚮導或異世界溝通的通靈者，他們傳遞的是人類往生者靈魂所給的訊息。同樣地，這些幽浮接觸者也會陷入某種出神狀態，轉達來自外星生命的訊息。通靈者和幽浮接觸者間的共同點——以及他們傳遞的靈界訊息，在眾多早期著名的接觸者如喬治・金恩、喬治・凡・塔索、葛洛莉雅・李和喬治・杭特・威廉森等的靈媒發展團體成員身分曝光之後，變得更加引人注目。

在將近五十年的超自然現象和幽浮調查生涯之後，讓我深信不移的是，這兩種現象在人類各方面的經歷之中其實是相通的。然而也有許多和我一樣的研究者堅稱，那些蒙面實體和出現在民宅的小

綠光球，並非鬼魂活動的證據，它們其實是外星生物越過了數百萬光年的距離到地球來驚嚇人類的紀錄。亂丟架子上的書本和翻倒家具的喧鬧鬼能量，其實是外星人的傑作，而非某人進入青春期或遭遇情感壓力時所爆發的心靈致動作用。那些外星人侵入人類臥房，以及直接穿越牆壁將他們綁架走的恐怖惡夢，也不是什麼意識脫離或離體投射現象，而是外星人欲研究人類性徵所做出的行為。而所有那些在黑暗中、人跡罕至處、鬼影幢幢的古老城堡或荒廢樓宇中現身人類面前的鬼魂，不過是探索整個宇宙的外星人罷了。

我想在此清楚表達，在解釋某些幽浮事件時，我並不排除與外星人有關的假設。確實，在這無垠宇宙中的某處，可能真有其他有智慧的生命型態存在。而我想表達的是，我相信所謂的幽浮神祕事件乃是鬼魂、幽靈和跨次元實體的綜合活動，而不純是來自其他星球的外星人的陰謀策畫。我也相信這些靈體都有能力以心電感應影響人類心智，使其投射出三度空間的影像。

在太空科技時代流行的電影和電視劇，都不免要與外星人和幽浮入侵者沾上邊，彷彿存在於其他時空連續體邊緣的跨次元外星生命，會利用飛碟這類裝置侵入地球，並以外星人姿態出現改變人類的心智。

我們對時間的測量方式似乎永遠無法套用到幽浮實體上，許多幽浮研究者推論出，那些外星生物其實可能是時間旅行者，甚至有可能是我們來自未來的後代子孫。

羅傑‧威司考特博士在他的論文〈關於外星人類學〉中指出：「至少從文藝復興時期以來，西方人認定時間的特點是單一次元、步調持續一致，且行進方向無法改變。萬一我們發現時間竟然存有一個以上的次元、步調間斷而不連續，或具可回溯性──抑或空間竟然存在著三個以上的次元時，那麼很有可能任何來自「真實」世

界的連同完整肉體的生命，都能夠穿越我們錯認為被壓縮的時空連續體，像根細針穿過一大片瀑布一樣，任意往返於各時空之間。」

威司考特博士表示，如果這種跨次元的交通真的存在，我們可能會將這些生命視為來自超自然界的存在，因為就我們的認知而言，他們的出現和消失都無法以常理解釋。事實上，我們可能不會認為他們是真實的生命，而是幻覺或某種惡作劇。

「我們的星球並非以這些傳統觀念裡的空間或時間形式存在，」威司考特博士提出他的看法，「其存在形式可能是超空間或超時間②。超空間是指四次元或更高次元的抽象空間；而超時間指的是一種可讓多重事件和過程，以人們所認知的單向、無法回溯除外的方式同時發生的時間。」

在這樣一種「超歷史」的天體——換個說法，像這樣一種歷史的「超天體」中——威司考特博士表示：「所有我們根據宗教觀念和民間傳說而認定為超自然存在以及施行奇蹟的事件，都可解釋成從一個較大的現實地球，到我們自以為存在其中的這小小地球的侵入和干擾。」

2. 愛荷華農家遭遇的詭異苦難

愛荷華州的農夫蓋瑞，在某次的深夜春耕時在田裡看見了一架幽浮。到了隔天早上用完早餐後，他從妻子梅蘭妮、十四歲的兒子傑克和十二歲的女兒麗莎口中得知，他們在昨晚準備上床睡覺時也看到了那個發光的不明物體。

當天傑克就讀的中學，出現一名自稱來自州教育部的男子，他要求單獨與傑克談話。男子告訴傑克的校長，因為州教育部注意到傑克在學測的優異成績，他因此獲選參與一項特殊教育方案。於是校長讓男子與傑克關室密談，但是校長從一開始就懷疑男子真正的

動機。校長聽聞過傑克的成績在平均之上，但傑克的學測成績尚不足以讓州教育部的代表特地跑一趟。他立即聯絡州教育部辦公室，確認他們並無派遣教員前往學校。

當校長進到小會議室、準備質問這個騙子的來意時，他只看見一臉茫然的傑克獨自待在房間裡。傑克僅聳聳肩，表示男子所謂的特殊方案定和太空旅行有關，因為所有他提出的問題全都和幽浮、外星生命有關。傑克說他才稍微將眼神偏離這位奇怪的提問者一會而已，回過神來時卻發現男子已經消失了。

※作者註：有趣的是，我曾經和許多人談過話——這些人絕大多數現在都已經是成年人了——他們都有過類似的經驗，記得自己還在學校時被叫進某個房間裡，和一個據說來自教育部辦公室的男子一起。這名男子會問他們一些關於幽浮、外星人和外太空的問題。巧的是，這些被詢問的學生在此之前都看到過天空出現疑似幽浮的神祕光體。

傑克在學校接受身分不明的陌生男子問話的同一時間，有兩位著一身黑衣的訪客突然造訪正在家吃午餐的蓋瑞和梅蘭妮。黑衣男子表示他們是政府幽浮調查小組的特別幹員，還說他們知道蓋瑞一家人前天晚上看見天空出現不明光體。

蓋瑞和梅蘭妮百思不解，他們明明就沒告訴過任何人目睹幽浮出現這件事。自稱是政府幹員的黑衣人突然擺出脅迫的態度，要求梅蘭妮和蓋瑞交出所有他們拍到的幽浮照片。蓋瑞夫妻說他們沒有拍什麼照片，但這兩位幹員充耳不聞，還威脅他們要合作一點。

比較高的黑衣男子說道：「為了你們自己、為了這個世界著想，你們最好乖乖和我們合作。」

就在這時，其中一名黑衣男子開始哽噎，露出呼吸困難的樣子。兩人二話不說，旋即離開蓋瑞家的農舍，跳上車子揚長而去。

事後蓋瑞表示，他們開的車子看起來像是由三、四輛不同品牌的汽車零件拼湊在一起的廢鐵。

當天下午，當他在飼育場餵牛時，蓋瑞很肯定他看見了那兩名黑衣男子就躲在農機棚陰影底下監視他。而在家裡，梅蘭妮則接到了四通對方完全不說話、只傳出詭異靜電吱吱聲的電話。終於在最後的第五通電話，一個操著奇怪腔調的聲音，要梅蘭妮忘記所有關於幽浮的一切，否則他們全家人就會發生不幸。在晚上孩子們就寢後不久，麗莎突然尖叫起來，高喊著有動物在她的棉被底下蠕動。當蓋瑞和梅蘭妮趕來查看時，卻什麼都沒看到，而這時換成傑克大叫著他的床在跳舞。這對夫妻又衝進兒子的房間，清楚地聽見他的床被抬起後往地板猛烈撞擊的砰然巨響。

這些夜間騷動持續了將近一個禮拜才消失，而在白天蓋瑞一家四口都有種不安的感覺，神祕的黑影——不管是在學校、在田裡甚至在家裡——隨時隨地都在監視著他們。這種讓他們毛骨悚然的騷擾持續約一個月，然後突然毫無預警地不再發生。然而，這股神祕力量還有最後一場驚人表演在等著他們。

在家裡的一切離奇騷動和紛擾消失後十天左右，蓋瑞必須要到北達科他州出席一位長輩的喪禮。當他在鎮上那座小型機場正準備登機時，蓋瑞看見了那兩名「政府幹員」穿越他身後的警衛朝他走過來。很明顯他們還是持續在跟蹤、監視他，而這兩名黑衣人的位子竟然坐在蓋瑞正後方，更是讓他感到渾身不自在。儘管蓋瑞很想轉過身去質問兩人的意圖，但他認為自己最好還是安靜坐著，忽視他們的存在。

在經過了一半的航程左右，其中一位黑衣人靠上前去，在蓋瑞耳邊低聲說道：「記住，不管怎樣，我們都會在你們左右一直監視著。」

再也按捺不住怒火的蓋瑞生氣地轉過身——卻只看見空蕩的座椅，兩個黑衣人居然憑空消失了。這時蓋瑞突然有種暈眩和反胃感，他聽見坐在他附近的乘客，大聲地向夜勤的空服員抱怨他們聞到一股噁心的惡臭。有些人開始咳嗽，其他人則已經拿起嘔吐袋。整個機艙瀰漫著像雞蛋腐爛或硫磺燃燒時那種令人窒息的惡臭。

幾分鐘後這陣惡臭逐漸消散，蓋瑞便向空服員詢問本來坐在他後面的那兩名乘客到哪去了，然而得到的答案是她和其他乘客都不記得有看過任何人坐在他後面的位子上。蓋瑞覺得他快被逼瘋了，於是他站起身來，走向小飛機上的走道盡頭，逐一檢查每個洗手間，想找出那兩名男子是否躲在飛機上的某處。遍尋不著兩名神祕黑衣人的蓋瑞，努力壓抑住自己快要崩潰的神經到飛機降落為止。

他在機場等了一個多小時，緊盯著已落地的飛機並監視著航站的各個走道，他毫不懷疑自己的眼睛確實看見了那兩個神祕客登上飛機，還坐在他正後方。最後他終於死心了，黑衣人既未躲在飛機上，也沒有偷偷地從機場出口離開。步出機場的蓋瑞，覺得他家人這陣子遭受的苦難考驗終於結束了。

3. 折磨牧師長達二十五年的神祕變形實體

比起馬汀牧師，蓋瑞一家人還算是輕易就擺脫了神祕實體的糾纏，前者遭遇到的是我聽聞過的這些神祕跨次元變形智慧生命中，折磨人的手段最殘酷的一個。對蓋瑞、梅蘭妮和他們的孩子而言，他們的磨難從一開始的神祕客來訪到最後飛機上不可思議的消失事件為止，只持續了一個月左右。而在馬汀牧師身上成真的惡夢則糾纏了他超過二十五年——而且似乎還沒有結束的跡象。

在一九六八年的萬聖節晚上，馬汀牧師陪著他四歲大的女兒挨家挨戶玩著「不給糖就搗蛋」的遊戲，當他偶然抬起頭時，看見一

顆明亮的光點在天空以鋸齒狀路徑移動。因為當天晚上是個多雲又帶點小雨的天氣，他確定自己看見的不是星星，而由這個光體的怪異行止看來，絕對不是普通的飛行器。

回家後在餐桌上，他向妻子和九歲的大兒子談起他看見的異狀，這件事很快就被馬汀一家人淡忘了。然而當天夜裡馬汀卻做了一個幾近真實的惡夢，他夢見一個詭異的黑暗實體來到他的床邊，警告他不可再對任何人提到他看見的光體。

隔天當他一如往常執行牧師業務時，馬汀突然感覺到有人——或是某個東西——一直跟著他。有次他抓住機會、快速轉向跟蹤他的腳步聲，看見一個全身穿著黑色服裝的瘦高男子一閃而過，躲到停在旁邊的卡車後方。還有一次，他頂著炫目的陽光，瞇眼看見了一個蹲坐在樹梢高處、正瞪著他看的某種大型爬蟲類生物。

接下來的星期天在教會裡，當馬汀的佈道進行到一半時，整個室內突然充滿了肉類腐壞的噁心惡臭。好幾位會眾因為身體不適而先離開現場，馬汀本人也因為強烈的反胃感，只能勉強撐著完成演說。

教堂裡有死老鼠的傳聞很快就散布開來，讓在教堂出入的人數驟降到新教管理高層考慮要暫時關閉這所教會。後來他們召來了清潔公司，但這些滅鼠專家卻表示他們找不到任何老鼠，也無法解釋為何教堂裡依舊瀰漫著令人作嘔的惡臭。隔天，教堂正式關閉。

至於馬汀牧師，無論他走到哪，似乎總有一連串光怪陸離的倒楣事緊緊跟著他。

當他和妻子想到電影院放鬆一下、暫時拋開最近那些紛擾時，因為觀眾指責他們身上散發出一種有毒的異味而被請了出去。開車到鄉下散心時也發生了一場小車禍，還被開了張罰單，因為牧師停放在停車場的車子手煞車突然失靈，在滑向路邊、衝撞上五輛車子

才停了下來。此外從萬聖節過後每到了晚上，總會出現一批幽靈般的陰暗鬼影在他們家裡無聲地走動，不僅大人苦不堪言，這些黑影甚至還會故意去驚嚇躺在床上的小孩子。

到了一九七○年的秋天，在那次看見神祕光體的兩年後，馬汀不但丟了神職工作的飯碗，連妻子也離他而去。和馬汀結縭十四年的妻子因為受不了這段時間的種種騷擾，瀕臨精神崩潰。她直言自己對不起馬汀，但她覺得離婚協議和她平復後的心情才能讓她當個稱職的母親，否則這段婚姻再繼續下去，她肯定會住進精神病院。

茫然失措的馬汀在離婚協議書上簽了字，遠走到其他州的陌生城市去，之後的十年間，他都在一所中途之家擔任顧問的工作。他發現自己無法在其他教區接受牧師的工作，因為各種靈異事件還是持續困擾著他的生活，一刻也沒停過。

一九七八年的萬聖節夜晚，也就是馬汀目睹詭異光點出現屆滿十週年的當天，他的公寓來了三位不尋常的訪客。眼看著三個無以名狀、體型小於正常人的實體出現在他的面前，讓馬汀大驚失色。他們乍看之下幾乎和人類完全一樣——然而仔細打量之後，仍看得出來他們身上那些難以具名的隱晦差異。神祕實體開口表示，他們希望過去這十年來加諸在他身上的這些騷擾，不至於傷了馬汀和他們之間的和氣，但是這一切的開端都是因為馬汀做了一些讓他們一旦開始之後就無法停手的事情。為了展現善意，他們允許馬汀做一件之前沒有任何人類可以做到的事：馬汀可以在他們向他展示一小部分偽裝能力時拍照。

在接下來的幾個小時裡，又驚又懼的馬汀，就看著三個神祕人物在他面前不斷變換形體、消失後變成一團光點、現出其他形體後又消失無蹤。他用拍立得拍下各種畫面，很顯然這些實體能以任何他們想要的形體出現。馬汀就這麼看著他們從面目猙獰的石像鬼③

一下轉變成長著翅膀的天使，或是從眼窩挖空的鬼魂變成森林裡的神話精靈。

第二天，憑藉著手上那些讓他安心的照片證據，馬汀認爲自己握有某種揭露宇宙祕密的王牌，應該可以趕走一些煩人的東西不再來侵擾他。同時在一股想爲自己辯護的心情驅使之下，馬汀打了電話給他的雙親、前妻康妮和大學二年級的兒子，還有好幾個他擔任牧師時的朋友，他激動地告訴他們，他現在有證據可以證明自己的神智正常，且過去這十年來各種離奇遭遇並非他捏造的。

兩天後，三位警察出現在馬汀的公寓。他們面帶笑容地向馬汀解釋他們並非爲了公務而來，純粹因爲他們是熱中的幽浮迷，因聽說他有幾張精采的外星生物照片才登門拜訪。儘管馬汀很訝異，他透露實情的對象竟然會將他成功拍到其他外星生物的消息大肆傳揚，但畢竟這幾個人是警察，不是什麼怪人，於是便拿出照片來。他們非但沒有嘲笑他，在仔細端詳馬汀的照片時還表現出相當認眞的態度。三位警察語氣堅定地表示，這種外星生物存在於人類世界中鐵錚錚的證據，應該發表在各大媒體上公諸於世。

然而馬汀的心意非常堅決，從十年前那場幽浮目擊事件之後他已承受夠多的揶揄嘲弄。當馬汀對他們稍微透露出自己遭遇過的苦難時，三位警察都禁不住要爲他掬一把同情淚。他們用充滿憎惡的語氣痛斥現今社會中一般人反覆無常的性格，還搖頭嘆息表示他們不敢相信馬汀的教會不但沒有支持他，還反將他掃地出門。他們甚至坦率地批評康妮，說他們看不起一個在先生最需要她的支持和愛情的時候竟然狠心拋下他的妻子。馬汀等待公平審判的這天到來已經等得夠久，現在該是還他清白的時候了。

三位警察告訴馬汀，他們和好幾個辦事積極又有效率的公關團體很熟，還向他保證一定會用警察的身分幫他把這些照片發布在各

大媒體上，還他一個身為神職人員的清白聲譽。他們四個人可以一起向世人證明，這些來意不明的外星生物確實偽裝潛伏在人類之中，而所謂的幽浮和超自然現象全都是如假包換的真實事件。

當天晚上是這十年以來馬汀第一次能安心入睡的一晚。終於有三位可敬的好心人願意幫助他，為他洗脫不潔的名聲。

但是那三位警察卻在第二天晚上無預警地回到他的住處，他們威嚇馬汀不許輕舉妄動，不但沒收了他的照片，還將他的雙手反綁在背後，用一頂大毛帽套住他的臉，粗暴地將他丟到他們開來的貨車後方。這群警察一路載著馬汀，一邊大聲地爭論他們到底該不該取他的性命，最後他們開到一個偏僻的林地才將他釋放。

雖然馬汀慶幸自己還活著，但他很快就發現自己手上握有的外星生物證據已被那群冒牌警察奪走了──這時他才了解那三個人其實是同一批神祕實體偽裝的。過了幾天後，馬汀注意到他的身體開始起了一些奇怪的生理變化，他上半身的軀體長出鱗片，視力變得模糊，有時候還會失明好幾天。

我從一位對此事存疑的記者口中，聽說馬汀所受到的苦難。

這位記者打從心裡相信馬汀牧師的真誠，但一提到他不可置信的故事和恐怖的遭遇，還是讓記者頭皮發麻。在記者訪問他的當時，飽受外星生物折磨了二十五年以上的馬汀牧師，正在修道院裡接受其他牧師的精神支持──他們終日無休地禱告，祈求不管那些實體是惡鬼、變形幽靈、天使或是惡魔都好，願意放過這位可憐人一馬。

透過直接的調查和一些個人的經驗，我很肯定，像愛荷華州的蓋瑞一家人和馬汀牧師所經歷的這類苦難折磨，都是再真實也不過的事件。而且讓這些受害者吃盡苦頭的原因，絕對不是單純的妄想症。

萬一讀者遭遇到這些神祕實體時，請記住最重要的一點是，不要加入他們的遊戲——尤其千萬別把他們當作壞人。如果你容許你的敵意外露，那你也會受到他們同樣的對待。以我個人的看法，這些神祕實體的騷擾現象都來自同一個出處，和它本身的行為一樣沒有所謂的善惡之分。這些表面上看起來具有威脅性的生物，其行為是善或惡，端視他們互動的對象人類行為而定。

　　在許多超心理學的作品中，這些神祕實體有時被稱為「黑暗兄弟」，而在幽浮誌中他們就是惡名昭彰的「黑衣人」（Men in Black）。不管他們的真實身分為何，他們的外表使人聯想到一種在所有文化中都存在的類似角色——所有人種學家和人類學家都很熟悉的「變形精靈」④。這些變形精靈會找不幸的凡人當作惡作劇的對象，但同時他們也經常教導世人或改變一些自然環境的面貌，以造福受其「照顧」的人類。

　　大多數的文化，都將變形精靈視為具有任意變更其形體能力的超自然生命。儘管他們是一種聰明又狡猾的生物，變形精靈偶而還是會表現出他愚笨、孩子氣的一面，變成被捉弄的一方。變形精靈會毫不猶豫地說謊、欺詐和偷竊，他的行為本質就像沒有所謂道德觀念的獸性一樣。

　　變形精靈經常偽裝成各個文化中的英雄形象出現。對美國西南部的印第安原住民而言，他會以狡猾的土狼外形出現。而在挪威和希臘人面前，變形精靈則通常會以一個帶有惡意但不全然邪惡的神祇外貌出現。

　　或許是為了要能繼續與我們的當代文化繼續溝通交流，存在歷史和時間本身一樣久遠的變形精靈，想必從古老神話中吸取了必要的精華，並與外星世界產生的新興魅惑結合，而塑造出一種狡黠而不受道德觀念約束的外星生物形象。

然而人類是有能力驅除變形精靈加諸在我們身上的負面想法，只要我們拒絕和他一起玩那些愚蠢的遊戲，就能將注意力集中在他給我們帶來的正面而積極的想法上。

4. 與墮落天使的接觸

　　有些研究者的理論認爲黑暗兄弟或黑衣人等實體，其實可能是天使——他們特別強調是墮落天使，那些侍奉邪惡而不行善道、沒有實體的靈體。它們會想盡一切辦法，誘拐人類落入它們邪惡的圈套，目的是要將我們人類取而代之。

　　在英語裡，天使 Angel（源自於希臘語的 Angelos，在希伯來語則是 Malach）指的是使者，一個無論如何都得要完成他（她）被派遣任務的角色。服從公義的天使與上帝的關係，就像國王與其身旁的朝臣一般。他們本身不是神祇，而是由神創造出來的靈體，和人類一樣均服從於上帝的意旨。長久以來有個觀念一直是錯誤的：人類在死後並不會成爲天使。遠在上帝用泥土造人之前，就已經有各種天使階級的存在了。

　　雖然天使經常被稱做是聖靈，在《聖經》中卻屢次提到他們也能擁有俗世肉體。即使自有人類歷史以來，天使經常光憑外觀就被誤認作是一般人類，那些遭遇過天使的凡人，通常都能感受到來自這天界靈體的非凡靈力在他們身上產生的生理效應。

　　在伊斯蘭的教義中，宇宙間存在者三種明確的智慧生命體。第一級就是天使（在阿拉伯語是 Malak），光明所創造的高等生命階層；第二級是被稱爲精靈（al-jinn）的乙太或跨次元實體；第三級則是人類，以地球的元素塑造具有肉體的生命。

【註解】

① 克利希納（Krishna），是諸神之首、印度教教主，又稱「黑天」。在印度教的觀念，他是毗濕奴的第八個化身。

② 超時間（hypertime），一種出現於科幻小說的現象，表示非單一也非單向前進的時間軸，異於傳統時間的連續性和方向性。

③ 石像鬼（gargoyle），中古世紀教堂或大建築屋頂上常看到的怪雕像，通常是有蝠翼和尾巴的惡魔姿態，為一般人對惡魔形像的認知。

④ 變形精靈（trickster），在神話傳說中以各種偽裝出現的惡作劇精靈。

附錄一
北美著名鬧鬼城鎮

　　世界上沒有一個大城鎮或小村莊，沒有自己的鬼故事或鬧鬼地方。在這則附錄裡，我只舉了幾個在北美地區，最能說明人類與靈界互動時之共同特性的地點。

1. 北卡羅萊納州的艾西維爾

- ➲ 一位在老砲台公園飯店的餐具室被謀殺的男子鬼魂，在此徘徊不去。儘管飯店現在已改建成公寓大樓，這裡的住戶還是經常看見這位冤魂出現。

- ➲ 克萊德・厄文高中於一九七〇年代在艾西維爾市外動土興建時，曾一度侵擾到附近舊郡立墓園的寧靜，那也就是為什麼直到現在，還有許多無法安息的遊魂在校園裡出沒的原因。

- ➲ 葛洛夫公園渡假飯店裡有位穿著粉紅衣裳的女鬼，她喜歡搔弄投宿房客的腳指頭，且樂此不疲長達五十多年。

- ➲ 在許多造訪過爬滿藤蔓的畢爾特莫莊園的遊客，都表示看過鬼魂出現，還聽見了神祕的交談聲、尖叫聲和發狂似的笑聲。

2. 新墨西哥州的阿布奎基

- ➲ 職業聯合中心目前所在的建築物，在十九世紀當時是座女修道院，有些小孩子被帶到這裡交由修女照顧。某天有位修女突然發狂，一一殺害了她負責照顧的孩童，還把屍體丟到一口井裡。從此之後這裡經常傳出令人毛骨悚然、充滿恐懼的兒童哭喊聲，甚至還有目擊者看到過一個黑衣女鬼。

- 自從一九二七年秋天的開幕夜以來，美輪美奐的奇摩戲院讓當時的人鬼戲迷留下深刻的印象，這也是他們一再造訪的原因。
- 到「沙漠之沙」汽車旅館 W140 號房投宿的旅客，多會抱怨在裡面感覺到異常冰冷（冷區），聽見鬼魅般的交談聲，門還自動地開了鎖，向外敞開。
- 一位女子的亡魂固定徘徊在華美達飯店的一樓大廳，和其他幾間客房裡。傳說她的愛人在感到厭倦之後，將她在這裡殺害。
- 在瑞迪森飯店的空房間經常傳出淒厲的尖叫聲，有些女房客還向飯店抱怨到了晚上會有小孩子的鬼魂伸出小手搖醒她們。

3. 馬里蘭州的巴爾的摩

- 駐守在麥克亨利堡的那群鬼士兵從獨立戰爭到現在，依舊持續英勇地守衛著巴爾的摩。兩百多年來不斷傳出有人在這裡看見詭異的燈光、神祕的黑影和交談聲。
- 固定到信仰花園公墓悼念先人的訪客，都看過一位飄浮在空中的女子，以及一位從自己的墳墓走出來的男子。
- 陶德農場聚集了為數眾多的孤魂野鬼，包括一位倚著閣樓窗戶、坐在燭台邊，痴痴等待愛人從戰場回來的女鬼。
- 北橡樹老人社區的前身是威爾森山州立醫院，一間專門收容結核病人的療養院，據說到現在還是聽得見他們痛苦的呻吟聲以及呼叫醫師與護士的求救聲。
- 據傳名作家愛倫坡的故居長住著一位體型頗為矮胖的灰衣女鬼，有人則說如果想一睹這位鬼女管家主人風采的話，到愛倫坡與妻子維吉妮亞長眠的西敏寺墓園去的機會，或許還高一點。
- 三位水兵在艦上的一次戰鬥中殉職之後，他們的英魂依舊持續在美國憲章號戰艦上執勤。

4. 麻薩諸塞州的波士頓

⊃ 好幾位目擊者在艾莫森大戲院（興建於一九〇三年），看見過一位波士頓前市長的鬼魂出現在當時他喪命的座位上。

⊃ 對帕克屋飯店的員工和房客而言，見鬼已經是件稀鬆平常的小事了。從大部分他們看到的幽靈身上穿的服裝判斷，這些鬼魂應該來自於十九世紀初期。

⊃ 波士頓公園是許多遊魂野鬼的家，包括兩位身著十九世紀服飾的貴族婦女。每當目擊者試圖接近她們時就會憑空消失。

⊃ 一八三九年完工的領航員之家，原本供作行經波士頓的領航員和船長休息過夜的宿舍。之後的許多年之間，一直有目擊者在這裡聽見男子的談笑聲，以及此起彼落的開關門聲。

⊃ 一位黑衣女鬼，徘徊遊蕩在南北戰爭期間曾作為監獄的華倫堡。

5. 加拿大亞伯達省的卡加立

⊃ 一位女子在恩典醫院生產時不幸在產房過世，之後她就再也沒有離開過醫院一步。

⊃ 在鮑河的淺水區附近，經常有個女子的鬼影走動，據說她在一九〇年溺斃於此。

⊃ 許多造訪歷史公園的遊客都看見過一位臉上帶著笑容的美麗女鬼，懷裡還抱著她的小嬰兒。

⊃ 不少目擊者堅稱他們相信，聖瑪麗學院旁邊的森林被不明幽靈所占據。

⊃ 凶殺案的被害人以及在此自殺者的鬼魂，經常出現並聚集在狄恩飯店二樓以上的房間裡。

6. 伊利諾州的芝加哥

◯ 多年以來，一直傳出有目擊者看到弓箭手森林公墓的「啜泣女子」鬼魅般的形影，以及她令人汗毛倒豎的哭聲。

◯ 過去幾十年來，出現在單身漢林蔭墓園被民眾目擊到的發光鬼影，已經超過了一百多個。請參閱本書第三章《幽冥教堂和墓地》中由「鬼魂研究協會」在此地所拍攝到的年輕女子相片。

◯ 一九二九年的二月十四日，芝加哥黑手黨教父卡彭在 S-M-C 貨車公司為「瘋子莫蘭」的七個手下舉行一場血腥的情人節派對，他們排成一排、背靠著磚牆，全數遭到射殺。幾十年來，有無數的目擊者宣稱他們在這裡看到過七個模糊的鬼影，還聽見慘叫聲和機關槍連續射擊的噠噠聲。雖然當時發生這場血腥大屠殺的建築物早已被拆除，人們還是深信不疑這塊土地已成為那七位冤魂的棲息地。

◯ 好幾位經常出入圓頂屋夜總會的熟客聲稱，到了晚上，這棟大樓裡總會出現一些類似鬼魅作祟的靈異現象，或許與它的前身是停屍間有關。

7. 密西根州的迪爾波恩

◯ 許多到過福特汽車創辦人亨利·福特宅邸的遊客都表示，他們在現場看到了一個身穿著舊式制服的男子鬼魂出沒；部分目擊這相信那就是亨利·福特的管家。（請參閱本書第十二章《幽冥交通工具》中，由「密西根鬼魂研究協會」在此地所拍攝到的，出現在福特的一台古董汽車中的鬼影。）

◯ 當聖子高中的體育館新建工程正在進行時，一位建築工人不慎從鷹架上墜地身亡。之後就傳出有多位目擊者看到他的亡靈在體育館附近出沒。

➲消防隊二分局的消防隊員宣稱，他們在天黑後看到出現在局裡的那個高大、朦朧的鬼影，是他們一位不幸喪生的弟兄。看來，連死亡都無法逼退這位前任消防員就此退休。

➲位於迪爾波恩高地的卡列斯伍德高中，出現過各式各樣光怪陸離的靈異事件，包括光天化日下見鬼、莫名移動的物品，以及從空無一人的走廊間傳來的恐怖回音。

8. 德州的艾爾帕索

➲每天一過了午夜，在埋葬了數十位兒童——全都是早期天花流行時的犧牲者——的康考迪亞公墓一角，總會響起一整群孩子們嬉笑玩耍的聲音。

➲在布里茲堡出沒的鬼騎兵團中，包括一位垂掛在編號第十三號建築物屋緣的士兵。

➲有許多目擊者宣稱他們在艾爾帕索市郊看過傳說中的死亡騎士，他跨在他的鬼坐騎上越過沙漠。他的頭顱只用一條皮鞭繫著，垂掛在馬鞍旁邊，隨著馬蹄的起落規律地跳動。

➲馬丘卡公寓就蓋在昔日的印第安原住民墓地上，也難怪住戶們都抱怨著經常在他們的房間裡看見令人毛骨悚然的鬼影。

➲在伊斯勒塔高中裡有兩個著名的校鬼，一個是在廁所裡自殺的啦啦隊員，另一個是當時從禮堂舞台上摔死的小男孩。

9. 密蘇里州的堪薩斯市

➲根據目擊者表示，在堪薩斯藝術學院裡的唐納森舊宅出沒的鬼魂共有八個之多，但對人類友善的僅有一個。

➲出現在榆木公墓裡的鬼魂是一群穿著白色長洋裝的年輕女孩，常常有人看見她們興高采烈地在墓園間穿梭嬉戲。

➲ 有許多人，不管是當地人或是遊客，深信在整個休士頓湖沿岸
　——他們特別強調在湖濱那一帶——有一些極度詭異的不明鬼
　魅，出沒盤據在那。
➲ 好幾位曾經住在四方酒店五○五號房的房客，都遭遇過讓他們畢
　生難忘的恐怖經歷——當他們正舒服地泡澡時，貝茲·沃德的鬼
　魂也浮現在浴缸內與他們共浴。
➲ 由昔日豪宅改建成孤兒院的草莓山莊，目前是座博物館。許多來
　訪的遊客，都看過當時白手建起這座豪宅的主人夫婦鬼魂；另外
　還有兩位在孤兒院時期在此照顧孩子們的修女鬼魂，也是博物館
　的常客。

10. 肯塔基州的路易斯維爾

➲ 在密契山莊公路旁的山頂上，經常可以看見一個穿著舞會禮服的
　女孩鬼魂，就在據說她和男伴於舞會當晚被殺害的地點附近。
➲ 市區內的聽障協會活動中心之前是漢普頓家族的私人寓所，到現
　在這裡還是聽得見當時漢普頓家人舉辦奢華派對和舞會時熱鬧的
　聲響，甚至還有人在走廊上看見漢普頓太太。
➲ 從一九三○年代開始，一位在梅茲克中學門廳被槍殺身亡的男學
　生鬼魂，就從沒離開過這所他來不及畢業的母校一步。

11. 威斯康辛州的密爾瓦基

➲ 或許因為史區主教大學內的宿舍區以前是女修道院的關係，直到
　現在還是經常有大學生會在他們的寢室裡，或是在走廊上，遇見
　這些修女的鬼魂。
➲ 住在馬奎特大學漢福瑞廳的住宿生都必須學會和一群小鬼共同生
　活，他們是這棟大樓作為密爾瓦基兒童醫院時在此過世的兒童。

有時候連保全監視器都還會拍到邊唱歌跳舞、邊嘻笑打鬧的孩子們的影像。

➲有個偷馬賊的亡魂流連在沃克飯店的酒吧區，當年他被吊死在飯店外的一棵樹上。

12. 加州的舊金山

➲一名無頭男子，據信是一九八九年舊金山大地震的罹難者，他出沒在海灣大橋上，敲打開往奧克蘭的車子窗戶。

➲在安妮皇后酒店以其維多利亞式的高貴風格，吸引世界各地的遊客之前，它的前身是所女子學校。到此下榻的房客以及員工，經常與已故的女校長鬼魂打照面，她在學校關閉時因爲傷心過度而在辦公室裡辭世。

➲在一九二○年左右，有位年輕女子因爲想對雙親隱瞞自己懷孕的事實，於是選擇投斯托湖自盡。直到現在到斯托湖金門公園的草莓山莊遊玩的旅客間，還是有人看見這名絕望的年輕女子鬼魂，在附近無助地漫步著。

➲舊金山藝術學院認爲之所以會有如此多的怨靈和冤魂在校園裡出沒，可能是因學校就坐落在當時二十世紀初期大地震罹難者墓地上的緣故。

13. 密蘇里州的聖路易

➲一位名叫喬治的吵鬧鬼，出現時總是穿著白衣服、戴著白帽子，伯威交響音樂廳是他出沒作怪的場所。

➲藍普大宅裡有無數個原因不明的冷區，經常有遊客說他們在裡面有種被監視的感覺，還抱怨有看不見的東西碰觸他們的身體。

➲儘管舊市立醫院從一九六○年代起就已經退役了，到現在依舊有

目擊者表示他們看見朦朧的人影，從沒有被木板封住的窗戶後方走過，還聽見空蕩的大樓傳出令人頭皮發麻的慘叫聲。

- 相當受歡迎的六旗主題樂園也是一位小女孩鬼魂的家，她的名字叫做史黛拉。和她一起住在這裡的，還有一個讓人直起雞皮疙瘩、發出豬叫般尖叫聲的不明詭異靈體。

- 有民眾宣稱他們在庫伯斯公墓裡聽見不明的嬰兒哭聲，其他人則表示他們看見一個老人的鬼魂，提著燈籠踽踽而行。

14. 亞利桑那州的土桑

- 百年紀念會堂裡有個穿著連身白洋裝、喜歡惡作劇的女鬼，她經常推裡面的員工一把，讓他們失去平衡摔倒。所幸裡面還有另一個比較友善的男子鬼魂，他的工作像是負責幫助可能會被那邪鬼傷害的人類。

- 有個年輕女子的鬼魂長駐在福瑞德‧Ｇ‧艾可斯塔職業聯合中心，當時她在二樓的洗手間自殺身亡。

- 據說一群在原來的飯店大火中喪生的罹難者鬼魂，現在依舊盤據著改建過後的拓荒者飯店。

- 有人曾經在聖‧米格爾‧麥格馬銅礦區裡，看見過已遇難過世的礦工鬼魂，帶著有頭燈安全帽出現在礦場裡。

- 據說在瑞迪森飯店的某個房間裡，住著一個遭醋勁大發的男友殺害的女子鬼魂，當時她和另一個男子被發現陳屍在這個房間裡。而在飯店舞廳附近，則經常可聽見另一個女鬼嗚咽的啜泣聲。

15. 加拿大曼尼托巴省的溫尼伯

- 蓋瑞堡酒店有個喜歡惡作劇的幽靈，他最愛鑽進房客的被子裡，和他們一起睡。有好幾位女服務生堅稱她們看見二○二號房的牆

壁上出現斑斑血漬，之前有位沮喪的女房客曾經在這裡上吊自殺。

⊃在已成為一片廢墟的聖諾伯特修道院中，經常發現有人走動的影子，還聽得見清楚的交談聲。

⊃好幾位超自然現象研究者一致認為，出現在沃克戲院裡的各種靈異現象和鬼魂活動，都是出自於已故的演員勞倫斯‧厄文和他的女演員妻子梅寶‧哈克尼兩位。這對夫妻都在一九一四年過世，距離他們在沃克戲院的長期公演開始後還不到一個星期。或許他們覺得不甘心就這麼被命運捉弄，才在死後仍繼續著生前未完成的表演。

經典鬼片

一、眞正令人毛骨悚然的鬼片

1. 鬼屋（The Haunting ， 1963 年）

　　本片對調查與研究鬧鬼現象的拍攝手法，讓它成爲我最愛的電影之一。我特別欣賞的是導演羅勃・懷斯用他自己的一種細微方式，呈現出鬼魂的不同面貌。

　　理查・強森飾演馬克威博士，一位對超自然現象研究相當有興趣的人類學教授。他來到傳說中鬧鬼的希爾宅邸，目的是要進行各種實驗，以證實這棟房子是否眞如同當地傳說一般被詛咒過，還有凶猛的惡靈存在。馬克威博士帶來了兩個有過通靈經驗的女子，伊蓮娜（茉莉・哈里斯飾）和絲歐朵拉（克萊兒・布隆飾）當他的研究助手。希爾宅邸的繼承人路克（羅斯・坦布林飾）也加入他們的調查行列，他指望馬克威博士能夠設法驅除盤據在他家的惡魔，好讓他能將這棟豪宅順利脫手。

　　本片呈現出的詭異氣氛和鬼魂作祟的畫面驚嚇度十足，羅勃・懷斯運用各種攝影角度和燈光特效，加強了身處一個惡靈環伺的超現實世界中，那種無處可逃的恐怖情緒和眞實感。儘管電影中出現的驚悚畫面中幽靈的樣貌與形體始終模糊不清，但已是夠嚇人的了。

　　電影上映後，有不少觀察較敏銳的觀眾質疑，究竟有多少靈異現象是眞實發生的，又有多少單純只是那幾位研究者的想像而已。當觀眾在心裡反覆思考著這些問題的同時，他們也會開始懷疑有多少其實是自己的想像。羅勃・懷斯版的《鬼屋》一片（改編自雪莉・傑克森的恐怖

小說《希爾鬼屋》）依舊名列史上最佳鬼屋電影之一，而一九九九年的版本，由揚‧狄邦導演，連恩‧尼遜、莉莉‧泰勒和凱薩琳‧麗塔‧瓊斯等人主演的同名電影（中文片名《鬼入侵》），卻採用了過多的特效和大規模的場景，過度強調「鬧鬼事實」的結果反而大幅降低了原本詭異、驚悚的氣氛，整部片也完全看不出任何真實的超自然現象調查過程中應該有的樣子。

2. 大法師（The Exorcist ， 1973 、 2000 年）

　　威廉‧彼得‧布雷迪親著的《大法師》一書，讓他贏得了當年的奧斯卡最佳原著劇本獎，他曾經提到自己從有記憶開始時，就經歷過所謂的超自然靈異現象。在將這本自己根據真實的靈魂或惡魔附身事件寫成的小說改寫成電影劇本時，布雷迪最主要的目的是想把他這一生中經常遭遇到的各種超自然現象，轉換成具體影像呈現在世人面前，讓觀眾體會到何謂絕對的恐怖。而評論家和觀眾都同意，布雷迪和導演威廉‧佛瑞金成功地創造出電影史上最經典的恐怖片。在二○○一年六月，美國電影學院公布了其評選的「美國百大驚悚電影」，將《大法師》排在第三位，僅次於《大白鯊》（Jaws）和《驚魂記》（Psycho）。

　　由於明星母親克莉絲‧麥尼爾（艾倫‧伯絲汀飾）忙於演藝事業，經常三天兩頭都不在家，而父親又遠在歐洲經商，天真純潔的十二歲少女蕾根‧麥尼爾（琳達‧布萊兒飾）便開始以靈應盤（譯註：類似台灣的碟仙）來陪她度過寂寞的青春期。不久之後麥尼爾宅邸中便出現神祕的重擊和詭異的巨響，蕾根的床也開始騰空搖晃。當現代的醫學和心理學都無法解釋這種種異象以及蕾根的異常行為時，同時間克莉絲又發現女兒似乎與她的導演（傑克‧麥高文飾）的死脫不了關係——他的屍體被發現在蕾根臥房窗戶外的陡峭階梯最底層——這位絕望的母親便求助於同時也是精神病理學家的卡拉斯神父（傑森‧米勒飾）。

　　當他認定加害著這位無辜少女的確實是附身在她身上的惡魔後，卡拉斯神父便向教廷高層請求進行驅魔大法，教廷便召來了資深的驅魔

師墨林神父（麥斯・馮西度飾）。接下來鏡頭直接帶到蕾根臥房裡的一連串驅魔過程與儀式，而導演用來加強這幾幕的各種特效，就不太適合容易噁心反胃的觀眾了。畫面中出現的升空漂浮、褻瀆上帝的言行、經由惡魔的口中大量而直接的低俗髒話，以及後來被引用在許多鬼片中、像蔬菜湯般的綠色濃稠嘔吐物，都是讓《大法師》成為一時經典的恐怖鏡頭。

3. 靈異第六感（The Sixth Sense， 1999 年）

柯爾・席爾（海利・喬・奧斯蒙飾）聲淚俱下地向兒童心理學家麥爾坎・克洛威（布魯斯・威利飾）坦承自己能看見死人，如此簡單的劇情設定，卻讓本片成為一九九九年被引述次數最多的一部電影。印度籍的導演奈特・沙瑪蘭還因本片獲得當年奧斯卡最佳導演的提名，並抱回了最佳原著劇本的小金人。

由於觀眾的眼睛能和柯爾一樣看見死者的靈魂，出現在電影裡的鬼魂，變得像有血有肉的人類一樣真實，而不僅是微弱的氣體或光影般的存在。許多精神感應較敏銳的觀眾說他們非常能夠認同柯爾這個角色，儘管僅是個八歲小男孩，他卻已發現並接受自己具有陰陽眼的事實。電影最後帶出一個出乎意料之外的結局，讓許多觀眾又再度回到電影院裡重新回味一遍。

4. 神鬼第六感（The Others， 2001 年）

由西班牙裔的亞歷山卓・阿曼巴所編寫執導的《神鬼第六感》，以詭異的氣氛及陰森的音樂，營造出一部懸疑感恰到好處的鬼屋電影。

史都華家的孩子們（由詹姆斯・賓利和艾拉姬娜・曼恩所飾）罹患一種異常的對光過敏症，無法直接暴露在稍微強一點的光照下。想當然耳，這種怪病肯定讓他們的母親葛瑞絲・史都華（妮可・基曼飾）感到無所適從，特別是當她在二次世界大戰即將結束時，焦急不安地等待丈夫回來的日子裡，這一切足以讓她心力交瘁。

史都華一家人住在澤西島上一棟終年被濃霧圍繞的古老宅邸裡，神經兮兮的葛瑞絲命令家僕將所有窗簾拉到最低，且在關上前一扇門之前絕不可以打開另一扇門，務必讓屋裡保持在一片完全的黑暗之中。之後孩子們開始抱怨這棟巨大的古老宅邸是座鬼屋，並堅持他們真的在某幾個房間裡看見鬼魂現形。葛瑞絲駁斥孩子們的無稽言論，並嚴厲要求管家伯莎‧米爾斯（菲奧納拉‧弗拉納根飾），說她不希望再聽到家裡的其他下人繼續散布這種荒謬幼稚的幻想故事。但是這些命令似乎變得越來越難達成，因為孩子們和其他傭人不斷並強烈地感受到有「其他人」侵入到他們家中。最後在震撼性的結局轉折中，葛瑞絲‧史都華必須面對他們不得不接受的現實。

5. 鬼哭神號（Poltergeist， 1982 年）

老實說，第一次看完這部電影時我感到有點失望，因為電影上映前，編劇史蒂芬‧史匹伯在接受訪問時表示，他和導演陶伯‧霍普想讓本片呈現出一種遊走於科學與超自然現象之間的感覺。於是我根據個人對史匹伯這些評論的解釋，期待著會看到一部以一般人能接受的超心理學論點，將喧鬧鬼（poltergeist）視為一種心靈致動能量現象來處理的電影。

然而在整個觀賞的過程中可明顯看出，史匹伯和霍普乃是假設喧鬧鬼是一些不知自己已死亡的鬼魂，需要靈魂嚮導帶領他們前往下一個存在界的前提下來製作這部電影。在我準備看第二次之前，我得先把之前的期待放在一邊，才能好好欣賞這部電影自身的風格。

→《鬼哭神號》劇照 © The Steiger Archives

電影的主軸在於不知情的史蒂夫和黛安娜‧菲林這對夫婦（分別由克雷格‧尼爾森和喬貝斯‧威廉斯所飾），他們完全不曉得自己搬進了蓋在昔日墳場上的新家。整部片的緊張氣氛集中在他們的女兒卡洛‧安妮身上（海瑟‧奧克露飾），她在電視機前說完「它們在那裡！」後，立刻就被一群惡靈拉進靈界的漩渦裡。當菲林家人努力要從靈界救回卡洛‧安妮時，他們面對的挑戰鋪陳出全片緊繃的懸疑氛圍。

儘管有些完美主義者吹毛求疵地挑剔片中過度的特效，認為它只不過是部典型的好萊塢式鬼片而已，但其中如當他們的兒子羅比（奧立佛‧羅賓斯飾）必須獨自面對被邪靈附身的小丑娃娃時，或是黛安娜必須進到漩渦裡將卡洛帶回活人世界等幾個場景，確實是震攝性十足。飾演矮個子靈媒譚吉娜‧巴倫斯的薩爾妲‧魯賓斯坦是個值得菲林家人信賴、能夠帶領他們進入未知世界的嚮導，她在《鬼哭神號續集：陰風怒吼》（*Poltergeist II: The Other Side*，1986）和第三集《腥風血雨》（*Poltergeist III*，1988）中皆扮演同樣的角色。但是這兩部續集電影都沒有第一集那種讓觀眾無法安坐、隨時都會被嚇到從椅子上彈起來的驚悚氣氛。

6. 鬼店（The Shining，1980 年）

在這冬天淡季的幾個月裡，這間位於偏遠山區、遠離人跡的渡假飯店中少數幾位房客，就只剩它的員工，以及應徵來的冬季管理員傑克‧泰倫斯（傑克‧尼克遜飾）、他的妻子溫蒂（雪莉‧杜瓦飾），和他們的小兒子丹尼（丹尼‧洛依德飾）。

丹尼具有飯店雜工迪克‧哈洛南（史卡曼‧克羅希飾）稱為「心電感應」的通靈能力，他可以感應到靈體的存在，甚至還能夠「聽」見其他人心理的念頭，一開始只有他能夠看見在這座幾近荒廢的山間飯店裡的鬼房客。但是所有靈體——不是凶手就是被他們殺害的罹難者——隨著躲到山裡想專心寫作的傑克‧泰倫斯有感於自己的江郎才盡而越發沮喪，變得越來越具威脅性。後來連一個字都寫不出來的傑克瀕臨崩潰

邊緣，再加上被大雪困在這座飯店中日復一日的單調生活，惡靈似乎抓緊這位劇作家的弱點，引出他心裡邪惡的傾向。片中不斷重複出現、糾纏著小丹尼的那兩個字「紅萊姆」（Red Rum），到後來當發了瘋的傑克想用手中的斧頭砍殺自己的妻兒時，他和所有觀眾才了解原來那指的是「謀殺」（murder，字母順序相反）。

在這部改編自史蒂芬‧金暢銷小說的同名電影中，導演史丹利‧庫伯力克創造出了一部能與觀眾的想像在多方面互動的電影，也因此讓出現在飯店裡的鬼魂，以及潛伏在傑克意識中的暴力傾向和他突然發狂的結果，變得更有說服力。

7. 陰宅（The Amityville Horror，1979年）

儘管《陰宅》上映後在電影界一共衍生了至少六部品質不一的續集或翻拍作品，這部根據傑‧安森以真實事件改寫的同名暢銷小說，在一九七九年發行的原創版本，毫無疑問是最佳的一部，而片中的幾個驚悚恐怖場景，更在觀眾腦海中留下揮之不去的深刻印象。

這部電影描述的是一對夫妻（由詹姆斯‧布洛林和瑪歌‧基德所飾演）在搬進傳說中的鬼屋後遭遇到的連串靈異事件，而讓恐怖片迷與熱中超自然現象的愛好者爭論不休的是，究竟電影裡採用了多少真實事件，又有多少是虛構的情節。一般觀眾光是對導演史圖特‧羅森堡掌鏡的功力，運用接二連三、似惡夢又極度真實的事件，製造出高度懸疑的氣氛，就已經佩服得五體投地。其他演員還包括羅德‧史泰格、莫瑞‧漢彌爾頓、唐‧史卓德，以及約翰‧拉區。（關於這棟著名鬼屋的故事，請參閱第一章《幽冥鬼屋和公寓》的「阿米蒂維勒的陰宅」）。

8. 穿梭陰陽戀（Haunted，1995年）

由提摩西‧普萊吉改編自詹姆斯‧赫伯特的小說、由路易斯‧吉爾伯特執導的《穿梭陰陽戀》，是部能夠激起觀眾的好奇心，不看第二遍絕不甘心的驚悚電影。

艾登‧昆恩演活了男主角大衛‧艾許，這位著書探討靈異現象、但對鬼神存在抱持懷疑態度的心理學教授。他應艾德‧布魯克家的韋伯小姐之請，來到他們位於英國偏僻鄉間的豪宅調查該宅邸發生的怪事。不久之後他發現自己被這行為舉止頗為古怪的一家人所吸引，深陷入一股詭異的另類現實之中。過了不多久他也見到了異象，是艾德‧布魯克家真的有鬼，抑或只是大衛個人不堪的過去又再度困擾著他。

有一天，大衛幼時溺水而死的雙胞胎妹妹茉莉葉現身在豪宅中，她引領著大衛穿過濃密的樹林，前往一個他早已遺忘的角落。在那裡，大衛發現自己內心深處幽暗恐懼的源頭。劇中其他演員還包括安‧瑪茜、凱特‧貝琴薩、安東尼‧安德魯斯，以及艾力斯‧洛威。

9. 嚇破膽（Ghost Ship ，2002 年）

儘管劇情中的部分場景有不脫俗套之嫌，這部電影裡還是有其值得期待的驚悚場面，以及足夠讓你一口氣看完整部片的懸疑氣氛。一組海難打撈隊伍在阿拉斯加區偏遠的白令海附近發現了一艘自一九六二年消失近四十年的郵輪，旺盛的好奇心驅使他們決定上船一探究竟。影片中出現了太多沒有必要的流血畫面，特別是開場時的倒述場景。《嚇破膽》的導演是史蒂夫‧貝克，演員包括茱莉安娜‧瑪格莉絲、蓋布瑞‧拜恩、朗‧艾達德，以及戴斯蒙‧赫林頓。

二、超越生死疆界的真愛

10. 第六感生死戀（Ghost ， 1990 年）

這部由傑瑞‧柴克執導、布魯斯‧喬爾‧魯賓編劇的浪漫驚悚片，想要表達的是一個男子（派崔克‧史威茲飾）對戀人（黛咪‧摩爾飾）的深情摯愛，讓他在被謀殺後能夠繼續留在人間；不但保護她不受到同一個歹徒所害，也讓兩人心中喪失至愛的悲痛，昇華成甘心放手的

大愛。在片中飾演靈媒歐達・梅伊・布朗的琥碧・戈伯更因爲本片而拿下當年的奧斯卡最佳女配角獎，《第六感生死戀》也獲得奧斯卡最佳影片提名的殊榮。

11. 鬼胎記（Dragonfly，2002 年）

本片成功地結合了對瀕死體驗以及鬧鬼現象的詮釋，這部描述一個努力克服喪妻之痛的醫生（凱文・科斯納飾）的電影，的確是個戲劇張力十足的故事。

片中確實有好幾幕讓人嚇到骨子裡的恐怖場景，但也不乏一些感人肺腑的真情流露戲碼，可以說是滿足了想同時看到鬼故事及往生者遺愛人間情節的電影迷之胃口。本片的導演是湯姆・薩耶克，其他演技同樣出色的演員包括凱西・貝茲、朗・瑞夫金，以及喬・墨頓。

12. 美夢成真（What Dreams May Come，1998 年）

本片描述的，完全是發生在身後世界的故事。克里斯・尼爾森（羅賓・威廉斯飾）在一次車禍中喪生，死後靈魂上到其靈魂觀念中的天堂，一個以電腦特效呈現出的夢幻瑰麗美景。在他上天堂一陣子之後，克里斯得知哀傷過度的妻子安妮（安娜貝爾・史歐拉飾）出於寂寞和絕望而上吊自殺。而他爲了找回愛妻的靈魂，必須上刀山下油鍋，親赴鬼門關一趟。這對情比石堅的愛侶，就算在死後也依舊相依相伴、不離不棄。其他在本片擔綱演出的還包括小古巴・古汀和麥斯・馮西度。奧斯卡編劇大師羅那・貝斯將理查・馬特森的小說改編成電影版，執導本片的則是文生・華德。

國家圖書館出版品預行編目資料

世界不思議鬼屋檔案／布萊德・史泰格著；蘇韻筑、
楊瑞賓譯.──初版.──臺中市　：好讀, 2006[民 95]
面：　公分，──（發現文明；25）

譯自：Real ghosts, restless spirits and haunted places

ISBN 986-178-012-2（平裝）

1.異象　2.鬼　3.心靈學

297　　　　　　　　　　　　　　　　95009777

好讀出版

發現文明 25
世界不思議鬼屋檔案 The Haunted Places

作　　者／布萊德・史泰格（Brad Steiger）
譯　　者／蘇韻筑、楊瑞賓
總 編 輯／鄧茵茵
文字編輯／林碧瑩
美術編輯／李靜姿

台中市 407 西屯區何厝里 19 鄰大有街 13 號
TEL:04-23157795　FAX:04-23144188
http://howdo.morningstar.com.tw
（如對本書編輯或內容有意見，請來電或上網告訴我們）
法律顧問／甘龍強律師
印製／知文企業（股）公司 TEL:04-23581803

總經銷／知己圖書股份有限公司
http://www.morningstar.com.tw
e-mail:service@morningstar.com.tw
郵政劃撥：15060393 知己圖書股份有限公司
台北公司：台北市 106 羅斯福路二段 95 號 4 樓之 3
TEL:02-23672044　FAX:02-23635741
台中公司：台中市 407 工業區 30 路 1 號
TEL:04-23595820　FAX:04-23597123
（如有破損或裝訂錯誤，請寄回知己圖書台中公司更換）

初版／西元 2006 年 7 月 1 日
定價：280 元

讀者回函

只要寄回本回函，就能不定時收到晨星出版集團最新電子報及相關優惠活動訊息
因此有電子信箱的讀者，千萬別吝於寫上你的信箱地址

書名：世界不思議鬼屋檔案

姓名：＿＿＿＿＿＿＿＿性別：□男□女 生日：＿＿年＿＿月＿＿日

教育程度：＿＿＿＿＿＿＿＿＿＿＿＿

職業：□學生 □教師 □一般職員 □企業主管
　　　□家庭主婦 □自由業 □醫護 □軍警 □其他＿＿＿＿＿＿＿＿＿

電子郵件信箱（e-mail）：＿＿＿＿＿＿＿＿＿＿＿ 電話：＿＿＿＿＿＿

聯絡地址：□□□＿＿＿＿＿＿＿＿＿＿＿＿＿＿＿＿＿＿＿＿＿＿＿

你怎麼發現這本書的？

□書店 □網路書店（哪一個？）＿＿＿＿＿＿＿＿□朋友推薦 □學校選書
□報章雜誌報導 □其他＿＿＿＿＿＿＿＿＿＿＿＿＿＿＿＿＿＿＿＿＿

買這本書的原因是：＿＿＿＿＿＿＿＿＿＿＿＿＿＿＿＿＿＿＿＿＿＿

□內容題材深得我心 □價格便宜 □封面與內頁設計很優 □其他＿＿＿＿＿

你對這本書還有其他意見嗎？請通通告訴我們：

＿＿＿＿＿＿＿＿＿＿＿＿＿＿＿＿＿＿＿＿＿＿＿＿＿＿＿＿＿＿＿

＿＿＿＿＿＿＿＿＿＿＿＿＿＿＿＿＿＿＿＿＿＿＿＿＿＿＿＿＿＿＿

你買過幾本好讀的書？（不包括現在這一本）

□沒買過 □ 1 ～ 5 本 □ 6 ～ 10 本 □ 11 ～ 20 本 □太多了，請叫我好讀
忠實讀者

你希望能如何得到更多好讀的出版訊息？

□常寄電子報 □網站常常更新 □常在報章雜誌上看到好讀新書消息
□我有更棒的想法＿＿＿＿＿＿＿＿＿＿＿＿＿＿＿＿＿＿＿＿＿＿＿

你希望好讀未來能出版什麼樣的書？請盡可能詳述：

＿＿＿＿＿＿＿＿＿＿＿＿＿＿＿＿＿＿＿＿＿＿＿＿＿＿＿＿＿＿＿

＿＿＿＿＿＿＿＿＿＿＿＿＿＿＿＿＿＿＿＿＿＿＿＿＿＿＿＿＿＿＿

我們確實接收到你對好讀的心意了，再次感謝你抽空填寫這份回函
請有空時上網或來信與我們交換意見，好讀出版有限公司編輯部同仁感謝你！
好讀的部落格：http://howdo.morningstar.com.tw/

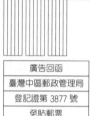
好讀出版有限公司　編輯部收

407 台中市西屯區何厝里大有街 13 號

電話： 04-23157795-6　傳眞： 04-23144188

-------- 沿虛線對折 --------

購買好讀出版書籍的方法：

一、先請你上晨星網路書店 http://www.morningstar.com.tw 檢索書目
　　或直接在網上購買

二、以郵政劃撥購書：帳號 15060393　戶名：知己圖書股份有限公司
　　並在通信欄中註明你想買的書名與數量

三、大量訂購者可直接以客服專線洽詢，有專人爲您服務：
　　客服專線： 04-23595819 轉 232　傳眞： 04-23597123

四、客服信箱： service@morningstar.com.tw